趙爾巽等撰

清史稿

第三〇册

卷二一四至卷二二四（傳）

中華書局

清史稿卷二百十四

列傳一

后妃

莊和皇貴妃　敬懿皇貴妃　榮惠皇貴妃

德宗孝定景皇后　端康皇貴妃　恪順皇貴妃

宣統皇后　淑妃

太祖初起，草創闊略，宮闈未有位號，但循國俗稱「福晉」。福晉蓋「可敦」之轉音，史述后妃，後人緣飾名之，非當時本稱也。崇德改元，五宮並建，位號既明，等威漸辨。世祖定鼎，循前代舊典。順治十五年，採禮官之議：乾淸宮設夫人一，淑儀一，婉侍六，柔婉、芳婉皆三十；慈寧宮設貞容一、愼容二，勤侍無定數；又置女官。循明六局一司之制，議定而未行。

康熙以後，典制大備。皇后居中宮；皇貴妃一，貴妃二，妃四，嬪六，貴人、常在、答應無定數，分居東、西十二宮。東六宮：曰景仁，曰承乾，曰鍾粹，曰延禧，曰永和，曰景陽；西六宮：曰永壽，曰翊坤，曰儲秀，曰啓祥，曰長春，曰咸福。諸宮皆有宮女子供使令。每三歲選八旗秀女，戶部主之；每歲選內務府屬旗秀女，內務府主之。秀女入宮，妃、嬪、貴人惟上命。選宮女子，貴人以上，得選世家女；貴人以下，但選拜唐阿以下女。宮女子侍上，自常在、答應漸進至妃、嬪，后妃諸姑、姊妹不赴選。帝祖母曰「太皇太后」，母曰「皇太后」，居慈寧、壽康、寧壽諸宮。先朝妃、嬪稱太妃、太嬪，隨皇太后同居，與嗣皇帝，年皆逾五十，乃始得相見。諸宮殿設太監，秩最高不逾四品，員額有定數，廩給有定量，分領執事有定程。此其大較也。

二百數十年，壼化肅雍，詖謁蓋寡，內鮮燕溺匹嫡之嫌，外絕權戚蠹國之釁，彬彬盛矣。追尊四代，惟宣皇后著氏族，且有繼室，託始於是。歷朝居正號者，謹而次之，並及妃、嬪有子若受後朝尊封者。世祖以漢女爲妃，高宗以回女爲妃，附書之，以其僅見也。

顯祖宣皇后，喜塔臘氏，都督阿古女。歸顯祖爲嫡妃。歲己未，太祖生。歲己巳，崩。順治五年，與肇祖原皇后、興祖直皇后、景祖翼皇后同時追謚。子三：太祖、舒爾哈齊、雅爾哈齊。女一，下嫁噶哈善哈斯虎。

繼妃，納喇氏，哈達部長萬所撫族女。遇太祖寡恩，年十九，俾分居，予產獨薄。子一，巴雅喇。庶妃，李佳氏。子一，穆爾哈齊。

太祖孝慈高皇后，納喇氏，葉赫部長楊吉砮女。太祖初起兵，如葉赫，楊吉砮以后許焉。楊吉砮爲明總兵李成梁所殺，子納林布祿繼爲貝勒，又爲成梁擊破。歲戊子秋九月，以后來歸，上率諸貝勒、大臣迎之，大宴成禮。是歲，后年十四。歲壬辰冬十月，太宗生。歲癸卯秋，后病作，思見母，上遣使迎焉，納林布祿不許。九月庚辰，后崩，年二十九。

后莊敬聰慧，詞氣婉順，得譽不喜，聞惡言，愉悅不改其常。不好諂諛，不信讒佞，耳無妄聽，口無妄言。不預外事，殫誠畢慮以事上。及崩，上深悼之，喪斂祭享有加禮，不飲酒茹葷者踰月。越三載，葬赫圖阿拉尼雅滿山岡。天命九年，遷葬東京楊魯山。天聰三年，再遷葬瀋陽石嘴頭山，是爲福陵。崇德元年，上謚孝慈昭憲純德眞順承天育聖武皇后。順治元年，祔太廟。康熙元年，改謚。雍正、乾隆累加謚，曰孝慈昭憲敬順仁徽懿德慶顯承天輔聖高皇后。子一，太宗。

元妃，佟佳氏。歸太祖最早。子二：褚英、代善。女一，下嫁何和禮。

繼妃，富察氏。歸太祖亦在孝慈皇后前。歲癸巳，葉赫諸部來侵，上夜駐軍，寢甚酣，妃呼上覺曰：「爾方寸亂耶，懼耶？九國兵來攻，豈酣寢時耶？」上曰：「我果懼，安能酣寢？我聞葉赫來侵，以其無期，時以爲念。既至，我心安矣。我若負葉赫，天必厭之，安得不懼？今我順天命，安疆土，彼糾九國以虐無咎之人，天不佑也！」安寢如故。及旦，遂破敵。天命五年，妃得罪，死。子二：莽古爾泰、德格類。女一，名莽古濟，下嫁鎖諾木杜棱。

大妃，納喇氏，烏喇貝勒滿泰女。歲辛丑，歸太祖，年十二。孝慈皇后崩，立爲大妃。天命十一年七月，太祖有疾，浴於湯泉。八月，疾大漸，乘舟自太子河還，召大妃出迎，入渾河。庚戌，舟次靉鷄堡，上崩。辛亥，大妃殉焉，年三十七。同殉者，二庶妃。妃子三：阿濟格、多爾袞、多鐸。順治初，多爾袞攝政，七年，上謚孝烈恭敏獻哲仁和贊天儷聖武皇后，祔太廟。八年，多爾袞得罪，罷謚，出廟。

壽康太妃，博爾濟吉特氏，科爾沁郡王孔果爾女。太祖諸妃中最老壽。順治十八年，聖祖即位，尊爲皇曾祖壽康太妃。康熙四年，薨。

太祖諸妃稱側妃者四：伊爾根覺羅氏，子一，阿巴泰，女一，下嫁達爾漢；納喇氏，孝慈皇后女弟，女一，下嫁固爾布什；其二皆無出。稱庶妃者五：兆佳氏，子一，阿拜；鈕祜祿氏，子二，湯古代、塔拜；嘉穆瑚覺羅氏，子二，巴布泰、巴布海，女三，下嫁布占泰、達啓、蘇納；西林覺羅氏，子一，賴慕布；伊爾根覺羅氏，女一，下嫁鄂托伊。

太宗孝端文皇后，博爾濟吉特氏，科爾沁貝勒莽古思女。歲甲寅四月，來歸，太祖命太宗親迎，至輝發扈爾奇山城，大宴成禮。天聰間，后母科爾沁大妃屢來朝，上迎勞，錫賚有加禮。崇德元年，上建尊號，后亦正位中宮。二年，大妃復來朝，上迎宴。越二日，大妃設宴，上率后及貴妃、莊妃幸其行幄。尋命追封后父莽古思和碩福親王，立碑於墓，封大妃爲和碩福妃，使大學士范文程等册封。世祖即位，尊爲皇太后。順治六年四月乙巳，崩，年五十一。七年，上謚。雍正、乾隆累加謚，曰孝端正敬仁懿哲順慈僖莊敏輔天協聖文皇后。女三，下嫁額哲、奇塔特、巴雅思祜朗。

孝莊文皇后，博爾濟吉特氏，科爾沁貝勒寨桑女，孝端皇后姪也。天命十年二月，來歸。崇德元年，封永福宮莊妃。三年正月甲午，世祖生。世祖即位，尊爲皇太后。順治十一年，贈太后父寨桑和碩忠親王，母賢妃。十三年二月，太后萬壽，上製詩三十首以獻。上承太后訓，撰內則衍義，並爲序以進。聖祖卽位，尊爲太皇太后。康熙九年，上奉太后謁孝陵。十年，謁福陵、昭陵。十一年，幸赤城湯泉，經長安嶺，上下馬，扶輦；至坦道，始上馬以從。還，度嶺，正大雨，仍下馬，扶輦。太后命騎從，上不可，下嶺，乃乘馬傍輦行。吳三桂亂作，頻年用兵，太后念從征將士勞苦，發宮中金帛加犒。聞各省有偏災，輒發帑賑卹。布爾尼叛，師北征，太后以慈寧宮庶妃有母年九十餘，居察哈爾，告上誡師行毋擄掠。

國初故事，后妃、王、貝勒福晉，貝子、公夫人，皆令命婦更番入侍，至太后始命罷之。宮中守祖宗制，不蓄漢女。上命儒臣譯大學衍義進太后，太后稱善，賜賚有加。太后不預政，朝廷有黜陟，上多告而後行。嘗勉上曰：「祖宗騎射開基，武備不可弛。用人行政，務敬以承天，虛公裁決。」又作書以誡曰：「古稱爲君難。蒼生至衆，天子以一身臨其上，生養撫育，莫不引領，必深思得衆得國之道，使四海咸登康阜，綿曆數於無疆，惟休。汝尙寬裕慈仁，溫良恭敬，愼乃威儀，謹爾出話，夙夜恪勤，以祇承祖考遺緒，俾予亦無疚於厥心。」十九年四月，上撰大德景福頌進太后。

二十年，上復奉太后幸湯泉。雲南平，上詣太后宮奏捷。二十一年，上詣奉天謁陵，途次屢奏書問安，使獻方物，奏曰：「臣到盛京，親網得鰱、鯖，浸以羊脂，山中野燒，自落榛實及山核桃，朝鮮所進柿餅、松、栗、銀杏，附使進上，伏乞俯賜一笑，不勝欣幸。」二十二年夏，奉太后出古北口避暑。秋，幸五臺山，至龍泉關。上以長城嶺峻絕，試輦不能陟，奏太后。次日，太后輦登嶺，路數折不可上，太后乃還龍泉關，命上代禮諸寺。二十四年夏，上出塞避暑，次博洛和屯，聞太后不豫，卽馳還京師，太后疾良已。

二十六年九月，太后疾復作，上晝夜在視。十二月，步禱天壇，請減算以益太后。讀祝，上泣，陪祀諸王大臣皆泣。太后疾大漸，命上曰：「太宗奉安久，不可爲我輕動。況我心戀汝父子，當於孝陵近地安厝，我心始無憾。」己巳，崩，年七十五。上哀慟，欲於宮中持服二十七月，王大臣屢疏請遵遺誥，以日易月，始從之。命撤太后所居宮移建昌瑞山孝陵近地，號「暫安奉殿」。二十七年四月，奉太后梓宮詣昌瑞山。自是，歲必詣謁。雍正三年十二月，世宗卽其地起陵，曰昭西陵。

世祖親政，上太后徽號，國有慶，必加上。至聖祖以雲南平，奏捷，定徽號曰昭聖慈壽恭簡安懿章慶敦惠溫莊康和仁宣弘靖太皇太后，初奉安上謚。雍正、乾隆累加謚，曰孝莊仁宣誠憲恭懿至德純徽翊天啓聖文皇后。子一，世祖。女三，下嫁弼爾塔哈爾、色布騰、鏗吉爾格。

敏惠恭和元妃，博爾濟吉特氏，孝莊皇后姊也。天聰八年，來歸。崇德元年，封關雎宮宸妃。妃有寵於太宗，生子，爲大赦，子二歲而殤，未命名。六年九月，太宗方伐明，聞妃病而還，未至，妃已薨。上慟甚，一日忽迷惘，自午至酉始瘥，乃悔曰：「天生朕爲撫世安民，豈爲一婦人哉？朕不能自持，天地祖宗特示譴也。」上仍悲悼不已。諸王大臣請出獵，遂獵蒲河。還過妃墓，復大慟。妃母和碩賢妃來弔，上命內大臣掖輿臨妃墓。郡王阿達禮、輔國公扎哈納當妃喪作樂，皆坐奪爵。

懿靖大貴妃，博爾濟吉特氏，阿霸垓郡王額齊格諾顏女。崇德元年，封麟趾宮貴妃。四年，額齊格諾顏及其妻福晉來朝，妃率諸王、貝勒迎宴。次日，上賜宴清寧宮，福晉入見，稱上外姑。順治九年，世祖加尊封。康熙十三年，薨，聖祖侍太后臨奠。子一，博穆博果爾。女一，下嫁噶爾瑪索諾木。又撫蒙古女，嫁噶爾瑪德參，濟旺子也。

康惠淑妃，博爾濟吉特氏，阿霸垓塔布囊博第塞楚祜爾女。崇德元年，封衍慶宮淑妃。撫蒙古女，上命睿親王多爾袞娶焉。順治九年，加尊封，前懿靖大貴妃薨。

太宗諸妃：元妃，鈕祜祿氏，弘毅公額亦都女，子一，洛博會；繼妃，烏拉納喇氏，子二，豪格、洛格，女一，下嫁旺第。稱側妃者二：葉赫納喇氏，子一，碩塞；扎魯特博爾濟吉特氏，女二，下嫁夸扎、哈尚。稱庶妃者六：納喇氏，子一，高塞，女二，下嫁輝塞、拉哈；奇壘氏，察哈爾部人，女一，下嫁吳應熊；顏札氏，子一，葉布舒；伊爾根覺羅氏，子一，常舒；其二不知氏族，一生子，韜塞；一生女，下嫁班第。

世祖廢后，博爾濟吉特氏，科爾沁卓禮克圖親王吳克善女，孝莊文皇后姪也。后麗而慧，睿親王多爾袞攝政，爲世祖聘焉。順治八年八月，册爲皇后。上好簡樸，后則嗜奢侈，又妬，積與上忤。

十年八月，上命大學士馮銓等上前代廢后故事，銓等疏諫，上嚴拒，諭以「無能，故當廢」，責諸臣沽名。卽日奏皇太后，降后爲靜妃，改居側宮，下禮部，禮部尚書胡世安、侍郎呂崇烈、高珩疏請愼重詳審，禮部員外郎孔允樾及御史宗敦一、潘朝選、陳棐、張𤩽、杜果、聶玠、張嘉、李敬、劉秉政、陳自德、祖永杰、高爾位、白尙登、祖建明各具疏力爭。允樾言尤切，略言：「皇后正位三年，未聞失德，特以『無能』二字定廢嫡之案，何以服皇后之心？何以服天下後世之心？君后猶父母，父欲出母，卽心知母過，猶涕泣以諫；況不知母過何事，安忍緘口而不爲母請命？」上命諸王、貝勒、大臣集議，議仍以皇后位中宮，而別立東西兩宮。上不許，令再議，並責允禵覆奏，允禵疏引罪，諸王大臣再議，請從上指，於是后竟廢。

孝惠章皇后，博爾濟吉特氏，科爾沁貝勒綽爾濟女。順治十一年五月，聘爲妃，六月，册爲后。貴妃董鄂氏方幸，后又不當上恉。十五年正月，皇太后不豫，上責后禮節疏闕，命停應進中宮箋表，下諸王、貝勒、大臣議行。三月，以皇太后旨，如舊制封進。

聖祖卽位，尊爲皇太后，居慈仁宮。上奉太皇太后謁孝陵，幸盛京，謁福陵、昭陵，出古北口避暑，幸五臺山，皆奉太后侍行。康熙二十二年，上奉太皇太后出塞，太后未侍行，中途射得鹿，斷尾漬以鹽，並親選榛實，進太后。二十六年，太皇太后不豫，太后朝夕奉侍。及太皇太后崩，太后悲痛。諸妃主入臨，太后慟甚，幾仆地。上命諸王大臣奏請太后節哀回宮，再請乃允。歲除，諸王大臣請太后諭上回宮，上不可。二十七年正月，行虞祭，上命諸王大臣請太后勿往行禮，太后亦不可。二十八年，建寧壽新宮，奉太后居焉。

三十五年十月，上北巡，太后萬壽，上奉書稱祝。駐麗蘇，太后遣送衣裘，上奉書言：「時方燠，河未冰，帳房不須置火，俟嚴寒，卽歡忭而服之。」三十六年二月，上親征噶爾丹，駐他喇布拉克。太后以上生日，使賜金銀茶壺，上奉書拜受。噶爾丹旣定，羣臣請上加太后徽號壽康顯寧，太后以上不受尊號，亦堅諭不受。三十七年七月，奉太后幸盛京謁陵，道喀喇沁。途中以太后父母葬發庫山，距蹕路二百里，諭內大臣索額圖擇潔地，太后遙設祭。十月，次奇爾賽畢喇，值太后萬壽，上詣行宮行禮，敕封太后所駐山曰壽山。

三十八年，上奉太后南巡。三十九年十月，太后六十萬壽，上製萬壽無疆賦，並奉佛像，珊瑚，自鳴鐘，洋鏡，東珠，珊瑚、金珀、禦風石，念珠，皮裘，羽緞，哆羅呢，沈、檀、芸、降諸香，犀玉、瑪瑙、甆、漆諸器，宋、元、明名畫，金銀、幣帛；又令膳房數米萬粒，號「萬國玉粒飯」，及肴饌、果品以獻。四十九年，太后七十萬壽，亦如之。

五十六年十二月，太后不豫。是歲，上春秋六十有四，方有疾，頭眩足腫，聞太后疾甚，以帕纏足，乘輭輿詣視，跪牀下，捧太后手曰：「母后，臣在此！」太后張目，畏明，障以手，視上，執上手，已不能語。上力疾，於蒼震門內支幄以居。丙戌，太后崩，年七十七。上號慟盡禮。五十七年三月，葬孝陵之東，曰孝東陵。初上太后徽號，國有慶，必加上。至雲南平，定曰仁憲恪順誠惠純淑端禧皇太后。及崩，上諡，大學士等初議誤不繫世祖諡，上令至太廟、奉先殿瞻禮高皇后、文皇后神位，大學士等引罪；又以所擬諡未多留徽號字，命更議。雍正、乾隆累加諡，曰孝惠仁憲端懿慈淑恭安純德順天翼聖章皇后。

孝康章皇后，佟佳氏，少保、固山額眞佟圖賴女。后初入宮，爲世祖妃。順治十一年春，妃詣太后宮問安，將出，衣裾有光若龍繞，太后問之，知有娠，謂近侍曰：「朕妊皇帝實有斯祥，今妃亦有是，生子必膺大福。」三月戊申，聖祖生。聖祖卽位，尊爲皇太后。康熙二年二月庚戌，崩，年二十四。初上徽號曰慈和皇太后。及崩，葬孝陵，上謚。雍正、乾隆累加謚，曰孝康慈和莊懿恭惠溫穆端靖崇文育聖章皇后。后家佟氏，本漢軍，上命改佟佳氏，入滿洲。后族擡旗自此始。子一，聖祖。

孝獻皇后，棟鄂氏，內大臣鄂碩女。年十八入侍，上眷之特厚，寵冠後宮。順治十三年八月，立爲賢妃。十二月，進皇貴妃，行册立禮，頒赦。上皇太后徽號，鄂碩本以軍功授一等精奇尼哈番，進三等伯。十七年八月，薨，上輟朝五日。追謚孝獻莊和至德宣仁溫惠端敬皇后。

上親製行狀，略曰：「后婉靜循禮，事皇太后，奉養甚至，左右趨走，皇太后安之。事朕，晨夕候興居，視飲食服御，曲體罔不悉。朕返蹕晏，必迎問寒暑，意少𠗦，則曰：『陛下歸晚，體得毋倦耶？』趣具餐，躬進之，命共餐，則辭。朕值慶典，舉數觴，必誡侍者，室無過燠，中夜慽慽起視。朕省封事，夜分，未嘗不侍側。諸曹循例章報，朕輒置之，后曰：『此雖奉行成法，安知無當更張，或有他故？奈何忽之！』令同閱，起謝：『不敢干政。』覽廷讞疏，握筆未忍下，后問是疏安所云，朕諭之，則泣曰：『諸辟皆愚無知，豈盡無冤？宜求可矜宥者全活之！』大臣偶得罪，朕或不樂，后輒請霽威詳察。朕偶免朝，則諫毋倦勤。日講後，與言章句大義，輒喜。偶遺忘，則諫：『當服膺默識。』蒐狩，親騎射，則諫：『毋以萬邦仰庇之身，輕於馳驟。』偶有未稱旨，朕或加譙讓，始猶自明無過；及聞姜后脫簪事，卽有宜辯者，但引咎自責而已。后至節儉，不用金玉。誦四書及易已卒業；習書，未久卽精。朕喻以禪學，參究若有所省。后初病，皇太后使問安否，必對曰：『安。』疾甚，朕及今后、諸妃、嬪環視之，后曰：『吾殆將不起，此中澄定，亦無所苦，獨不及酬皇太后暨陛下恩萬一。妾歿，陛下宜自愛！惟皇太后必傷悼，奈何？』既又令以諸王賻施貧乏，復屬左右毋以珍麗物斂。歿後，皇太后哀之甚。」行狀數千言，又命大學士金之俊別作傳。是歲，命秋讞停決，從后志也。

時鄂碩已前卒，后世父羅碩，授一等阿思哈尼哈番。及上崩，遺詔以后喪祭踰禮爲罪己之一。康熙二年，合葬孝陵，主不祔廟，歲時配食饗殿。子一，生三月而殤，未命名。

貞妃，棟鄂氏，一等阿達哈哈番巴度女。殉世祖。聖祖追封爲皇考貞妃。

淑惠妃，博爾濟吉特氏，孝惠皇后妹也。順治十一年，册爲妃。康熙十二年，尊封皇考淑惠妃。妃最老壽，以五十二年十月薨。

同時尊封者：浩齊特博爾濟吉特氏爲恭靖妃，阿霸垓博爾濟吉特氏爲端順妃，皆無所出；棟鄂氏爲寧慤妃，在世祖時號庶妃，子一，福全。又恪妃，石氏，灤州人，吏部侍郎申女。世祖嘗選漢官女備六宮，妃與焉。居永壽宮。康熙六年薨，聖祖追封皇考恪妃。

又在三妃前，世祖庶妃有子女者，又有八人：穆克圖氏，子永幹，八歲殤；巴氏，子鈕鈕，爲世祖長子，二歲殤，女二，一六歲殤，一七歲殤；陳氏，子一，常寧；唐氏，子一，奇授，七歲殤；鈕氏，子一，隆禧；楊氏，女一，下嫁納爾杜；烏蘇氏，女一，八歲殤；納喇氏，女一，五歲殤。

聖祖孝誠仁皇后，赫舍里氏，輔政大臣、一等大臣索尼孫領侍衞內大臣噶布喇女。康熙四年七月，册爲皇后。十三年五月丙寅，生皇二子允礽，卽於是日崩，年二十二。謚曰仁孝皇后。二十年，葬孝東陵之東，卽景陵也。雍正元年，改謚。乾隆、嘉慶累加謚，曰孝誠恭肅正惠安和淑懿恪敏儷天襄聖仁皇后。子二：承祜，四歲殤；允礽。

孝昭仁皇后，鈕祜祿氏，一等公遏必隆女。初爲妃。康熙十六年八月，册爲皇后。十七年二月丁卯，崩。二十年，與仁孝皇后同葬。上每謁孝陵，輒臨仁孝、孝昭兩后陵奠醊。乾隆、嘉慶累加謚，曰孝昭靜淑明惠正和安裕端穆欽天順聖仁皇后。

孝懿仁皇后，佟佳氏，一等公佟國維女，孝康章皇后姪女也。康熙十六年，爲貴妃。二十年，進皇貴妃。二十八年七月，病篤，册爲皇后。翌日甲辰，崩。謚曰孝懿皇后。是冬，葬仁孝、孝昭兩后之次。雍正、乾隆、嘉慶累加謚，曰孝懿溫誠端仁憲穆和恪慈惠奉天佐聖仁皇后。女一，殤。

孝恭仁皇后，烏雅氏，護軍參領威武女。后事聖祖。康熙十七年十月丁酉，世宗生。十八年，爲德嬪。二十年，進德妃。世宗卽位，尊爲皇太后，擬上徽號曰仁壽皇太后，未上册。雍正元年五月辛丑，崩，年六十四。葬景陵。上謚，曰孝恭宣惠溫肅定裕慈純欽穆贊天承聖仁皇后。子三：世宗、允祚、允禵。允祚六歲殤。女三：其二殤，一下嫁舜安顏。

敬敏皇貴妃，章佳氏。事聖祖爲妃。康熙三十八年，薨。謚曰敏妃。雍正初，世宗以其子怡親王允祥賢，追進封。妃又生女二，下嫁倉津、多爾濟。

定妃，萬琉哈氏。事聖祖爲嬪。世宗尊爲皇考定妃。就養其子履親王允祹邸。高宗朝，歲時伏臘，輒迎入宮中上壽，然未進尊封。薨年九十七。

通嬪，納喇氏。事聖祖爲貴人。雍正二年，世宗以其婿喀爾喀郡王策棱功，尊封。乾隆九年，薨。子二：萬黼，五歲殤；允禶，二歲殤。女一。

惇怡皇貴妃，瓜爾佳氏。事聖祖爲和妃。世宗尊爲皇考貴妃。高宗尊爲皇祖溫惠皇貴太妃。乾隆三十三年，薨，年八十六。謚曰惇怡皇貴妃。葬景陵側皇貴妃園寢。女一，殤。聖祖諸妃，妃薨最後。

乾隆初，同時尊封者：愨惠皇貴妃，佟佳氏，孝懿皇后妹。事聖祖爲貴妃。世宗尊爲皇考皇貴妃。高宗尊爲皇祖壽祺皇貴太妃。薨，謚曰愨惠皇貴妃。順懿密太妃，王氏。初爲密嬪，自密妃尊封。子三：允禑、允祿、允祄，允祄八歲殤。純裕勤太妃，陳氏。初爲勤嬪，自勤妃尊封。子一，允禮。襄嬪，高氏。自貴人尊封。子一，允禕。女一，殤。謹嬪，色赫圖氏。自貴人尊封。子一，允祜。靜嬪，石氏。自貴人尊封。子一，允祁。熙嬪，陳氏。自貴人尊封。子一，允禧。穆嬪，陳氏。自貴人卒後追尊封。子一，允祕。

其卒於康熙中及雖下逮雍正、乾隆而未尊封者，又有：溫僖貴妃，鈕祜祿氏，孝昭皇后妹。子一，允䄉。女一，殤。惠妃，納喇氏。子二：承慶，殤；允禔。宜妃，郭絡羅氏。當聖祖崩時，妃方病，以四人舁軟榻詣喪所，出太后前，世宗見之，又傲，世宗爲詰責宮監。子三：允祺、允禟、允禌，允禌十二歲殤。榮妃，馬佳氏。子五：承瑞，爲聖祖長子，四歲殤；賽音察渾，長華，長生皆殤；允祉。女一，下嫁烏爾滾。成妃，戴佳氏。子一，允祐。良妃，衞氏。子一，允禩。平妃，赫舍里氏，孝誠皇后妹。子一，允禨，殤。端嬪，董氏。女一，殤。貴人，兆佳氏。女一，下嫁噶爾臧。郭絡羅氏，宜妃妹。子一，允禑，殤。女一，下嫁敦多布多爾濟。袁氏，女一，下嫁孫承運。陳氏，子一，允禐，殤。庶妃，鈕祜祿氏，女一；張氏，女二；王氏，女一；劉氏，女一：皆殤。

世宗孝敬憲皇后，烏喇那拉氏，內大臣費揚古女。世宗爲皇子，聖祖册后爲嫡福晉。雍正元年，册爲皇后。九年九月己丑，崩。時上病初愈，欲親臨含斂，諸大臣諫止。上諭曰：「皇后自垂髫之年，奉皇考命，作配朕躬。結褵以來，四十餘載，孝順恭敬，始終一致。朕調理經年，今始全愈，若親臨喪次，觸景增悲，非攝養所宜。但皇后喪事，國家典儀雖備，而朕禮數未周。權衡輕重，如何使情文兼盡，其具議以聞。」諸大臣議，以明會典皇后喪無親臨祭奠之禮，令皇子朝夕奠，遇祭，例可遣官，乞停親奠，從之。謚孝敬皇后。及世宗崩，合葬泰陵。乾隆、嘉慶累加謚，曰孝敬恭和懿順昭惠莊肅安康佐天翊聖憲皇后。

孝聖憲皇后，鈕祜祿氏，四品典儀淩柱女。后年十三，事世宗潛邸，號格格。康熙五十年八月庚午，高宗生。雍正中，封熹妃，進熹貴妃。高宗卽位，以世宗遺命，尊爲皇太后，居慈寧宮。高宗事太后孝，以天下養，惟亦兢兢守家法，重國體。太后偶言順天府東有廢寺當重修，上從之。卽召宮監，諭：「汝等嘗侍聖祖，幾曾見昭聖太后當日令聖祖修蓋廟宇？嗣後當奏止！」宮監引悟眞庵尼入內，導太后弟入蒼震門謝恩，上屢誡之。上每出巡幸，輒奉太后以行，南巡者三，東巡者三，幸五臺山者三，幸中州者一。謁孝陵，獮木蘭，歲必至焉。遇萬壽，率王大臣奉觴稱慶。

乾隆十六年，六十壽；二十六年，七十壽；三十六年，八十壽：慶典以次加隆。先期，日進壽禮九九。先以上親製詩文、書畫，次則如意、佛像、冠服、簪飾、金玉、犀象、瑪瑙、水晶、玻璃、琺瑯、彝鼎、甆器、書畫、綺繡、幣帛、花果，諸外國珍品，靡不具備。太后爲天下母四十餘年，國家全盛，親見曾玄。

四十二年正月庚寅，崩，年八十六。葬泰陵東北，曰泰東陵。初尊太后，上徽號。國有慶，屢加上，曰崇德慈宣康惠敦和裕壽純禧恭懿安祺寧豫皇太后。既葬，上謚。嘉慶中，再加謚，曰孝聖慈宣康惠敦和誠徽仁穆敬天光聖憲皇后。子一，高宗。

敦肅皇貴妃，年氏，巡撫遐齡女。事世宗潛邸，爲側福晉。雍正元年，封貴妃。三年十一月，妃病篤，進皇貴妃。並諭妃病如不起，禮儀視皇貴妃例行。妃薨逾月，妃兄羹堯得罪死。謚曰敦肅皇貴妃。乾隆初，從葬泰陵。子三：福宜、福惠、福沛，皆殤。女一，亦殤。

純愨皇貴妃，耿氏。事世宗潛邸，爲格格。雍正間，封裕嬪，進裕妃。高宗時，屢加尊爲裕皇貴太妃。乾隆四十九年，薨，年九十六。謚曰純愨皇貴妃。葬妃園寢，位諸妃上。子一，弘晝。

世宗諸妃，又有：齊妃，李氏。事世宗潛邸，爲側室福晉。雍正間，封齊妃。子三：弘昐、弘昀，皆殤；弘時。女一，下嫁星德。謙妃，劉氏。事世宗潛邸，號貴人。雍正間，封謙嬪。高宗尊爲皇考謙妃。子一，弘瞻。懋嬪，宋氏。事世宗，號格格。雍正初，封懋嬪。女二，皆殤。

高宗孝賢純皇后，富察氏，察哈爾總管李榮保女。高宗為皇子，雍正五年，世宗册后為嫡福晉。乾隆二年，册為皇后。后恭儉，平居以通草絨花為飾，不御珠翠。歲時以鹿羔𣯶毧製為荷包進上，仿先世關外遺製，示不忘本也。上甚重之。十三年，從上東巡，還蹕，三月乙未，后崩於德州舟次，年三十七。上深慟，兼程還京師，殯於長春宮，服縞素十二日。初，皇貴妃高佳氏薨，上謚以慧賢，后在側，曰：「吾他日期以『孝賢』，可乎？」至是，上遂用為謚。並製述悲賦，曰：「易何以首乾坤？詩何以首關雎？惟人倫之伊始，固天儷之與齊。念懿后之作配，廿二年而於斯。痛一旦之永訣，隔陰陽而莫知。昔皇考之命偶，用掄德於名門。俾逑予而尸藻，定嘉禮於渭濱。在青宮而養德，即治壼而淑身。縱糟糠之未歷，實同甘而共辛。乃其正位坤寧，克贊乾清。奉慈闈之溫凊，為九卿之儀型。克儉於家，爰始繅品而育繭；克勤於邦，亦知較雨而課晴。嗟予命之不辰兮，痛元嫡之連棄。致黯然以內傷兮，遂邈爾而長逝。撫諸子如一出兮，豈彼此之分視？值乖舛之疊遘兮，誰不增夫怨懟？況顧予之傷悼兮，更悅悢而切意。尙强歡以相慰兮，每禁情而制淚。制淚兮淚滴襟，強歡兮歡匪心。聿當春而啓蹕，隨予駕以東臨。抱輕疾兮念衆勞，促歸程兮變故遭。登畫舫兮陳翟褕，由潞河兮還內朝。去內朝兮時未幾，致邂逅兮怨無已。切自尤兮不可追，論生平兮定於此。影與形兮難去一，居忽忽兮如有失。對嬪嬙兮想芳型，顧和敬兮憐弱質。望湘浦兮何先徂，求北海兮乏神術。循喪儀兮愴徒然，例展禽兮謚孝賢。思遺徽之莫盡兮，詎兩字之能宣。包四德而首出兮，謂庶幾其可傳。驚時序之代謝兮，届十旬而迅如。覩新昌而增慟兮，陳舊物而憶初。亦有時而暫弭兮，旋觸緒而欷歔。信人生之如夢兮，了萬事之皆虛。嗚呼，悲莫悲兮生別離，失內位兮孰予隨？入椒房兮闃寂，披鳳幄兮空垂。春風秋月兮盡於此已，夏日冬夜兮知復何時？」

十七年，葬孝陵西勝水峪，後卽於此起裕陵焉。嘉慶、道光累加謚，曰孝賢誠正敦穆仁惠徽恭康順輔天昌聖純皇后。子二：永璉、永琮。女二：一殤，一下嫁色布騰巴爾珠爾。

皇后，烏喇那拉氏，佐領那爾布女。后事高宗潛邸，爲側室福晉。乾隆二年，封嫻妃。十年，進貴妃。孝賢皇后崩，進皇貴妃，攝六宮事。十五年，册爲皇后。三十年，從上南巡，至杭州，忤上旨，后剪髮，上益不懌，令后先還京師。三十一年七月甲午，崩。上方幸木蘭，命喪儀視皇貴妃。自是遂不復立皇后。子二，永璂、永璟。女一，殤。

四十三年，上東巡，有金從善者，上書，首及建儲，次爲立后。上因諭曰：「那拉氏本朕青宮時皇考所賜側室福晉，孝賢皇后崩後，循序進皇貴妃。越三年，立爲后。其後自獲過愆，朕優容如故。國俗忌剪髮，而竟悍然不顧，朕猶包含不行廢斥。後以病薨，止令減其儀文，並未削其位號。朕處此仁至義盡，況自是不復繼立皇后。從善乃欲朕下詔罪己，朕有何罪當自責乎？從善又請立后，朕春秋六十有八，豈有復册中宮之理？」下行在王大臣議從善罪，坐斬。

孝儀純皇后，魏佳氏，內管領清泰女。事高宗爲貴人。封令嬪，累進令貴妃。乾隆二十五年十月丁丑，仁宗生。三十年，進令皇貴妃。四十年正月丁丑，薨，年四十九。謚曰令懿皇貴妃，葬勝水峪。六十年，仁宗立爲皇太子，命册贈孝儀皇后。嘉慶、道光累加謚，曰孝儀恭順康裕慈仁端恪敏哲翼天毓聖純皇后。后家魏氏，本漢軍，擡入滿洲旗，改魏佳氏。子四：永璐，殤；仁宗；永璘；其一殤，未命名。女二，下嫁拉旺多爾濟、札蘭泰。

慧賢皇貴妃，高佳氏，大學士高斌女。事高宗潛邸，爲側室福晉。乾隆初，封貴妃。薨，謚曰慧賢皇貴妃。葬勝水峪。

純惠皇貴妃，蘇佳氏。事高宗潛邸。卽位，封純嬪。累進純皇貴妃。薨，謚曰純惠皇貴妃。葬裕陵側。子一，永瑢。女一，下嫁福隆安。

慶恭皇貴妃，陸氏。初封慶嬪。累進慶貴妃。薨。仁宗以嘗受妃撫育，追尊爲慶恭皇貴妃。

哲憫皇貴妃，富察氏。事高宗潛邸。雍正十三年，薨。乾隆初，追封哲妃，進皇貴妃。謚曰哲憫皇貴妃，葬勝水峪。子一，永璜，爲高宗長子。女一，殤。

淑嘉皇貴妃，金佳氏。事高宗潛邸，爲貴人。乾隆初，封嘉妃，進嘉貴妃。薨，謚曰淑嘉皇貴妃，葬勝水峪。子四：永珹，永璇，永瑆；其一殤，未命名。

婉貴太妃，陳氏。事高宗潛邸。乾隆間，自貴人累進婉妃。嘉慶間，尊爲婉貴太妃。壽康宮位居首。薨，年九十二。穎貴太妃，巴林氏。亦自貴人累進穎貴妃。尊爲穎貴太妃，亦居壽康宮。薨，年七十。

貴人：西林覺羅氏，柏氏，皆自常在進尊爲貴人。晉太妃，富察氏。事高宗爲貴人。逮道光時，猶存。宣宗尊爲皇祖晉太妃。

高宗諸妃有子女者：忻貴妃，戴佳氏，總督那蘇圖女。女二，皆殤。愉貴妃，珂里葉特氏。子一，永琪。舒妃，葉赫那拉氏。子一，殤，未命名。惇妃，汪氏。嘗笞宮婢死，上命降爲嬪。未幾，復封。女一，下嫁豐紳殷德。

又有容妃，和卓氏，回部台吉和札賚女。初入宮，號貴人。累進爲妃。薨。

仁宗孝淑睿皇后，喜塔臘氏，副都統、內務府總管和爾經額女。仁宗爲皇子，乾隆三十九年，高宗册后爲嫡福晉。四十七年八月甲戌，宣宗生。仁宗受禪，册爲皇后。嘉慶二年二月戊寅，崩，謚曰孝淑皇后，葬太平峪，後卽於此起昌陵焉。道光、咸豐累加謚，曰孝淑端和仁莊慈懿敦裕昭肅光天佑聖睿皇后。子一，宣宗。女二：一殤，一下嫁瑪尼巴達喇。

孝和睿皇后，鈕祜祿氏，禮部尚書恭阿拉女。后事仁宗潛邸，爲側室福晉。仁宗卽位，封貴妃。孝淑皇后崩，高宗敕以后繼位中宮。先封皇貴妃。嘉慶六年，册爲皇后。二十五年八月，仁宗幸熱河崩，后傳旨令宣宗嗣位。宣宗尊爲皇太后，居壽康宮。道光二十九年十二月甲戌，崩，年七十四。宣宗春秋已高，方有疾，居喪哀毁，三十年正月，崩於愼德堂喪次。咸豐三年，葬后昌陵之西，曰昌西陵。初尊皇太后，上徽號。國有慶，累加上，曰恭慈康豫安成莊惠壽禧崇祺皇太后。逮崩，上諡。咸豐間加諡，曰孝和恭慈康豫安成欽順仁正應天熙聖睿皇后。子二：綿愷、綿忻。女一，殤。

恭順皇貴妃，鈕祜祿氏。嘉慶初，選入宮，爲如貴人。累進如妃。宣宗尊爲皇考如皇妃，居壽安宮。文宗尊爲皇祖如皇貴太妃。薨，年七十四，諡曰恭順皇貴妃。子一，綿愉。女二，殤。

和裕皇貴妃，劉佳氏。事仁宗潛邸。嘉慶初，封誠妃。進誠貴妃。宣宗尊爲皇考誠禧皇貴妃。薨，諡曰和裕皇貴妃。子一，未命名，殤。女一，下嫁索特納木多布齋。

仁宗諸妃有子女者：華妃，侯佳氏。事仁宗潛邸。嘉慶初，封瑩嬪。改進封。女一，殤。簡嬪，關佳氏；遜嬪，沈佳氏：皆事仁宗潛邸，號格格。嘉慶初，追封。女各一，皆殤。

仁宗嬪御至宣宗朝尊封者，又有信妃，劉佳氏；恩嬪，烏雅氏；榮嬪，梁氏：皆自貴人進。安嬪，蘇完尼瓜爾佳氏，自常在進。

宣宗孝穆成皇后，鈕祜祿氏，戶部尚書、一等子布顏達賚女。宣宗爲皇子，嘉慶元年，仁宗册后爲嫡福晉。十三年正月戊午，薨。宣宗卽位，追册謚曰孝穆皇后。初葬王佐村，移寶華峪，以地宮浸水，再移龍泉峪，後卽於此起慕陵焉。咸豐初，上謚。光緒間加謚，曰孝穆溫厚莊肅端誠恪惠寬欽孚天裕聖成皇后。

孝愼成皇后，佟佳氏，三等承恩公舒明阿女。宣宗爲皇子，嫡福晉薨，仁宗册后繼嫡福晉。宣宗卽位，立爲皇后。道光十三年四月己巳，崩，謚曰孝愼皇后，葬龍泉峪。咸豐初，上謚。光緒間加謚，曰孝愼敏肅哲順和懿誠惠敦恪熙天詒聖成皇后。女一，殤。

孝全成皇后，鈕祜祿氏，二等侍衞、一等男頤齡女。后事宣宗，册全嬪。累進全貴妃。道光十一年六月己丑，文宗生。十三年，進皇貴妃，攝六宮事。十四年，立爲皇后。二十年正月壬寅，崩，年三十三。宣宗親定謚曰孝全皇后，葬龍泉峪。咸豐初，上謚。光緒間加謚，曰孝全慈敬寬仁端慤安惠誠敏符天篤聖成皇后。子一，文宗。女二：一殤，一下嫁德穆楚克扎布。

孝靜成皇后，博爾濟吉特氏，刑部員外郎花良阿女。后事宣宗爲靜貴人。累進靜皇貴妃。孝全皇后崩，文宗方十歲，妃撫育有恩。文宗卽位，尊爲皇考康慈皇貴太妃，居壽康宮。咸豐五年七月，太妃病篤，尊爲康慈皇太后。越九日庚午，崩，年四十四。上謚，曰孝靜康慈弼天撫聖皇后，不繫宣宗謚，不祔廟。葬慕陵東，曰慕東陵。穆宗卽位，祔廟，加謚。光緒、宣統累加謚，曰孝靜康慈懿昭端惠莊仁和愼弼天撫聖成皇后。子三：奕綱、奕繼、奕訢。女一，下嫁景壽。

莊順皇貴妃，烏雅氏。事宣宗，爲常在。進琳貴人，累進琳貴妃。文宗尊爲皇考琳貴太妃。穆宗尊爲皇祖琳皇貴太妃。同治五年，薨，命王公百官持服一日，謚曰莊順皇貴妃，葬慕東陵園寢。德宗朝，迭命增祭品，崇規制，上親詣行禮。封三代，皆一品。子三，奕譞、奕詥、奕譓。女一，下嫁德徽。

彤貴妃，舒穆嚕氏。事宣宗，爲彤貴人。累進彤貴妃。復降貴人。文宗尊爲皇考彤嬪。穆宗累尊爲皇祖彤貴妃。女二，一下嫁扎拉豐阿，一殤。

宣宗諸妃有子女者：和妃，納喇氏。初以宮女子，事宣宗潛邸。嘉慶十三年，子奕緯生。仁宗特命爲側室福晉。道光初，封和嬪。進和妃。祥妃，鈕祜祿氏。事宣宗，爲貴人。進嬪，復降。文宗尊爲皇考祥妃。穆宗追尊爲皇祖祥妃。子一，奕誴。女二，一殤，一下嫁恩醇。

他無子女而受尊封者：佳貴妃，郭佳氏；成貴妃，鈕祜祿氏：皆事宣宗，爲貴人，進嬪，復降。歷咸豐、同治二朝進封：常妃，赫舍哩氏，以貴人進封；順嬪，失其氏，以常在進封。恆嬪，蔡佳氏；豫妃，尚佳氏；貴人李氏，那氏：以答應進封。

文宗孝德顯皇后，薩克達氏，太常寺少卿富泰女。文宗爲皇子，道光二十七年，宣宗册后爲嫡福晉。二十九年十二月乙亥，薨。文宗卽位，追册謚曰孝德皇后。權攢田村，同治初，移靜安莊，旋葬定陵，上謚。光緒、宣統屢加謚，曰孝德溫惠誠順慈莊恪愼徽懿恭天贊聖顯皇后。

孝貞顯皇后，鈕祜祿氏，廣西右江道穆揚阿女。事文宗潛邸。咸豐二年，封貞嬪，進貞貴妃。立爲皇后。十年，從幸熱河。十一年七月，文宗崩，穆宗卽位，尊爲皇太后。是時，孝欽、孝貞兩宮並尊，詔旨稱「母后皇太后」、「聖母皇太后」以別之。十一月乙酉朔，上奉兩太后御養心殿，垂簾聽政。同治八年，內監安得海出京，山東巡撫丁寶楨以聞，太后立命誅之。十二年，歸政於穆宗。十三年，穆宗崩，德宗卽位，復聽政。光緒七年三月壬申，崩，年四十五，葬定陵東普祥峪，曰定東陵。初尊爲皇太后，上徽號。國有慶，累加上，曰慈安端康裕慶昭和莊敬皇太后。及崩，上謚。宣統加謚，曰孝貞慈安裕慶和敬誠靖儀天祚聖顯皇后。

孝欽顯皇后，葉赫那拉氏，安徽徽寧池廣太道惠徵女。咸豐元年，后被選入宮，號懿貴人。四年，封懿嬪。六年三月庚辰，穆宗生，進懿妃。七年，進懿貴妃。十年，從幸熱河。十一年七月，文宗崩，穆宗卽位，與孝貞皇后並尊爲皇太后。

是時，怡親王載垣、鄭親王端華、協辦大學士尚書肅順等以文宗遺命，稱「贊襄政務王大臣」，擅政，兩太后患之。御史董元醇請兩太后權理朝政，兩太后召載垣等入議，載垣等以本朝未有皇太后垂簾，難之。侍郎勝保及大學士賈楨等疏繼至。恭親王奕訢留守京師，聞喪奔赴，兩太后爲言載垣等擅政狀。九月，奉文宗喪還京師，卽下詔罪載垣、端華、肅順，皆至死，並罷黜諸大臣預贊襄政務者。授奕訢議政王，以上旨命王大臣條上垂簾典禮。

十一月乙酉朔，上奉兩太后御養心殿，垂簾聽政。諭曰：「垂簾非所樂爲，惟以時事多艱，王大臣等不能無所稟承，是以姑允所請。俟皇帝典學有成，卽行歸政。」自是，日召議政王、軍機大臣同入對。內外章奏，兩太后覽訖，王大臣擬旨，翌日進呈。閱定，兩太后以文宗賜同道堂小璽鈐識，仍以上旨頒示。旋用御史徐啓文奏，令中外臣工於時事闕失，直言無隱；用御史鍾佩賢奏，諭崇節儉，重名器；用御史卞寶第奏，諭嚴賞罰，肅吏治，愼薦舉。命內直翰林輯前史帝王政治及母后垂簾事跡，可爲法戒者，以進。同治初，寇亂未弭，兵連不解，兩太后同心求治，登進老成，倚任將帥，粵、捻蕩平，滇、隴漸定。十二年二月，歸政於穆宗。

十三年十二月，穆宗崩，太后定策立德宗，兩太后復垂簾聽政。諭曰：「今皇帝紹承大統，尙在沖齡，時事艱難，不得已垂簾聽政。萬幾綜理，宵旰不遑，矧當民生多蹙，各省水旱頻仍。中外臣工、九卿、科道有言事之責者，於用人行政，凡諸政事當舉，與時事有裨而又實能見施行者，詳細敷奏。至敦節儉，祛浮華，宜始自宮中，耳目玩好，浮麗紛華，一切不得上進。」「封疆大吏，當勤求閭閻疾苦，加意撫卹；淸訟獄，勤緝捕。辦賑積穀，飭有司實力奉行；並當整飭營伍，修明武備，選任賢能牧令，與民休息。」用御史陳彝奏，黜南書房行走、侍講王慶祺；用御史孫鳳翔等奏，黜總管內務府大臣貴寶、文錫；又罪宮監之不法者，戍三人，杖四人。一時宮府整肅。

光緒五年，葬穆宗惠陵。吏部主事吳可讀從上陵，自殺，留疏乞降明旨，以將來大統歸穆宗嗣子。下大臣王議奏，王大臣等請毋庸議，尚書徐桐等，侍讀學士寶廷、黃體芳，司業張之洞，御史李端棻，皆別疏陳所見。諭曰：「我朝未明定儲位，可讀所請，與家法不合。皇帝受穆宗付託，將來愼選元良，纘承統緒，其繼大統者爲穆宗嗣子，守祖宗之成憲，示天下以無私，皇帝必能善體此意也。」

六年，太后不豫，上命諸督撫薦醫治疾。八年，疾愈。孝貞皇后旣崩，太后獨當國。十年，法蘭西侵越南。太后責恭親王奕訢等因循貽誤，罷之，更用禮親王世鐸等；並諭軍機處，遇緊要事件，與醇親王奕譞商辦。庶子盛昱、錫珍，御史趙爾巽各疏言醇親王不宜參豫機務，諭曰：「自垂簾以來，揆度時勢，不能不用親藩進參機務。諭令奕譞與軍機大臣會商事件，本專指軍國重事，非概令與聞。奕譞再四懇辭，諭以俟皇帝親政，再降諭旨，始暫時奉命。此中委曲，諸臣不能盡知也。」是年，太后五十萬壽。十一年，法蘭西約定。醇親王奕譞建議設海軍。十三年夏，命會同大學士、直隸總督李鴻章巡閱海口，遣太監李蓮英從。蓮英侍太后，頗用事。御史朱一新以各直省水災，奏請修省，辭及蓮英。太后不懌，責一新覆奏。一新覆奏，言鴻章具舟迎王，王辭之，蓮英乘以行，遂使將吏迎者誤爲王舟。太后詰王，王遂對曰：「無之。」遂黜一新。

太后命以次年正月歸政，醇親王奕譞及王大臣等奏請太后訓政數年，德宗亦力懇再三，太后乃許之。王大臣等條上訓政典禮，命如議行。請上徽號，堅不許。十五年，德宗行婚禮。二月己卯，太后歸政。御史屠仁守疏請太后歸政後，仍披覽章奏，裁決施行。太后不可，諭曰：「垂簾聽政，本萬不得已之舉。深宮遠鑒前代流弊，特飭及時歸政。歸政後，惟醇親王單銜具奏，暫須徑達。醇親王密陳：『初裁大政，軍國重事，定省可以稟承。』並非著爲典常，使訓政永無底止。」因斥仁守乖謬，奪官。

同治間，穆宗議修圓明園，奉兩太后居之，事未行。德宗以萬壽山大報恩延壽寺，高宗奉孝聖憲皇后三次祝釐於此，命葺治，備太后臨幸，並更清漪園爲頤和園，太后許之。既歸政，奉太后駐焉。歲十月十日，太后萬壽節，上率王大臣祝嘏，以爲常。十六年，醇親王奕譞薨。二十年，日本侵朝鮮，以太后命，起恭親王奕訢。是年，太后六十萬壽，上請在頤和園受賀，仿康熙、乾隆間成例，自大內至園，蹕路所經，設彩棚經壇，舉行慶典。朝鮮軍事急，以太后命罷之。二十四年，恭親王奕訢薨。

上事太后謹，朝廷大政，必請命乃行。顧以國事日非，思變法救亡，太后意不謂然，積相左。上期以九月奉太后幸天津閱兵，訛言謂太后將勒兵廢上；又謂有謀圍頤和園劫太后者。八月丁亥，太后遽自頤和園還宮，復訓政。以上有疾，命居瀛臺養痾。二十五年十二月，立端郡王載漪子溥儁繼穆宗爲皇子。

二十六年，義和拳事起，載漪等信其術，言於太后，謂爲義民，縱令入京師，擊殺德意志使者克林德及日本使館書記，圍使館。德意志、奧大利亞、比利時、日斯巴尼亞、美利堅、法蘭西、英吉利、義大利、日本、和蘭、俄羅斯十國之師來侵。七月，逼京師。太后率上出自德勝門，道宣化、大同。八月，駐太原。九月，至西安。命慶親王奕劻、大學士總督李鴻章與各國議和。二十七年，各國約成。八月，上奉太后發西安。十月，駐開封。時端郡王載漪以庇義和拳得罪廢，溥儁以公銜出宮。十一月，還京師。上仍居瀛臺養痾。太后屢下詔：「母子一心，勵行新政。」三十二年七月，下詔預備立憲。

三十四年十月，太后有疾。上疾益增劇。壬申，太后命授醇親王載灃攝政王。癸酉，上崩於瀛臺。太后定策立宣統皇帝，即日尊爲太皇太后。甲戌，太后崩，年七十四，葬定陵東普陀峪，曰定東陵。初尊爲皇太后，上徽號。國有慶，累加上，曰慈禧端佑康頤昭豫莊誠壽恭欽獻崇熙皇太后。及崩，卽以徽號爲謚。子一，穆宗。

莊靜皇貴妃，他他拉氏。事文宗，爲貴人。累進麗妃。穆宗尊封爲皇考麗皇貴太妃。薨，謚曰莊靜皇貴妃。女一，下嫁符珍。玫貴妃，徐佳氏。事文宗，爲貴人。進玫嬪。穆宗尊封爲皇考玫貴妃。子一，未命名，殤。

端恪皇貴妃，佟佳氏。事文宗，爲祺嬪。同治間，尊爲皇考祺貴妃。宣統初，尊爲皇祖祺貴太妃。薨，謚曰端恪皇貴妃。文宗諸妃未有子女而同治、光緖兩朝尊封者：婉貴妃、璷妃、吉妃、禧妃、慶妃、雲嬪、英嬪、容嬪、璹嬪、玉嬪，皆自貴人進封。婉貴妃，索綽絡氏。雲嬪，武佳氏。英嬪，伊爾根覺羅氏。餘不知氏族。

穆宗孝哲毅皇后，阿魯特氏，戶部尙書崇綺女。同治十一年九月，立爲皇后。十三年十二月，穆宗崩，德宗卽位，以兩太后命，封爲嘉順皇后。光緖元年二月戊子，崩，梓宮暫安隆福寺。二年五月，御史潘敦儼因歲旱上言，請更定謚號，謂：「后崩在穆宗升遐百日內，道路傳聞，或稱傷悲致疾，或云絕粒賈生，奇節不彰，何以慰在天之靈？何以副兆民之望？」太后以其言無據，斥爲謬妄，奪官。五年三月，合葬惠陵，上謚。宣統加謚，曰孝哲嘉順淑愼賢明恭端憲天彰聖毅皇后。

淑愼皇貴妃，富察氏。穆宗立后，同日封慧妃。進皇貴妃。德宗卽位，以兩太后命，封爲敦宜皇貴妃。進敦宜榮慶皇貴妃。光緒三十年，薨。謚曰淑愼皇貴妃。

莊和皇貴妃，阿魯特氏，大學士賽尙阿女，孝哲毅皇后姑也。事穆宗，爲珣嬪，進妃。光緒間，進貴妃。宣統皇帝尊爲皇考珣皇貴妃。孝定景皇后崩未逾月，妃薨。謚曰莊和皇貴妃。敬懿皇貴妃，赫舍里氏。事穆宗，自嬪進妃。光緒間，進貴妃。宣統間，累進尊封。榮惠皇貴妃，西林覺羅氏。事穆宗，自貴人進嬪。光緒間，進妃。宣統間，累進尊封。

德宗孝定景皇后，葉赫那拉氏，都統桂祥女，孝欽顯皇后姪女也。光緒十四年十月，孝欽顯皇后爲德宗聘焉。十五年正月，立爲皇后。二十七年，從幸西安。二十八年，還京師。三十四年，宣統皇帝卽位。稱「兼祧母后」，尊爲皇太后。上徽號曰隆裕。宣統三年十二月戊午，以太后命遜位。越二年正月甲戌，崩，年四十六。上謚曰孝定隆裕寬惠愼哲協天保聖景皇后，合葬崇陵。

端康皇貴妃，他他拉氏。光緒十四年，選爲瑾嬪。二十年，進瑾妃。以女弟珍妃忤太后，同降貴人。二十一年，仍封瑾妃。宣統初，尊爲兼祧皇考瑾貴妃。遜位後，進尊封。歲甲子，薨。

恪順皇貴妃，他他拉氏，端康皇貴妃女弟。同選，爲珍嬪。進珍妃。以忤太后，諭責其習尚奢華，屢有乞請，降貴人。逾年，仍封珍妃。二十六年，太后出巡，沈於井。二十七年，上還京師。追進皇貴妃。葬西直門外，移祔崇陵。追進尊封。

宣統皇后，郭博勒氏，總管內務府大臣榮源女。遜位後，歲壬戌，册立爲皇后。淑妃，額爾德特氏。同日冊封。

論曰：世祖、聖祖皆以沖齡踐祚，孝莊皇后覩創業之難，而樹委裘之主，政出王大臣，當時無建垂簾之議者。殷憂啓聖，遂定中原，克底於昇平。及文宗末造，孝貞、孝欽兩皇后躬收政柄，內有賢王，外有名將相，削平大難，宏贊中興。不幸穆宗卽世，孝貞皇后崩，孝欽皇后聽政久，稍稍營離宮，修慶典，視聖祖奉孝莊皇后、高宗奉孝聖皇后不逮十之一，而世顧竊竊然有私議者，外侮迭乘，災祲屢見，非其時也。不幸與德宗意恉不協，一激而啓戊戌之爭，再激而成庚子之亂。晚乃壹意變法，怵天命之難諶，察人心之將渙，而欲救之以立憲，百端並舉，政急民煩，陵土未乾，國步遂改。綜一代之興亡，繫於宮闈。嗚呼！豈非天哉？豈非天哉？

清史稿卷二百十五

列傳二

諸王一

景祖諸子

武功郡王禮敦 孫色勒　慧哲郡王額爾袞　宣獻郡王齋堪

恪恭貝勒塔察篇古

顯祖諸子

誠毅勇壯貝勒穆爾哈齊 子襄敏貝子務達海　莊親王舒爾哈齊

子阿敏　鄭獻親王濟爾哈朗　靖定貝勒費揚武　阿敏子溫簡貝子固爾瑪琿

固爾瑪琿子鎮國襄敏公瓦三　濟爾哈朗子簡純親王濟度　輔國武襄公巴爾堪

濟度子簡親王喇布　簡修親王雅布　雅布從孫簡儀親王德沛　巴爾堪子輔國襄愍公巴賽　費揚武子尙善　惠獻貝子傅喇塔　舒爾哈齊孫輔國公品級札喀納　鎭國公品級屯齊　鎭國將軍洛託　通達郡王雅爾哈齊　篤義剛果貝勒巴雅喇

有明諸藩，分封而不錫土，列爵而不臨民，食祿而不治事，史稱其制善。清興，諸子弟但稱台吉、貝勒；旣乃斅明建親、郡王，而次以貝勒、貝子，又次以公爵，復別爲不入八分。蓋所以存國俗，而等殺旣多，屏衞亦益廣，下此則有將軍，無中尉，又與明小異；諸王不錫土，而其封號但予嘉名，不加郡國，視明爲尤善。然內襄政本，外領師干，與明所謂不臨民、不治事者乃絕相反。

國初開創，櫛風沐雨，以百戰定天下，繄諸王是庸。康熙間，出討三藩，勝負互見，而卒底蕩平之績。其後行師西北，仍以諸王典兵。雍正、乾隆諒闇之始，重臣宅揆，亦領以諸王。嘉慶初，以親王爲軍機大臣，未幾，以非祖制罷。穆宗踐阼，輟贊襄之命，而設議政王，尋仍改直樞廷。自是相沿，爰及季年，親貴用事，以攝政始，以攝政終。論者謂有天焉，誠一代得失之林也。

今用諸史例，以皇子爲宗，子孫襲爵者從焉；子孫別有功績復立爵者亦從焉。其爵世，備書之；其爵不世，則具詳於表。表曰皇子，傳曰諸王，亦互文以見義焉。自公以下，別被除拜具有事實者，及疏宗登追列高位著名績者，皆散與諸臣相次。淸矯明失，宗子與庶姓並用，通前史之例以存其實也。

景祖五子：翼皇后生顯祖；諸子，武功郡王禮敦，慧哲郡王額爾袞，宣獻郡王齋堪，恪恭貝勒塔察篇古，皆不詳其母氏。

武功郡王禮敦，景祖第一子也。肇祖而下，世系始詳，事蹟未備，四傳至興祖。興祖六子：長，德世庫；次，劉闡；次，索長阿；次，景祖；次，包朗阿；次，寶實：號「寧古塔貝勒」。景祖承肇祖舊業，居赫圖阿拉，德世庫居覺爾察，劉闡居阿哈河洛，索長阿居河洛噶善，包朗阿居尼麻喇，寶實居章甲，環赫圖阿拉而城，近者五里，遠者二十里，互相衞。寶實子阿哈納渥濟格與董鄂部長克轍巴顏有隙，屢來侵。索長阿子吳泰，哈達萬汗壻也，乞援於哈達，攻董鄂部，取數寨，董鄂部兵乃不復至。「寧古塔」亦自此稍弱。及太祖兵起，德世庫、劉闡、索長阿、寶實等子孫甚其英武，屢欲加害；其後益强大，謀始戢。索長阿、寶實子孫皆從攻戰，包朗阿雲孫拜山尤有功，自有傳。帝業既成，景祖諸兄弟追封皆未及。

禮敦生而英勇，景祖討平碩色納、奈呼二部，禮敦功最，號曰「巴圖魯」。太祖兵起，禮敦卒久矣。太祖既定東京，葬景祖、顯祖於楊魯山，以禮敦陪葬。崇德四年八月，進封武功郡王，配享太廟。子貝和齊，太祖伐明，攻廣寧，留守遼陽。

孫色勒，事太祖，授牛彔額眞。事太宗，自十六大臣進八大臣，授正藍旗固山額眞。從太宗圍大淩河，軍城南，屢擊敗明兵。又從太宗略宣府、大同，與貝勒德格類入獨石口，敗明兵於長安嶺，攻赤城，克其郛。尋坐事，降鑲黃旗梅勒額眞。崇德初，從伐朝鮮，朝鮮國王李倧遣妻子入江華島，走保南漢山城。豫親王多鐸圍之急，朝鮮將赴援，色勒與甲喇額眞阿爾津擊敗之。分兵攻江華島，色勒率右翼兵渡海，越敵艦，近躍登島，破其守兵，得倧妻子。倧既降，論功，授牛彔章京世職，兼吏部右參政。順治元年，擢內大臣。錄禮敦諸孫席賚、阿濟賚、阿賚等，並授拜他喇布勒哈番。色勒進一等阿思哈尼哈番，再進二等精奇尼哈番，擢領侍衞內大臣。卒，謚勤慤。阿賚子吉哈禮，自有傳。

慧哲郡王額爾袞，景祖第二子。順治十年，追封謚，配享太廟。

宣獻郡王齋堪，景祖第三子。當族人與太祖搆難，齋堪與額爾袞皆不與。順治十年，追封謚，配享太廟。

恪恭貝勒塔察篇古，景祖第五子。順治間，追封謚。天聰九年，詔德世庫等子孫以「覺羅」爲氏，繫紅帶。乾隆四十年，詔國史館：「禮敦等傳列諸臣之首，以別於宗室諸王。」

顯祖五子：宣皇后生太祖、莊親王舒爾哈齊、通達郡王雅爾哈齊；繼妃納喇氏生篤義剛果貝勒巴雅喇；庶妃李佳氏生誠毅勇壯貝勒穆爾哈齊。

誠毅勇壯貝勒穆爾哈齊，顯祖第二子。驍勇善戰，每先登陷陣。歲乙酉，從太祖伐哲陳部，值大水，遣衆還，留八十人：被棉甲者五十，被鐵甲者三十，行略地。加哈人蘇枯賴虎密以告，於是托漠河、章甲、把爾達、撒爾湖、界凡五城合兵禦我。後哨章京能古德馳告，上出他道，弗遇。上深入，遙望見敵兵八百餘，陣渾河至於南山。包朗阿孫札親桑古里懼敵衆，解其甲授人，上呵之。穆爾哈齊及左右顏布祿、兀淩噶從上馳近敵陣，下馬奮擊，射殺二十餘人，敵渡渾河走。穆爾哈齊復從上躡敵後，至吉林崖，遙見敵兵十五自旁徑來。上去胄上纓，隱而待，射其前至者，貫脊殪。穆爾哈齊復射殪其一，餘皆墜崖死。上曰：「今日以四人敗八百人，天助我也！」穆爾哈齊屢從征伐，賜號青巴圖魯，譯言「誠毅」。天命五年九月，卒，年六十。上臨祭其墓。順治十年，追封謚。

子十一，有爵者六：達爾察、務達海、漢岱、塔海、祜世塔、喇世塔。達爾察、塔海、祜世塔、喇世塔皆封輔國公，達爾察謚剛毅，喇世塔謚恪僖。

襄敏貝子務達海，穆爾哈齊第四子。事太宗，授牛彔章京。崇德元年，從睿親王多爾袞伐明，攻沙河、南和及臨洺關、魏縣並有功。三年，授刑部左參政。從貝勒岳託敗明兵開平，復偕固山額眞何洛會等敗明兵沙河、三河，又敗之渾河岸，至趙州。復攻山東，克臨清、安丘、臨淄。還次密雲，俘四千餘。五年，授鑲白旗滿洲梅勒額眞。從攻錦州，夜略杏山、塔山。七年，擢刑部承政。從伐明，分軍略登州，未至先歸，坐奪俘獲入官。順治元年，從定京師，逐李自成至延安，城兵夜出，擊破之。復從豫親王多鐸徇江南。三年，又從討蘇尼特騰機思，敗土謝圖汗、碩雷汗援兵。五年，偕固山額眞阿賴等戍漢中。累進爵，自三等輔國將軍至貝子。六年，偕鎭國公屯齊哈、輔國公巴布泰代英親王阿濟格討叛將姜瓖。八年，攝都察院事。十一年，從鄭親王世子濟度討鄭成功，中道疾作，召還。十二年，卒，謚襄敏。

務達海子托克托慧，封鎮國公。托克托慧子揚福，事聖祖，官黑龍江將軍久，聖祖屢稱之，命襲不入八分鎮國公。卒，謚襄毅。揚福子三官保，聖祖褒其孝，即命繼揚福署黑龍江將軍，襲爵。

漢岱，穆爾哈齊第五子。事太宗，與務達海同授牛彔章京。崇德六年，從上圍松山，擊破明總兵吳三桂、王樸。七年，從貝勒阿巴泰伐明，攻薊州、河間、景州，進克兗州，即軍前授兵部承政。順治元年，從入關擊李自成，又從多鐸西征，破自成潼關。二年，與梅勒額眞伊爾德率兵自南陽趨歸德，克州一、縣四；渡淮克揚州。賜金二十五兩、銀千三百兩。三年，授鑲白旗滿洲固山額眞，與貝勒博洛徇杭州，進攻台州，擊明魯王以海。分兵略福建，攻分水關，破明唐王將師福，入崇安，斬所置巡撫楊文英等，下興化、漳州、泉州。五年，從貝子屯齊將兵討陝西亂回。亂定，與英親王阿濟格合軍討叛將姜瓖。六年，從巽親王滿達海克朔州、寧武。移師攻遼州，下長留、襄垣、榆社、武鄉諸縣。七年，授吏部尚書、正藍旗滿洲固山額眞。八年，調刑部。累進爵，自一等奉國將軍至鎮國公。九年，復調吏部。從定遠大將軍尼堪下湖南，尼堪戰沒，坐奪爵。十二年，復授吏部尚書，加太子太保，授鎮國將軍品級。十三年四月，坐依阿蒙蔽，奪官爵。卒。

漢岱子海蘭、席布錫倫、嵩布圖，均封輔國公。海蘭諡慤厚，席布錫倫諡悼敏，嵩布圖諡懷思。

莊親王舒爾哈齊，顯祖第三子。初爲貝勒。蜚悠城長策穆特黑苦烏喇之虐，願來附。太祖令舒爾哈齊及貝勒褚英、代善，諸將費英東、揚古利、常書，侍衞扈爾漢、納齊布，將三千人往迎之。夜陰晦，軍行，纛有光，舒爾哈齊曰：「吾從上行兵屢矣，未見此異，其非吉兆耶？」欲還兵，褚英、代善不可。至蜚悠，盡收環城屯寨五百戶而歸。烏喇貝勒布占泰發兵萬人邀於路，褚英、代善力戰破之。舒爾哈齊以五百人止山下，常書、納齊布別將百人從焉。褚英、代善旣破敵，乃驅兵前進，繞山行，未能多斬獲。師還，賜號達爾漢巴圖魯。旣，論常書、納齊布止山下不力戰罪，當死。舒爾哈齊曰：「誅二臣與殺我同。」上乃宥之，罰常書金百，奪納齊布所屬。自是上不遣舒爾哈齊將兵。舒爾哈齊居恆鬱鬱，語其第一子阿爾通阿、第三子扎薩克圖曰：「吾豈以衣食受羈於人哉？」移居黑扯木。上怒，誅其二子。舒爾哈齊乃復還。歲辛亥八月，薨。順治十年，追封諡。子九，有爵者五：阿敏、圖倫、寨桑武、濟爾哈朗、費揚武。

阿敏，舒爾哈齊第二子。歲戊申，偕褚英伐烏喇，克宜罕山城，俘其衆以歸。歲癸丑，上伐烏喇，布占泰以三萬人拒，諸將欲戰，上止之。阿敏曰：「布占泰已出，舍而不戰，將奈何？」上乃決戰，遂破烏喇。天命元年，與代善、莽古爾泰及太宗並授和碩貝勒，號「四大貝勒」，執國政。阿敏以序稱二貝勒。四年，明經略楊鎬大舉來侵，阿敏從上擊破明兵薩爾滸山。復禦明總兵劉綎於棟鄂路，代善等繼之，陣斬綎。還擊明將喬一琦，一琦奔固拉庫崖，與朝鮮將姜弘烈合軍。阿敏攻之，弘烈降。一琦自經死。尋從上破葉赫。六年，從上取瀋陽、遼陽。鎮江城將陳良策叛附明將毛文龍，阿敏還其民於內地。文龍屯兵朝鮮境，阿敏夜渡鎮江，擊殺其守將，文龍敗走。十一年，伐喀爾喀巴林部，取所屬屯寨。伐扎嚕特部，俘其衆。

天聰元年，太宗命偕貝勒岳託等伐朝鮮，瀕行，上命並討文龍。師拔義州，分兵攻鐵山，文龍所屯地也，文龍敗走。進克定州，渡嘉山江，克安州、平壤。復進次中和，朝鮮國王李倧使迎師。阿敏與諸貝勒答書數其罪有七，力拒之。師復進次黃州，倧復遣使來。阿敏欲遂破其都城，諸貝勒謂宜待其大臣至，莅盟許平。總兵李永芳進曰：「我等奉上命仗義而行，前已遺書言遣大臣莅盟卽班師，背之不義。」阿敏怒，叱之退。師復進次平山，倧走江華島，遣其臣進昌君至軍，阿敏令吹角督進兵。岳託乃與濟爾哈朗駐平山，遣副將劉興祚入江華島責倧。倧遣族弟原昌君覺等詣軍，爲設宴。宴畢，岳託議還師，阿敏曰：「吾恆慕明帝及朝鮮王城郭宮殿，今既至此，何遽歸耶？我意當留兵屯耕，杜度與我叔姪同居於此。」杜度變色曰：「上乃我叔，我何肯遠離，何爲與爾同居？」濟爾哈朗亦力阻，諸貝勒乃定議許倧盟。阿敏縱兵掠三日，乃還。上迎勞於武靖營，賜御衣一襲。復從上伐明，圍錦州，攻寧遠，斬明步卒千餘。

四年，師克永平、灤州、遷安、遵化，上命阿敏偕貝勒碩託將五千人駐守。阿敏駐永平，分遣諸將分守三城，諭降榛子鎭。明經略孫承宗督兵攻灤州，阿敏遣數百人赴援，收遷安守兵入永平。明兵攻灤州急，灤州守將固山額眞圖爾格等不能支，棄城奔永平，明兵截擊，師死者四百餘。阿敏令遵化守將固山額眞察哈喇等亦棄其城，遂盡殺明將吏降者，屠城民，收其金帛，夜出冷口東還。

上方遣貝勒杜度赴援，聞阿敏等棄四城而歸，上御殿，集諸貝勒大臣宣諭，罪阿敏等。阿敏等至，令屯距城十五里，復宣諭詰責。上念士卒陷敵，感傷墮淚。越三日，召諸貝勒大臣集闕下，上御殿，令貝勒岳託宣於衆曰：「阿敏怙惡久矣。當太祖時，嗾其父欲移居黑扯木，太祖坐其父子罪，既而宥之。其父既終，太祖愛養阿敏如己出，授爲和碩貝勒。及上嗣位，禮待如初。師征朝鮮，既定盟受質，不願班師，欲與杜度居王京，濟爾哈朗力諫乃止。

此阿敏有異志之見端也。俘美婦進上，既，復自求之。上察其觖望，曰：『奈何以一婦人乖兄弟之好？』以賜總兵冷格里。伐察哈爾，土謝圖額駙背約與通好，上怒，絕之。阿敏遺以甲冑鞍轡，且以上語盡告之。諸貝勒子女婚嫁必聞上，阿敏私以女嫁蒙古貝勒塞特爾，及宴，上不往，常懷怨憤。太祖時，守邊駐防，原有定界，乃越界移駐黑扯木。上責以擅棄汛地，將有異志，阿敏不能答。上出征，令阿敏留守，惟耽逸樂，屢出行獵。岳託、豪格出師先還，坐受其拜，儼如國君。及代守永平，妄曰：『既克城，何故不殺其民？』又明告衆兵曰：『我既來此，豈能令爾等不飽欲而歸？』略榛子鎮，盡掠其財物，又驅降人分給八家爲奴。明兵圍灤州三晝夜，擁兵不親援，屠永平、遷安官民，悉載財帛牲畜以歸。毀壞基業，故令我軍傷殘。」命衆議其罪。僉曰：「當誅。」命幽之。留莊六所、園二所、奴僕二十、羊五百、牛二十，餘財產悉畀濟爾哈朗。崇德五年十一月，卒於幽所。

阿敏子六，有爵者五：愛爾禮、固爾瑪琿、恭阿、果蓋、果賴。愛爾禮、果蓋、果賴皆封鎮國公，愛爾禮坐罪死，果蓋謚端純。

溫簡貝子固爾瑪琿，崇德間，從多爾袞伐明，自京師入山西境，復東至濟南，克城四十餘，封輔國公。阿敏得罪，奪爵，削宗籍。順治五年，復封輔國公。上以其貧乏，賜白金三千。從濟爾哈朗徇湖廣，破何騰蛟。師復進攻永興，奪門入，敗明兵，進貝子。康熙二十年，卒，謚溫簡。

鎭國襄敏公瓦三，固爾瑪琿子。事聖祖，初封輔國將軍。從岳託定湖廣，襲輔國公。二十一年，授右宗人。追論攻長沙退縮罪，奪官，仍留爵。復授鑲藍旗滿洲固山額眞。俄羅斯侵據雅克薩，上遣瓦三偕侍郎果丕，會黑龍江將軍薩布素按治。尋命固山額眞朋春等率師討之，以瓦三統轄黑龍江將士。二十四年，卒，謚襄敏。瓦三子齊克塔哈，襲輔國公。事聖祖，征噶爾丹在行。歷右宗人、都統、領侍衞內大臣。坐事，奪爵。以固爾瑪琿孫鄂斐襲。征噶爾丹亦在行。卒，以子鄂齊襲。事世宗，嘗奉使西藏，宣諭達賴喇嘛，進鎭國公。授天津水師都統，坐不能約束所部，奪爵。復起授都統，坐納賂，再奪爵。

恭阿，亦以阿敏得罪，與固爾瑪琿同譴，尋同還宗籍。順治五年，同徇湖廣，克六十餘城，封鎭國公。六年，卒於軍。

鄭獻親王濟爾哈朗，舒爾哈齊第六子。幼育於太祖。封和碩貝勒。天命十一年，伐喀爾喀巴林部、扎嚕特部，並有功。天聰元年，伐朝鮮，朝鮮國王李倧既乞盟，阿敏仍欲攻其國都。岳託邀濟爾哈朗議，濟爾哈朗曰：「吾等不宜深入，當駐兵平山以待。」卒定盟而還。五月，從上伐明，圍錦州，偕莽古爾泰擊敗明兵。復移師寧遠，與明總兵滿桂遇，裹創力戰，大敗其衆。二年五月，偕豪格討蒙古固特塔布囊，戮之，收其衆歸。三年八月，伐明錦州、寧遠，焚其積聚。十月，上率師自洪山口入，濟爾哈朗偕岳託攻大安口，夜毁水門以進，擊明馬蘭營援兵。及旦，明兵立二營山上，濟爾哈朗督兵追擊，五戰皆捷，降馬蘭營、馬蘭口、大安口三營。引軍趨石門寨，殲明援兵，寨民出降。會師遵化，薄明都，徇通州張家灣。四年正月，從上圍永平，擊斬叛將劉興祚，獲其弟興賢。既克永平，與貝勒薩哈璘駐守，察倉庫，閱士卒，置官吏，傳檄下灤州、遷安。三月，阿敏代戍，乃引師還。

五年七月，初設六部，濟爾哈朗掌刑部事。從上圍大凌河，濟爾哈朗督兵收近城臺堡。六年五月，從征察哈爾，還趨歸化城，收其衆千餘人。七年三月，城岫巖。五月，明將孔有德、耿仲明自登州來降，明總兵黃龍以水師邀之，朝鮮兵與會，濟爾哈朗與貝勒阿濟格等勒軍自鎮江迓有德等，明兵引去。

崇德元年四月，封和碩鄭親王。三年五月，攻寧遠，薄中後所城，明兵不敢出。移師克模龍關及五里堡屯臺。四年五月，略錦州、松山，九戰皆勝，俘其衆二千有奇。五年三月，修義州城。蒙古多羅特部蘇班岱、阿爾巴岱附於明，屯杏山五里臺，請以三十戶來歸。上命率師千五百人迎之，戒曰：「明兵見我寡，必來戰，可分軍爲三隊以行。」夜過錦州，至杏山，使潛告蘇班岱等擕輜重以行。旦，明杏山總兵劉周智與錦州、松山守將合兵七千逼我師，濟爾哈朗縱師入敵陣，大敗之，賜御廐良馬一。九月，圍錦州，設伏城南，敵不進，追擊破之。六年三月，復圍錦州，立八營，掘壕築塹，以困祖大壽。大壽以蒙古兵守外郛，台吉諸木齊等遣人約獻東關，爲大壽所覺，與之戰。濟爾哈朗督兵薄城，蒙古兵縋以入，據其郛。遷蒙古六千餘人於義州，降明將八十餘。上御篤恭殿宣捷。四月，敗明援兵。五月，又敗之，斬級二千。六月，師還。九月，復圍錦州。十二月，洪承疇自松山遣兵夜犯我軍，我軍循壕射之，敵敗去，不得入，盡降其衆。七年，再圍錦州。三月，大壽降，隳松山、塔山、杏山三城以歸，賜鞍馬一、蟒緞百。

八年，世祖卽位，命與睿親王多爾袞同輔政。九月，攻寧遠，拔中後所，並取中前所。順治元年，王令政事先白睿親王，列銜亦先之。五月，睿親王率師入山海關，定京師。十月，封爲信義輔政叔王，賜金千、銀萬、緞千疋。四年二月，以府第踰制，罰銀二千，罷輔政。五年三月，貝子屯齊、尙善、屯齊喀等訐王諸罪狀，言王當太宗初喪，不舉發大臣謀立肅親王豪格。召王就質，議罪當死，遂興大獄。勳臣額亦都、費英東、揚古利諸子姪皆連染，議罪當死，籍沒。旣，改從輕比，王坐降郡王，肅親王豪格遂以幽死。

閏四月，復親王爵。九月，命爲定遠大將軍，率師下湖廣。十月，次山東，降將劉澤淸以叛誅。六年正月，次長沙，明總督何騰蛟，總兵馬進忠、陶養用等，合李自成餘部一隻虎等據湖南。王分軍進擊，拔湘潭，擒騰蛟。四月，次辰州，一隻虎遁走，克寶慶，破南山坡、大水、洪江諸路兵凡二十八營。七月，下靖州，進攻衡州，斬養用。逐敵至廣西全州，分軍下道州、黎平及烏撒土司，先後克六十餘城。七年正月，師還，賜金二百、銀二萬。

詳睿親王傳。

八年二月，偕巽親王滿達海、端重親王博洛、敬謹親王尼堪奏削故睿親王多爾袞爵，語

三月，以王老，免朝賀、謝恩行禮。九年二月，進封叔和碩鄭親王。十二年二月，疏言：「太祖創業之初，日與四大貝勒、五大臣討論政事得失，咨訪士民疾苦，上下交孚，鮮有壅蔽，故能掃清羣雄，肇興大業。太宗纘承大統，亦時與諸王貝勒講論不輟，崇獎忠直，錄功棄過，凡詔令必求可以順民心、垂久遠者。又慮武備廢弛，時出射獵，諸王貝勒置酒高讌，以優戲爲樂。太宗怒曰：『我國肇興，治弓矢，繕甲兵，視將士若赤子，故人爭效死，每戰必克。常恐後世子孫棄淳厚之風，沿習漢俗，卽于慆淫。今若輩爲此荒樂，欲國家隆盛，其可得乎？』遣大臣索尼再三申諭。今皇上詔大小臣工盡言，臣以爲平治天下，莫要於信。前者軫恤滿洲官民，聞者懽忭。嗣役修乾清宮，詔令不信，何以使民？伏祈效法太祖、太宗，時與大臣詳究政事得失，必商榷盡善，然後布之詔令，庶幾法行民信，紹二聖之休烈。抑有請者，垂謨昭德，莫先于史。古聖明王，進君子，遠小人，措天下於太平，垂鴻名于萬世，繫史官是賴。今宜設起居注官，置之左右，一言一行，傳之無窮，亦治道之助也。」疏上，嘉納之。

五月，疾革，上臨問，奏：「臣受三朝厚恩，未及答，願以取雲貴，殄桂王，統一四海爲念。」上垂涕曰：「天奈何不令朕叔長年耶！」言已，大慟。命工圖其像。翌日薨，年五十七。輟朝七日。賜銀萬，置守園十戶，立碑紀功。康熙十年六月，追謚。乾隆四十三年正月，詔配享太廟，復嗣王封號曰鄭。

濟爾哈朗子十一，有爵者四：富爾敦、濟度、勒度、巴爾堪。

富爾敦，濟爾哈朗第一子，封世子。順治八年，卒，謚慤厚。

簡純親王濟度，濟爾哈朗第二子。初封簡郡王。富爾敦卒，封世子。十一年十一月，命爲定遠大將軍，率師討鄭成功。十二年九月，次福州。久之，進次泉州。十三年六月，成功將黃梧、蘇明、鄭純自海澄來降，移軍次漳州。俄，成功犯福州，遣梅勒額眞阿克善等赴援，擊敗之，斬二百餘級。復擊斬其將林祖蘭等，奪其舟十有四。又分軍攻惠安、閩安、漳浦，獲舟數百，斬二千餘級。十四年三月，師還，上遣大臣迎勞盧溝橋，始聞鄭獻親王之喪，令入就喪次，上臨其第慰諭之。五月，襲爵，改號簡親王。十七年，薨。

濟度子五，喇布、德塞、雅布先後襲爵簡親王。

喇布，濟度第二子。濟度初薨，以第三子德塞襲。康熙九年，薨，謚曰惠。是年，喇布襲爵。吳三桂反，十三年九月，命爲揚威大將軍，率師駐江寧。十四年九月，移師江西，鎭南昌，屢遣兵援東鄉，擊鄱陽，破金谿、萬年。三桂將高得捷、韓大任陷吉安，詔趣進師。喇布駐南昌，不出師攻吉安，屯螺子山，敵來攻，師敗績。上遣侍郎班迪按敗狀，喇布乃督師圍吉安。十六年三月，敵引走，喇布入吉安，疏稱大任等屯寧都請降，詔報可。既而大任自寧都出擾萬安、泰和，喇布復請增兵。上諭曰：「簡親王喇布自至江西，無尺寸之功，深居會城，虛糜廩餉。迨赴吉安，以重兵圍城，而韓大任竄逸，竊踞寧都，復擾萬安、泰和，不能擊滅。喇布所轄官兵爲數不爲少，乃一大任不能翦除，宜嚴加處分，俟事平日議罪。」十七年正月，護軍統領哈克三等敗大任于老虎洞，燬其壘，斬六千級。大任奔福建，詣康親王傑書軍降。二月，移師湖南，駐茶陵。八月，三桂死於衡州，詔令自安仁進師。十八年正月，進復衡州。二月，分軍復祁陽、耒陽、寶慶。九月，進次廣西，駐桂林。十九年正月，馬承廕以柳州叛。五月，進攻柳州，承廕降。八月，移駐南寧。十月，詔選所部付大將軍賚塔進攻雲南。二十年八月，召還京師。十月，薨。二十一年，追論吉安失機罪，奪爵。

雅布，濟度第五子。二十二年，襲。二十七年，命赴蘇尼特防噶爾丹。二十九年，噶爾丹深入烏珠穆沁地，以恭親王常寧爲安北大將軍，雅布與信郡王鄂扎副之，出喜峯口。既而罷行，詔赴裕親王福全軍參贊軍務。八月，擊敗噶爾丹於烏闌布通，噶爾丹遁，未窮追。師還，議不追敵罪，當奪爵，詔罰俸三年。三十五年，從上親征。三十八年，掌宗人府事。

四十年，薨，諡曰修。子十五，雅爾江阿、神保住先後襲爵。

雅爾江阿，雅布第一子。初封世子。四十二年，襲。雍正四年，詔責雅爾江阿躭飲廢事，奪爵。神保住，雅布第十四子。初封鎭國將軍。雅爾江阿旣黜，世宗命襲爵。乾隆十三年，詔責神保住恣意妄爲，致兩目成眚，又虐待兄女，奪爵。以濟爾哈朗弟貝勒費揚武曾孫德沛襲。

德沛字濟齋，貝子福存子。雍正十三年，授鎭國將軍。以果親王允禮薦，世宗召見，問所欲，對曰：「願廁孔廡分特豚之饋。」上大重之。授兵部侍郎。乾隆元年，改古北口提督。二年，授甘肅巡撫，奏言：「甘肅州縣多在萬山中，遇災，民入城領賑，路窵遠。宜於鄉鎭設廠散糧，並許州縣吏具詳卽施賑。」旋擢湖廣總督，奏言：「治苗疆宜勸墾田，置學校，並諭令植樹。」四年，調閩浙總督。御史朱續晫劾福建巡撫王士任贓私，上疑不實，命續晫會鞫。德沛自承失察，直續晫而奪士任官，時服其公。福州將軍隆昇貪縱，劾去之。奏言：「海濱居民恆械鬬，宜酌移鎭將營汛，預弭爭端。」五年十二月，諭曰：「德沛屢任封疆，操守廉潔，一介不取，逋負日積，致鬻舊產。賜福建藩庫銀一萬，以風有位。」六年，兼署浙江巡撫。七年，調兩江總督。淮、揚大水，令府縣發倉庫，奏撥地丁、關稅、鹽課銀十萬兩治賑。尋議河事與高斌不合。八年，轉吏部侍郎。十二年五月，署山西巡撫。十二月，擢吏部尙書。十三年七月，以疾解任。神保住既黜，上以德沛操履厚重，特命襲爵，曾祖貝勒費揚武、祖貝子傅喇塔、父福存，並追封簡親王。十七年，薨，謚曰儀。以濟爾哈朗曾孫奇通阿襲。

奇通阿，輔國公巴賽子。初授輔國將軍。襲輔國公。乾隆元年，授正紅旗滿州都統。三年，授領侍衞內大臣。十七年，襲。祖輔國公巴爾堪、父巴賽，並追封簡親王。二十一年，掌宗人府事。二十八年，薨，謚曰勤。子豐訥亨襲。豐訥亨初授三等侍衞。事高宗，從師討準噶爾，將健銳千人屯呼爾璊。霍集占以五千人來犯，合諸軍擊却之，逐北十餘里。師進，敵踞塹以拒戰，奪塹，所乘馬中創，易馬再進，敗敵沁達勒河渡口，再敗敵葉爾羌河岸。詔嘉其勇，遷二等侍衞，擢鑲白旗滿洲副都統。移軍伊犁，授領隊大臣。擊破瑪哈沁及哈薩克部人，收其馬。二十七年，師還，賜雙眼孔雀翎。遷護軍統領，管健銳營。二十八年，襲爵。授都統，掌宗人府事。四十年，薨，謚曰恪。子積哈納，襲。四十三年正月，復號鄭親王。四十九年，薨，謚曰恭。子烏爾恭阿，襲。

烏爾恭阿初名佛爾果崇額，襲爵，詔改名。道光二十六年，薨，謚曰慎。

子端華，襲。授御前大臣。宣宗崩，受顧命。文宗卽位，迭命爲閱兵大臣、右宗正。京師戒嚴，令督察巡防。十年，扈上幸熱河，授領侍衞內大臣。端華弟肅順用事，文宗崩，再受顧命，與怡親王載垣及肅順等並號「贊襄政務王大臣」。穆宗還京師，詔責端華等專擅跋巵罪，端華坐賜死。肅順自有傳。爵降爲不入八分輔國公。同治元年二月，以濟爾哈朗八世孫岳齡襲。三年七月，克復江寧，復還鄭親王世爵，以奇通阿五世孫承志襲。

承志，輔國公西朗阿子。初襲輔國公。既襲王爵，曾祖輔國公經訥亨、祖輔國公伊豐額、父西朗阿，並追封鄭親王，而以岳齡改襲輔國公。四年二月，御史劉慶劾承志品行不端，詔令力圖湔濯。十一年，坐令護衞玉壽毆殺主事福珣，奪爵，圈禁。以積哈納孫慶至襲。慶至，奉恩將軍松德嗣子。既襲王爵，松德追封鄭親王。慶至，光緒四年，薨，謚曰順。子凱泰，襲。二十六年，薨。謚曰恪。子昭煦，襲。

勒度，濟爾哈朗第三子。封敏郡王。薨，謚曰簡。無子，爵除。

輔國武襄公巴爾堪，濟爾哈朗第四子。初授輔國將軍。康熙十三年，吳三桂據湖南，令巴爾堪率師赴兗州，署梅勒額眞。進次江寧，耿精忠遣兵犯徽州，詔巴爾堪進剿。九月，次旌德，聞績溪陷，疾趨過徽嶺，破敵。江寧將軍額楚繼至，合師逐北，斬三千餘級，克徽州。復破敵黟縣董亭橋，進攻婺源。復破敵於奇台嶺、於黃茅新嶺，復婺源。進克樂平，擊破叛將陳九傑，乘勝下饒州。十四年，攻萬年石頭街，敵四萬人禦渡口，水陸並進，破五十七營，斬五千級，擒九傑，克安仁，敵焚舟走。五月，復貴溪，進略弋陽，攻永豐。十六年正月，敗於螺子山，議奪官。偕額楚徇廣東。九月，戰韶州蓮花山，陷陣，中流矢，裹創力戰，大破敵。十九年八月，喇布師次廣西，上命以巴爾堪從。病作，語固山額眞額赫納等曰：「吾不能臨陣而死，今創發，勿令家人以陣亡冒功也。」遂卒于軍。喪還，上命內大臣輝塞往奠，下部議卹。雍正元年，追封諡。子巴賽，襲。

輔國襄愍公巴賽，事聖祖，授鑲藍旗漢軍副都統。從征噶爾丹，遷正紅旗蒙古都統，署黑龍江將軍。世宗卽位，授寧古塔將軍。旣，襲爵，召還。雍正四年，授振武將軍，軍阿爾台。五年，當代還，以喀爾喀郡王丹津多爾濟言巴賽治事整飭，命留防。七年，靖邊大將軍傅爾丹率師討噶爾丹策零，授巴賽副將軍。八年，傅爾丹入覲，護大將軍印。九年，偕傅爾丹駐科布多。六月，噶爾丹策零以三萬人來犯，傅爾丹信間言噶爾丹策零兵寡，遂出師，次庫列圖嶺。敵據險，攻之不克，移軍和通呼爾哈諾爾。敵伏山谷，突起截戰，蒙古兵潰，收滿洲兵四千作方營，保輜重，退渡哈爾哈納河。敵追至，傅爾丹還科布多，巴賽與副將軍查弼納率殘兵越嶺至河濱禦敵，沒於陣。噶爾丹策零之衆旌黃帶示我師曰：「汝宗室爲我所殺矣！」賜卹諡，祀昭忠祠。子奇通阿，襲。尋改襲簡親王，公爵當除。高宗以巴爾堪、巴賽仍世有戰功，以奇通阿次子經訥亨襲。四傳至曾孫承志，復改襲鄭親王。

靖定貝勒費揚武，一名芬古，舒爾哈齊第八子。天聰五年，授鑲藍旗固山額眞。從上伐明，攻大凌河城，費揚武率本旗兵圍其西南。上幸阿濟格營，城兵突出，費揚武擊敗之。

上令諸軍向錦州，幟而馳，若明援兵至者，以致祖大壽。費揚武迎擊，大壽敗入城，遂不敢出。八年，再從伐明，師進獨石口，克長安嶺，攻赤城，克其郛。九年，師入山西，上命費揚武等攻寧、錦，綴明師。大壽軍大凌河西，擊敗之。崇德元年，伐明，克城十。是冬，伐朝鮮。敍功，封固山貝子。四年，坐受外藩蒙古賄，削爵。尋復封輔國公。七年，伐明，敗明總兵白騰蛟等於薊州，克其城。八年，代戍錦州。十二月，卒。順治十年，追封諡。

費揚武子七，有爵者三：尚善、傅喇塔、努賽。努賽封貝子，諡悼哀。

尚善，初襲輔國公。順治元年，進貝子。二年，從多鐸南征擊李自成，敵以騎兵三百衝我師，尚善擊敗之。平河南，下江南，並有功，賜圓補紗衣一襲、金百、銀五千、鞍馬一。五年，戍大同。六年，進貝勒，掌理藩院，爲議政大臣。十五年，從多尼征雲南。明桂王由榔奔永昌，尚善進鎭南州，破其將白文選於玉龍關，渡瀾滄江，下永昌。由榔先遁，乘勝取騰越，進南甸，至孟村而還。十六年，賜蟒袍一、玲瓏刀一、鞍馬一。十七年，追論尚善撤永昌守兵致軍士入城傷人罪，降貝子。康熙十一年，復爵，任右宗正。以疾罷。

吳三桂反。授安遠靖寇大將軍，率師之岳州。尚善至軍，移書三桂曰：「王以亡國餘生，乞師我朝，殄殲賊寇，雪國恥，復父讐，蒙恩眷禮，列爵分藩，富貴榮寵，迄今三十餘年矣；而晚節末路，自取顚覆，竊爲王不解也。王今藉口興復明室，曩者大兵入關，不聞請立明裔；天下大定，猶爲我計除後患，翦滅明宗，安在其爲故主效忠哉？將爲子孫創大業，則公主、額駙入滇之時，何不卽萌反側？至遣子入侍，乃復稱兵，以陷子於戮，可謂慈乎？若謂光耀前人，則王之投誠也，祖考皆膺封錫，今則墳塋毀棄，骸骨遺於道路，可謂孝乎？爲人臣僕，身事兩朝，而未嘗忠於一主，可謂義乎？躬蹈四罪，而猶逞志角力，謬欲收拾人心，是厝薪於火而云安，結巢於幕而云固也。聖朝寬大，如輸誠悔罪，應許自新，毋蹈公孫述、彭寵故轍，赤族湛身，爲世大僇。」三桂得書，不報。

尙善疏請發荊州綠營兵、京口沙唬船五十，進攻岳州。十四年，遣舟師絕敵餉道。十五年，敗賊於洞庭，取君山，分兵助攻長沙。十六年四月，三桂奔衡州，復出湘潭，分遣其衆侵兩粵。十七年，詔責尙善師無功，令率所部駐長沙，而以岳樂統大軍取岳州。尙善請率舟師克岳州自效，上從之。三桂將杜輝等犯柳林嘴，師迎擊，舟師來會，合戰，輝敗走。八月，卒於軍。十九年，追論退縮罪，削貝勒。聖祖念尙善舊勞，授其子門度輔國公，世襲。

惠獻貝子傅喇塔，費揚武第四子。初封輔國公。順治二年，從勒克德渾徇湖廣，有功，賜金五十、銀千。五年，復征湖廣，逐敵至廣西，賜銀六百。六年，進貝子。十六年，以朝參失儀，降輔國公。十八年，復爵。

康熙十三年，耿精忠反，授寧海將軍，佐康親王傑書討之。師至浙江，溫州、處州皆陷。傅喇塔師進台州，戰黃瑞山，擊斬精忠將陳鵬等，復破敵天台紫雲山。十四年，精忠將曾養性再犯台州，師自仙居襲其後，破之，乘勝圍黃巖，養性遁，城降。先後復太平、樂清、青田諸縣，進攻溫州，破敵南江。十五年，精忠兵四萬水陸來犯，師分路迎擊，斬其將三百、兵二萬有奇。

初，傅喇塔之攻溫州也，以待紅衣礮爲辭，繼言須戰船，傑書疏聞。上責其言先後歧，命剋期取溫州。傅喇塔疏言：「臣奉康親王檄催，心思皇惑，語言違謬。臣前駐台州，王云：『待破台州，進福建。』臣得黃巖，又云：『必取溫州。』以是責臣，臣將無辭。今蒙恩刻期下溫州，敢不戮力，但環溫州皆水，我軍不能猝入。」上命康親王留兵圍溫州，而趣傅喇塔率師自衢州規福建。諭曰：「王、貝子皆朕懿親，受命討賊，師克在和，宜同心合力，以奏膚功。」於是傅喇塔亦留兵圍溫州，而自率師攻處州，溯江抵得勝山。養性等以數百艘泊江中，復立兩營對江及得勝山下古溪，阻我師。傅喇塔遣攻古溪，伏林中，敵敗，伏起截殺，並發礮碎敵舟及對江營。師進次溫溪渡口，敗精忠將馬成龍。尋會傑書師于衢州。精忠兵屯雲和石塘嶺，擊之，破其壘二十八，克雲和。九月，師入福建，精忠降。浙江諸寇悉平。十一月，卒于軍。喪歸，賜祭葬，謚惠獻。

子富善，仍襲貝子。授左宗人。以病解任。諭責富善乖亂，奪爵。弟福存，襲。卒，子德普，襲鎮國公。授左宗人。卒，子恆魯，襲輔國公。事高宗，歷工部侍郎、左宗人，綏遠城、盛京將軍，授內大臣。卒，謚恭懿。子興兆，襲輔國公。事高宗，從征金川，爲領隊大臣。歷右宗人、荆州將軍。攻當噶拉、得黑、絨布寨、卡卡角諸地，有功。金川平，畫像紫光閣。歷西安、綏遠城將軍。坐事，奪官。復授荆州將軍。苗石柳鄧、吳半生、吳八月等爲亂，與提督花連布擊吳半生，降；與內大臣額勒登保等擊吳八月，復擊石柳鄧，殲焉：屢荷恩賚。嘉慶初，討教匪姚之富、齊王氏等，師久無功，奪官，戍烏魯木齊。復授侍衞，駐和闐、塔爾巴哈臺。坐事，復奪官。子孫仍以輔國公世襲，錄傅喇塔功也。

舒爾哈齊諸孫，札喀納、屯齊、洛托皆有功，受封。

札喀納，扎薩克圖子。崇德三年八月，睿親王多爾袞率師伐明，毀邊牆，至涿州，分軍八道入。札喀納趨臨清州，渡運河，破濟南，還破天津衞，所向有功。四年，師還，賜駝馬各一、銀二千，封鎮國公。上命追蒙古、漢人之逃亡者，札喀納以泥淖，不追而還，降輔國公。六年，從上攻錦州。明總督洪承疇以兵犯鑲紅旗營，擊敗之。罷戰，敵襲我後，距百步而近，札喀納奮力轉戰，敵驚遁。復偕輔國公費揚武，追擊明將吳三桂、白廣恩、王樸等於塔山。七年，戍錦州。追論敏惠恭和元妃喪時札喀納從武英郡王阿濟格歌舞爲樂，大不敬，削爵，黜宗籍，幽禁。

順治初，釋之。從多爾袞敗李自成，復宗籍，授輔國公品級。偕鎮國公傅勒赫戍江南，復從平南大將軍勒克德渾徇湖廣。師還，賜金五十、銀千。五年，從郡王瓦克達赴英親王阿濟格軍戍大同。六年，進貝子。九年，從定遠大將軍尼堪征湖南，賜蟒衣、鞍馬、弓矢。至衡州，尼堪戰歿，上以貝勒屯齊與札喀納合領其軍。敗明兵於周家坡。十一年，追論衡州敗績罪，奪爵。十二年，復授輔國公品級。十五年，從定遠靖寇大將軍多尼徇雲南，克永昌。十六年閏三月，卒於軍。子瑪喀納，襲。

三等鎮國將軍品級屯齊，圖倫子。圖倫，舒爾哈齊第四子，追封貝勒，謚恪僖。屯齊，事太宗，從英親王阿濟格伐明，有功。從鄭親王濟爾哈朗略錦州、松山、杏山，九戰九勝。屯齊受創，加賜銀百，封輔國公。五年，從睿親王多爾袞圍錦州，明兵夜襲鑲藍旗營，擊敗之。坐不臨城及私遣兵還，議削爵，命罰銀千。六年，從上攻錦州、塔山，敗明兵，復從多爾袞圍錦州。

順治元年，進貝子。尋從豫親王多鐸破流寇，平陝西、河南，並有功，賜圓補紗衣一襲。從多鐸下江寧，明福王由崧走太平，與貝勒尼堪追至蕪湖，獲之。師還，賜金百、銀五千、鞍馬一，授鑲藍旗滿洲固山額眞。三年，從肅親王豪格西征，破賀珍，解漢中圍。會一隻虎、孫守法陷興安，進師漢陰，擊走之。五年，陝西回亂，命爲平西大將軍，率師討之。總督孟喬芳已擊斬回酋米喇印、丁國棟等，還赴英親王阿濟格軍，戍大同。六年，進貝勒。

張獻忠將孫可望、李定國等降於明桂王由榔，擾湖南。九年，屯齊從定遠大將軍尼堪南征。尼堪戰歿，以屯齊代將。時定國及別將馬進忠率兵四萬餘，屯永州。定國聞師至，度龍虎關先遁。可望在靖州，別將馮雙禮在武岡。屯齊進師寶慶，至周家坡，雙禮、進忠據險抗我師，會暮天雨，列陣相拒。其夜可望自寶慶以兵來會，衆號十萬，屯齊分兵縱擊，大破之。十一年，追坐衡州敗績，削爵。十二年，授鎮國公品級。十五年，從多尼徇雲南，定國挾由榔奔永昌，降其餘衆。還。康熙二年，卒。

子溫齊，初封貝子，授右宗人、鑲藍旗滿洲都統。吳三桂反，上命定西大將軍董額自陝西徇四川，溫齊從。陝西提督王輔臣叛應三桂，師駐漢中。十四年，進次隴州，克仙逸、關山二關，復秦州禮縣，逐敵至西和，清水、伏羌並下。十六年，詔責董額師久無功，溫齊亦坐降輔國公，奪官。三桂陷湖南，安遠靖寇大將軍尚善規岳州，上發禁旅，命溫齊率以往，參贊軍務。十七年，敗賊於柳林嘴、於君山、於陸石口，進克岳州。十八年，溫齊追三桂將吳應麒，以未擕爨具，引還，且妄報陣斬五千餘級。時尚善已卒，察尼代將。事聞，命察尼按鞫之，溫齊坐削爵。

洛託，塞桑武子。塞桑武，舒爾哈齊第五子，追封貝勒，謚和惠。

洛託，天聰八年，從太宗伐明。上駐師大同南山西岡，洛託籍所俘以獻。崇德元年，封貝子。從伐朝鮮，偕貝勒多鐸圍南漢山城。朝鮮將以八千人赴援，盡殲之；又以五千人赴援，擊之，敗走。二年，與議政。四年，從英親王阿濟格圍塔山、連山。五年，從睿親王多爾袞屯田義州。錦州兵夜襲我鑲藍旗營，與屯齊共擊敗之。六年，坐圍錦州不臨城，且私遣兵還，議削爵，詔罰銀千。上征松山，大破明總督洪承疇兵。洛託橫擊潰兵於塔山，復圍錦州。七年，從鄭親王濟爾哈朗攻塔山，克之，授都察院承政。偕博洛、尼堪駐錦州。八年，坐事，削爵，幽禁。

順治初，釋之。八年，復封三等鎭國將軍。十三年，授鑲藍旗滿洲固山額眞。十四年，孫可望、李定國、馮雙禮等擾湖南，命爲寧南靖寇將軍，駐防荊州，佐經略洪承疇討之。遣兵取心潭隘，斷巴東渡口，可望將趙世超、譚新傳、趙三才皆降。俄，可望與定國內訌，戰不勝，亦來降。上命偕都統濟席哈自湖南進取貴州。十五年，與承疇會師常德，次辰州。復沅陵、瀘溪、麻陽、黔陽、溆浦諸縣，進次沅州。檄偏沅巡撫袁廓宇徇靖州，屯鎭遠二十里山口以禦敵。雙禮部將馮天裕、閻廷桂等先後自平越降。四月，師至貴州，明將羅大順收潰卒襲新添衞，擊敗之，洛託與承疇守貴陽。十六年，師還。敍功，加授拖沙喇哈番，進一等鎭國將軍。十七年，命爲安南將軍，征鄭成功，大破之。十一月，還。康熙四年，卒。

子富達禮，襲拜他喇布勒哈番世職。旋改襲奉恩將軍。八年，進一等輔國將軍。坐諂索額圖，爲其從弟所訐，削爵。

通達郡王雅爾哈齊，顯祖第四子，太祖同母弟。其生平不著。順治十年五月，追封謚，配享太廟。

篤義剛果貝勒巴雅喇，顯祖第五子。初授台吉。歲戊戌正月，太祖命偕褚英伐安楚拉庫路，夜取屯寨二十，降萬餘人，賜號卓禮克圖，譯言「篤義」。歲丁未五月，伐東海窩集部，取赫席赫、鄂謨和蘇魯、佛訥赫托克索三路，俘二千人。天命九年，卒。順治十年，追封謚。

子拜音圖，事太宗，授三等昂邦章京、鑲黃旗固山額眞。崇德元年五月，從武英郡王阿濟格略保定，攻安肅，克之。十月，獻所獲於篤恭殿，上以拜音圖戰不忘君，深嘉之。從伐朝鮮，騎入城，收其輜重。三年，從睿親王多爾袞伐明，偕固山額眞圖爾格敗敵董家口，毀邊牆入，克青山關下城。六年，拜音圖弟鞏阿岱從大軍圍錦州，臨陣退撓，下王大臣鞫其罪，拜音圖拂袖出，坐徇庇，論死，命奪爵職，罰鍰贖罪。尋率師助多爾袞攻錦州，復偕多鐸圍松山。七年，復授固山額眞。順治二年，從多鐸西征，敗敵潼關，封一等鎭國將軍，賜繡服一襲。復從南征，克揚州，又以舟師破其兵於江南岸，偕貝子博洛下杭州。敍功，賜金八十、銀四千、鞍馬一。三年，授三等公。五年，進貝子。從阿濟格戍大同。叛將姜瓖旣死，餘黨猶分據郡邑。六年，拔沁州，復圍瓖將胡國鼎於潞安，殲其衆，進貝勒。鞏阿岱事多爾袞，最見信任，累進封貝子。多爾袞旣薨，坐黨附罪，死。拜音圖亦牽連，削爵，幽禁，削宗籍。嘉慶四年，仁宗命復宗籍，賜紅帶。鞏阿岱裔孫伊里布，自有傳。

清史稿卷二百十六

列傳三

諸王二

太祖諸子一

廣略貝勒褚英　子安平貝勒杜度　敬謹莊親王尼堪　杜度子慤厚貝勒杜爾祜
貝子穆爾祜　恪僖貝子特爾祜　懷愍貝子薩弼

禮烈親王代善　子巽簡親王滿達海　克勤郡王岳託　碩託　穎毅親王薩哈璘
謙襄郡王瓦克達　輔國公瑪占　滿達海從子康良親王傑書
岳託子衍禧介郡王羅洛渾　顯榮貝勒喀爾楚渾　鎮國將軍品級巴思哈
羅洛渾曾孫平敏郡王福彭　薩哈璘子阿達禮　順承恭惠郡王勒克德渾
勒克德渾子勒爾錦　孫錫保

太祖十六子：孝慈高皇后生太宗，元妃佟佳氏生廣略貝勒褚英、禮親王代善，繼妃富察氏生莽古爾泰、德格類，大妃烏拉納喇氏生阿濟格、睿親王多爾袞、豫親王多鐸，側妃伊爾根覺羅氏生饒餘郡王阿巴泰，庶妃兆佳氏生鎭國公阿拜，庶妃鈕祜祿氏生鎭國將軍湯古代、輔國公塔拜，庶妃嘉穆瑚覺羅氏生鎭國公巴布泰、鎭國將軍巴布海，庶妃西林覺羅氏生輔國公賴慕布，而費揚古不詳所自出。

廣略貝勒褚英，太祖第一子。歲戊戌，太祖命伐安楚拉庫路，取屯寨二十以歸。賜號洪巴圖魯，封貝勒。歲丁未，偕貝勒舒爾哈齊、代善徙瓦爾喀部蜚悠城新附之衆。軍夜行，陰晦，纛有光，舒爾哈齊疑不吉，欲班師，褚英與代善持不可。抵蜚悠城，收其屯寨五百戶，令扈爾漢衞以先行，烏喇貝勒布占泰以萬人邀之路。扈爾漢所部止二百人，褚英、代善策馬諭之曰：「上每征伐，皆以寡擊衆，今日何懼？且布占泰降虜耳，乃不能復縛之耶？」衆皆奮，因分軍夾擊，敵大敗，得其將常柱、瑚里布，斬三千級，獲馬五千、甲三千。師還，上嘉其勇，錫號曰阿爾哈圖土門，譯言「廣略」。歲戊申三月，偕貝勒阿敏伐烏喇，克宜罕山城。布占泰與蒙古科爾沁貝勒翁阿岱合兵出烏喇二十里，望見我軍，知不可敵，乃請盟。

褚英屢有功，上委以政。不恤衆，諸弟及羣臣愬於上，上寖疏之。褚英意不自得，焚表告天自訴，乃坐咀呪，幽禁，是歲癸丑。越二年乙卯閏八月，死於禁所，年三十六。明人以爲諫上毋背明，忤旨被譴。褚英死之明年，太祖稱尊號。褚英子三，有爵者二：杜度、尼堪。

安平貝勒杜度，褚英第一子。初授台吉。天命九年，喀爾喀巴約特部台吉恩格德爾請內附，杜度從貝勒代善迎以歸，封貝勒。天聰元年，從貝勒阿敏、岳託等伐朝鮮，朝鮮國王李倧請和，諸貝勒許之。阿敏欲仍攻王京，岳託持不可；阿敏引杜度欲與留屯，杜度亦不可：卒定盟而還。三年十一月，從上伐明，薄明都，敗明援兵。又偕貝勒阿巴泰等略通州，焚其舟，至張家灣。十二月，師還，至薊州，明兵五千自山海關來援。與代善親陷陣，傷足，猶力戰，殲其衆，駐遵化。四年正月，明兵来攻，敗之，斬其副將，獲駝馬以千計。

七年，明將孔有德、耿仲明降，偕貝勒濟爾哈朗、阿濟格赴鎮江迎以歸。詔問伐明及朝鮮、察哈爾三者何先，杜度言：「朝鮮在掌握，可緩；察哈爾逼則征之；若尙遠，宜取大同邊地，秣馬乘機深入。」八年，軍海州。崇德元年，進封安平貝勒。海州河口守將伊勒愼報明將造巨艦百餘截遼河，命杜度濟師，明兵却，乃還。是冬，上伐朝鮮，杜度護輜重後行，略皮島、雲從島、大花島、鐵山。二年二月，次臨津江。前一日冰解，夕大雨雪，冰復合，師畢渡。上聞之曰：「天意也！」從睿親王多爾袞取江華島，敗其水師，遂克之。

三年，多爾袞將左翼，岳託將右翼伐明，杜度爲岳託副。師進越密雲東牆子嶺，明兵迎戰，擊敗之。進攻牆子嶺堡，分軍破黑峪、古北口、黃崖口、馬蘭峪。岳託薨於軍，杜度總軍事。會多爾袞軍於通州河西，越明都至涿州，西抵山西，南抵濟南，克城二十，降其二。凡十六戰皆捷，殺總督以下官百餘，俘二十餘萬。還，出靑山口，自太平寨奪隘行。四年四月，師還，賜駝一、馬二、銀五千，命掌禮部事。略錦州、寧遠。五年，代濟爾哈朗於義州屯田，刈錦州禾，遇明兵，敗之，克錦州臺九、小淩河西臺二。明總督洪承疇以兵四萬營杏山城外，偕豪格擊敗之，追薄壕而還，又殲運糧兵三百。往錦州誘明兵出戰，復擊敗之，獲大淩河海口船，追斬敵之犯義州者。冬，再圍錦州。六年，攻廣寧，敗松山、錦州援兵。以從多爾袞離城遠駐，遣軍私還，論削爵，詔罰銀二千。復圍錦州，敗明兵於松山。是秋，復從上伐明，留攻錦州。七年六月，薨。病革時，諸王貝勒方集篤恭殿議出征功罪，上聞之，爲罷朝。喪還，遣大臣迎奠。雍正二年，立碑旌其功。

杜度子七，有爵者五：杜爾祜、穆爾祜、特爾祜、杜努文、薩弼。

懋厚貝勒杜爾祜，杜度第一子。初封輔國公。從太宗圍松山、錦州有功。坐事，降襲鎭國公。復以甲喇額眞拜山等首告怨望，削爵，黜宗室。順治元年，從多鐸南征。二年，復宗室，封輔國公。敍功，賜金五十、銀二千。五年，從濟爾哈朗徇湖廣。六年，敗敵永興，次辰州。進剿廣西，定全州。七年，賜銀六百。八年，進貝勒。十二年二月，卒，予諡。子敦達，襲貝子，諡恪恭。子孫遞降，以輔國公世襲。敦達八世孫光裕，襲輔國公。光緒二十六年，德意志等國兵入京師，死難，贈貝子銜，諡勤愍。

貝子穆爾祜，杜度第二子。天聰九年，師伐明，穆爾祜從貝勒多鐸率偏師入寧遠、錦州綴明師，抵大凌河，擊斬明將劉應選，追奔至松山，獲馬二百，克臺一，並有功。崇德元年，封輔國公。七年十月，與杜爾祜同得罪。順治元年，從多鐸南征，破李自成潼關，先後拔兩營。賊犯我噶布什賢兵，穆爾祜擊敗之。又設伏山隘，賊自山上來襲，敗其衆。二年，復宗室，封三等鎮國將軍。三年，進一等。從多鐸征蘇尼特部騰機思等，敗之。四年，進輔國公。六年，從尼堪擊叛將姜瓖，進貝子。復從尼堪征湖南，賜蟒衣、鞍馬、弓矢。至衡州，尼堪戰歿。十一年，論前罪，削爵。卒，子長源，授鎮國將軍品級。子孫遞降至雲騎尉品級，爵除。

恪僖貝子特爾祜，杜度第三子。崇德四年，封輔國公。六年，從圍錦州，敗明兵於松山、杏山間。七年，移師駐塔山，克之。與杜爾祜同得罪。順治元年，從多爾袞入山海關，破李自成，逐之至慶都。復從多鐸敗自成潼關。二年，復宗室，封輔國公，賜金五十、銀二千。六年，進貝子。十五年，卒，予諡。子孫遞降，以奉恩將軍世襲。

懷愍貝子薩弼，杜度第七子。杜爾祜得罪，從坐，黜宗室。順治元年，從多爾袞入山海關，破李自成有功。二年，復宗室，封輔國公。三年，從勒克德渾南征，略荆州，屢破敵。師還，賜金五十、銀千。六年，從擊叛將姜瓖，戰朔州，敗瓖將姜之芬、孫乾、高奎等，移師攻寧武，瓖將劉偉等降，進貝子。十二年，卒，予謚。子固鼐，襲鎭國公，謚悼愍。子孫遞降，以鎭國將軍世襲。杜度諸子，惟第六子杜努文無戰功。順治初，封輔國公。卒。康熙三十七年，追封貝子，亦謚懷愍。子蘇努，初襲鎭國公。事聖祖，累進貝勒。雍正二年，坐與廉親王允禩爲黨，削爵，黜宗室。

敬謹莊親王尼堪，褚英第三子。天命間，從伐多羅特、董夔諸部，有功。天聰九年，師伐明，從多鐸率偏師入錦、寧界綴明師。崇德元年，封貝子。上伐朝鮮，從多鐸逐朝鮮國王李倧至南漢山城，殲其援兵。四年，上伐明，從阿濟格等攻塔山、連山。七年，戍錦州。順治元年四月，從多爾袞入山海關，敗李自成，復從阿濟格追擊至慶都，進貝勒。復從多鐸率師自孟津至陝州，破敵。二年，師次潼關，自成將劉方亮出禦，尼堪與巴雅喇纛章京圖賴夾擊之，獲馬三百餘。又偕貝子尙善敗敵騎，趨歸德，定河南，詔慰勞，賜弓一。五月，從多鐸克明南都，追獲明福王由崧。又攻江陰，力戰，克之。師還，賜金二百、銀萬五千、鞍一、馬五。

三年，從豪格西征。時賀珍擾漢中，二隻虎、孫守法擾興安，羣寇蠭起。尼堪次西安，自棧道進軍，珍自雞頭關迎拒，擊殲之，疾馳漢中躪其壘，賊走西鄉，追擊於楚湖，至漢陰，二隻虎奔四川，孫守法奔岳科寨。十一月，復從豪格入四川，斬張獻忠於西充。與貝子滿達海分兵定遵義、夔州、茂州、隆昌、富順、內江、資陽，四川平。五年，師還。偕阿濟格平天津土寇，進封敬謹郡王。六年，命爲定西大將軍，討叛將姜瓖，屢敗敵。破瓖所置巡撫姜輝，其將羅英壇以所部降。多爾袞赴大同招撫姜瓖，承制進尼堪親王。旋自左衞圍大同，瓖將楊振威等斬瓖以降，師還。七年，與巽親王滿達海、端重親王博洛理六部事。多爾袞遣尚書阿哈尼堪迎朝鮮王弟，阿哈尼堪啓尼堪以章京恩國泰代行，事覺，尼堪坐徇隱，降郡王。八年，復封親王。又坐不奏阿濟格私蓄兵器，降郡王。尋掌禮部。居數月，再復親王，掌宗人府事。

孫可望等犯湖南，命爲定遠大將軍，率師討之。瀕行，賜御服、佩刀、鞍馬，上親送於南苑。李定國陷桂林，詔入廣西剿賊。十一月，師次湘潭，明將馬進忠等遁。師嚮衡州，噶布什賢兵擊敵衡山縣，敗敵兵千八百。尼堪督兵夜進，兼程至衡州。詰旦，師未陣，敵四萬餘猝至，尼堪督隊進擊，大破之，逐北二十餘里，獲象四、馬八百有奇。敵設伏林內，中途伏發，師欲退，尼堪曰：「我軍擊賊無退者。我爲宗室，退，何面目歸乎？」奮勇直入，敵圍之數重，軍失道，尼堪督諸將縱橫衝擊，陷淖中，矢盡，拔刀戰，力竭，歿於陣。十年，喪歸，輟朝三日。命親王以下郊迎，予諡。是役也，從征諸將皆以陷師論罪。

第二子尼思哈，襲。順治十六年，追論尼堪取多爾袞身後遺財，及不劾尚書譚泰驕縱罪，以陣亡，留爵。十七年，卒，諡曰悼。第一子蘭布，襲貝勒。聖祖念尼堪以親王陣亡，進蘭布郡王，仍原號。七年，進親王。蘭布取鰲拜女，八年，鰲拜既得罪，蘭布坐降鎭國公。十三年，從尚善討吳三桂於湖南。十七年，卒於軍。十九年，追論退縮罪，削爵。子賴士，襲輔國公。乾隆四十三年，高宗以尼堪功著，力戰捐軀，進鎭國公，世襲。

禮烈親王代善，太祖第二子。初號貝勒。歲丁未，與舒爾哈齊、褚英徙東海瓦爾喀部斐悠城新附之衆，烏拉貝勒布占泰遣其將博克多將萬人要於路。代善見烏喇兵營山上，分兵緣山奮擊，烏喇兵敗竄，代善馳逐博克多，自馬上左手攫其胄斬之。方雪甚寒，督戰益力，烏喇敗兵僵臥相屬，復得其將常柱、瑚哩布。師還，太祖嘉代善勇敢克敵，賜號古英巴圖魯。

歲癸丑，太祖伐烏喇，克遜扎搭、郭多、郭謨三城。布占泰將三萬人越富勒哈城而營，諸將欲戰，太祖猶持重，代善曰：「我師遠伐，利速戰，慮布占泰不出耳。出而不戰，將謂之何？」太祖曰：「我豈怯戰？恐爾等有一二被傷，欲計萬全。今衆志在戰，復何猶豫。」因麾兵進，與烏喇步兵相距百步許，代善從太祖臨陣奮擊，大破之，克其城。烏喇兵潰走，代善追殪過半。布占泰奔葉赫，所屬城邑盡降，編戶萬家。天命元年，封和碩貝勒，以序稱大貝勒。

太祖始用兵於明，行二日，遇雨，太祖欲還，代善曰：「我師既入明境，遽引還，將復與修好乎？師既出，孰能諱之？且雨何害，適足以懈敵耳。」太祖從之。夜半雨霽，昧爽，圍撫順，明將李永芳以城降。東州、瑪哈丹二城及臺堡五百餘俱下。師還，出邊二十里，明將張承廕率兵來追。代善偕太宗還戰，復入邊，破其三營，斬承廕及其裨將頗廷相等。四年，命代善率諸將十六、兵五千，守扎喀關備明。尋引還。

三月，明經略楊鎬大舉來侵，遣總兵劉綎將四萬人出寬甸，杜松將六萬人出撫順，李如柏將六萬人出清河，馬林將四萬人出三岔口。太祖初聞明兵分出寬甸、撫順，以寬甸有備，親率師西禦撫順明兵。代善將前軍，諜復告明兵出清河，代善曰：「清河道狹，且崎嶇，不利速行，我當禦其自撫順來者。」過扎喀關，太宗以祀事後至，言界凡方築城，民應役，宜急衞之。代善引兵自太蘭岡趨界凡，與築城役屯吉林崖。杜松以二萬人來攻，別軍陣薩爾滸山。代善與貝勒阿敏、莽古爾泰及諸將議以千人助吉林崖軍，使陟山下擊，餘軍張兩翼，右應吉林崖，左當薩爾滸。太祖至，以右翼兵益左翼，先趨薩爾滸。明兵出，我兵仰射，不移時破其壘。吉林崖軍自山馳而下，右翼渡河夾擊，破明兵，斬松等。馬林出三岔口，以三萬人軍於尙間崖，監軍道潘宗顏將萬人軍於飛芬山，松後部龔念遂、李希泌軍於斡琿鄂謨，太祖督兵攻之。代善將三百騎馳尙間崖，見明兵結方營，掘壕三匝，以火器居前，騎兵繼之，嚴陣而待，遣騎告太祖。太祖已擊破念遂等，親至尙間崖，令於軍，皆下馬步戰。未畢，明兵突至，代善躍馬入陣，師奮進，斬獲過半。翌日，代善以二十騎先還，詗南路敵遠近。太祖亦還，聞劉綎兵深入，命代善率先至諸軍禦之。出瓦爾喀什，綎已至阿布達哩岡，太宗率右翼陟山，代善率左翼出其西，夾擊，明兵大潰，斬綎。鎬所遣諸軍盡敗。

七月，從太祖克鐵嶺。八月，太祖伐葉赫。葉赫有二城：金台石居其東，布揚古居其西。師至，太祖攻東城，代善攻西城。東城下，布揚古及其弟布爾杭古乞盟，代善諭而降之。六年三月，從太祖伐明瀋陽，率其子岳託戰，斬馘甚衆。復偕莽古爾泰遷金州民於復州。

十一年八月，太祖崩，岳託與其弟薩哈璘告代善，請奉太宗嗣位，代善曰：「是吾心也！」告諸貝勒定策。太宗辭讓再三，代善等請益堅，乃卽位。是冬，伐蒙古喀爾喀扎魯特部，擒貝勒巴克等，斬鄂爾齋圖，俘所屬而歸。

天聰元年，從太宗圍錦州，拒明山海關援兵，薄寧遠，破敵，以暑還師。三年，從伐明，入洪山口，克遵化，薄明都，明總兵滿桂等赴援，擊敗之德勝門外，克良鄉，又破明兵永定門外。從上閱薊州形勢，明步兵五千自山海關至，與師遇，不及陣，列車楯、槍礮而營，代善率左翼四旗擊破之。四年正月，明侍郎劉之綸率兵至遵化，營山上，代善環山圍之，破其七營，之綸走入山，射殺之。五年八月，從上圍大凌河，收城外臺堡。九月，明總兵吳襄、監軍道張春等將四萬人自錦州至，距大凌河十五里，代善從上將二萬人擊之，明兵方陣，發鎗礮，督騎兵突入，矢如雨，明兵大卻。襄遁，春收潰兵復陣。黑雲起，風自西來，明兵乘風縱火逼我軍。大雨反風，燬其營，明兵死者甚衆，師乘之，獲春等。春見上不屈，上將誅之，代善諫，乃赦之。

初，太祖命四和碩貝勒分直理政事，每御殿，和碩貝勒皆列坐。至是，禮部參政李伯龍請定朝會班制。時和碩貝勒阿敏已得罪，莽古爾泰亦以罪降多羅貝勒，諸貝勒議不得列坐。代善曰：「奚獨莽古爾泰？上居大位，我亦不當並列。自今請上南面，我與莽古爾泰侍坐于側，諸貝勒坐于下。」

六年四月，從上伐察哈爾，過興安嶺，聞林丹汗遠遁，移師攻歸化城，趨大同、宣府，出塞，與沙河堡、得勝堡、張家口諸守將議和而還。八年五月，從伐明，出榆林口，至宣府邊外，分兵自喀喇鄂博克得勝堡，遂自朔州趨馬邑，會師大同而還。

崇德元年，封和碩兄禮親王。冬，從上伐朝鮮。二年，有司論王克朝鮮，違旨以所獲糧米飼馬及選用護衞溢額，上曰：「朕于兄禮親王敬愛有加，何不體朕意若是？」又曰：「王等事朕雖致恭敬，朕何所喜？必正身行義以相輔佐，朕始嘉賴焉。」四年十一月，從上獵于葉赫，射獐，馬仆，傷足。上下馬爲裹創，酌金巵勞之，因泣下曰：「朕以兄年高不可馳馬，兄奈何不自愛？」罷獵，還，命乘輿緩行，日十餘里，護以歸。

八年，太宗崩，世祖卽位。王集諸王、貝勒、大臣議，以鄭親王濟爾哈朗、睿親王多爾袞輔政。又發貝子碩託、郡王阿達禮私議立睿親王，下法司，誅之。碩託，王次子；阿達禮，薩哈璘子，王孫也。順治元年正月朔，命上殿毋拜，著爲例。二年春，至京師。五年十月，薨，年六十六。賜祭葬，立碑紀功。康熙十年，追諡。乾隆四十三年，配饗太廟。

代善子八，有爵者七：岳託、碩託、薩哈璘、瓦克達、瑪占、滿達海、祜塞。祜塞，初封鎭國公，追封惠順親王，而滿達海襲爵。

巽簡親王滿達海，代善第七子。崇德五年，從圍錦州。六年，封輔國公。從肅親王豪格圍松山，破敵。洪承疇赴援，戰，所乘馬創，豪格呼曰：「馬創矣！亟易馬！」明兵大至，力戰，殿而還。明總兵吳三桂倚山爲營，滿達海合諸軍擊破之，三桂宵遁。七年，從濟爾哈朗克塔山。八年，授都察院承政。

順治元年，從入關，敗李自成，進貝子。復從英親王阿濟格逐自成趨綏德。二年，克沿邊三城及延安，自成遁湖廣，師還。三年，從豪格討張獻忠，自漢中進秦州，降獻忠將高如礪。師次西充，擊斬獻忠，與尼堪分勦餘賊。五年，師還。坐徇巴牙喇纛章京希爾根冒功，議罰銀，睿親王多爾袞令免之。六年，襲爵。降將姜瓖叛大同，滿達海與郡王瓦克達率師討之，尋授征西大將軍。克朔州、馬邑、寧武關、寧化所、八角堡、靜樂縣，遂與博洛會師，復汾州。瓖誅，大同平。遣兵圍平遙、太谷、遼沁，先後克之。屯留、襄垣、榆社、武鄉諸縣俱下。睿親王多爾袞令留瓦克達勦餘寇，滿達海還京師。

八年，世祖親政，改封號曰巽親王。諸王分治部務，滿達海掌吏部。九年二月，薨，予諡。十六年，追論滿達海於奏削多爾袞封爵後，奪其財物；掌吏部，懼譚泰驕縱，未論劾：削諡仆碑，降爵爲貝勒。

子常阿岱，初襲親王。降貝勒。康熙四年，薨，諡懷愍。子星尼，襲貝子，再襲輔國公。星尼子星海，襲鎭國公。並坐事奪爵。乾隆四十三年，追錄滿達海功，命星海孫福色鏗額以輔國將軍世襲。常阿岱既降爵，以從弟傑書襲親王。

康良親王傑書，祜塞第三子。初襲封郡王。順治八年，加號曰康。十六年，襲爵，遂改號康親王。康熙十三年六月，命爲奉命大將軍，率師討耿精忠。師至金華，溫州、處州已陷。精忠將徐尚朝以五萬人犯金華，王令都統巴雅爾、副都統瑪哈達迎擊，破之。尚朝復來犯，巴雅爾會總兵陳世凱破賊壘積道山，殲二萬餘，復永康、縉雲。精忠將沙有祥踞桃花嶺，梗處州道，瑪哈達率軍擊之，有祥潰走。十四年，復處州及仙居。尚朝等猶踞宣平、松陽，屢窺處州。都統拉哈達偕諸將禦之，破賊於石塘，於石佛嶺，於大王嶺東隴隘口上套寨、下五塘諸地。詔寧海將軍傅喇塔自黃巖規溫州，趣傑書自衢州入，傑書疏言：「處州有警，兵單不能驟進。」上諭曰：「王守金華，將及二載，徒以文移往來，不親統兵規勦，賊何自滅？宜刻期進取。」

十五年，自金華移師衢州，精忠將馬九玉屯大溪灘拒師。傑書督諸將力擊之，伏起，刃相接。傑書坐古廟側指揮，纛爲火器所穿，衞兵負扉爲蔽，傑書談笑自若，諸軍皆踴躍奮擊，精忠兵大敗，溪水爲赤。傑書令偃旗鼓，一日夜行數百里，乘月攻克江山，進徇常山，次仙霞關。精忠將金應虎收舟泊隔岸，師不得渡。令循灘西上，視水淺亂流，涉。精忠兵不戰，潰，應虎降。進拔浦城，檄精忠諭降。師復進，拔建陽，撫定建寧、延平二府。精忠遣其子顯祚迎師，傑書承制許以不死，精忠出降。十月，師入福州，精忠請從師討鄭錦自贖，入告，詔許之。

錦將許耀以三萬人屯烏龍江南小門山、眞鳳山，傑書遣拉哈達等擊走之。疏言：「精忠從師出剿，其弟昭忠、聚忠，宜留一人於福州，轄其屬。」又言：「福建制兵已設如額，精忠所率兵不少，左右兩鎮兵可並裁去。溫州總兵祖弘勳、藩下總兵曾養性，宜別除授。」上命昭忠爲鎮平將軍，駐福州，餘並如所請。傑書遣兵敗錦將吳淑於浦塘，復邵武。師復進，泰寧、汀州及所屬諸縣皆下。十六年，拉哈達敗錦軍于白茅山、太平山，破二十六壘，克興化，復泉州、漳州。奏入，詔褒傑書功。傑書令拉哈達等率兵與精忠進次潮州，規廣東。錦兵陷平和，逼海澄，副都統穆赫林等守禦越七旬，援不至，與長泰並陷。傑書請罪，詔俟師還議之。錦兵復破同安、惠安，傑書遣軍討復之，並復長泰，破敵於柯鏗山、萬松關，又遣別將破敵江東橋、石衞寨。十八年，戰郭塘、歐溪頭，屢破敵。敵犯江東橋，擊却之。副都統吉勒塔布敗敵鰲頭山，沃申克東石城。十九年，沃申撫定大定、小定、玉洲、石馬諸地，克海澄。水師提督萬正色克海壇，拉哈達等克廈門、金門，都統賚塔克銅山。錦以殘兵還臺灣。精忠既降，復有異志，傑書疏請逮治。上令傑書諷精忠請入覲，亦召傑書師還，留八旗兵三千分守福州、泉州、漳州。十月，至京師，上率王大臣至盧溝橋迎勞之。二十一年，追論金華頓兵及遲援海澄罪，奪軍功，罰俸一年。二十九年，率兵出張家口，屯歸化城，備噶爾丹。三十六年閏三月，薨，予諡。

子椿泰，襲。椿泰豁達大度，遇下以寬。善舞六合槍，手法矯捷，敵十數人。四十八年，薨，謚曰悼。

子崇安，襲。雍正間，官都統，掌宗人府。九年，率兵駐歸化，備噶爾丹。尋命護撫遠大將軍印，召還，十一年，薨，謚曰修。傑書子巴爾圖，襲。乾隆十八年，薨，年八十，謚曰簡。

崇安子永恩，襲。四十三年，復號禮親王。永恩性寬易而持己嚴，襲爵垂五十年，淡泊勤儉，出處有恆。嘉慶十年，薨，謚曰恭。

子昭槤，襲。昭槤好學，自號汲修主人，尤習國故。二十一年，坐陵辱大臣，濫用非刑，奪爵，圈禁。二十二年，命釋之。從弟麟趾，襲，父永惠，永恩弟也。亦嗜文學，能詩。追封禮親王。麟趾，道光元年，薨，謚曰安。孫全齡，襲，父錫春，追封禮親王。全齡，三十年，薨，謚曰和。

子世鐸，襲。同治間，授內大臣、右宗正。光緒十年，恭親王奕訢罷政，太后諮醇親王奕譞諸王孰可任，舉世鐸對。乃命在軍機大臣上行走，並詔緊要事件會同奕譞商辦。德宗親政，世鐸請解軍機大臣，奉太后旨，不許。十九年，命增護衞。二十年，太后萬壽，賜親王雙俸，再增護衞。二十六年，上奉太后西巡，世鐸不及從。召赴行在，復以病未至。二十七年七月，罷直，授御前大臣。遜位後三年，薨，謚曰恪。子誠厚，襲。薨，謚曰敦。

克勤郡王岳託，代善第一子。初授台吉。天命六年，師略奉集堡，將還，諜告明軍所在，岳託偕台吉德格類擊敗之。上克瀋陽，明總兵李秉誠引退，師從之，至白塔鋪。岳託後至，逐北四十里，殲明兵三千餘。喀爾喀扎魯特貝勒昂安執我使送葉赫，被殺。八年，岳託同台吉阿巴泰討之，斬昂安及其子。十一年，復從代善伐扎魯特，斬其部長鄂爾齋圖，俘其衆。封貝勒。

天聰元年，偕貝勒阿敏、濟爾哈朗伐朝鮮，克義州、定州、漢山三城。渡嘉山江，克安州，次平壤，其守將棄城走。再進，次中和，諭朝鮮國王李倧降。阿敏欲直攻王京，岳託密與濟爾哈朗議駐平山，再使諭倧。倧願歲貢方物，岳託謀曰：「吾曹事已集，蒙古與明皆吾敵，設有警，可不爲備乎？宜與盟而歸。」既盟，告阿敏。阿敏以未與盟，縱兵掠。岳託曰：「盟成而掠，非義也。」勸之不可。復令倧弟覺與盟，乃還師。

從上伐明，又從圍寧遠，並有功。復敗明兵于牛莊。二年，略明邊，隳錦州、杏山、高橋三城。自十三站以東，毀堠二十一，殺守者三十人。師還，上迎勞，賜良馬一。三年，略明錦州、寧遠，焚其積聚。上伐明，岳託與濟爾哈朗率右翼兵夜攻大安口，毀水門入，敗馬蘭營援兵於城下。及旦，見明兵營山上，分兵授濟爾哈朗擊之，岳託駐山下以待。復見明兵自遵化來援，顧濟爾哈朗曰：「我當擊此。」五戰皆捷。尋次順義，擊破明總兵滿桂等。薄明都，復從代善擊敗援兵。偕貝勒薩哈璘圍永平，克香河。四年，還守瀋陽。

五年三月，詔詢諸貝勒：「國人怨斷獄不公，何以弭之？」岳託奏：「刑罰舛謬，實在臣等。請上擢直臣，近忠良，絕讒佞，行黜陟之典，使諸臣知激勸。」是歲初設六部，命掌兵部事。上攻大凌河，趨廣寧，岳託偕貝勒阿濟格率兵二萬別自義州進，與師會。固山額眞葉臣圍城西南，岳託爲之應。祖大壽請降，以子可法質。可法見諸貝勒，將拜，岳託曰：「戰則仇敵，和則弟兄，何拜爲？」因問何爲死守空城，曰：「畏屠戮耳！」岳託善諭之，遣歸。越三日，大壽乃降。上議取錦州，命偕諸貝勒統兵四千，易漢服，偕大壽作潰奔狀，夜襲錦州。會大霧，乃止。

六年正月，岳託奏：「前克遼東、廣寧，漢人拒命者誅之，後復屠灤州、永平，是以人懷疑懼。今天與我大凌河，正欲使天下知我善撫民也。臣愚以爲善撫此衆，歸順者必多。當先予以室家，出公帑以贍之。倘蒙天眷，奄有其地，仍還其家產，彼必悅服。又各官宜令諸貝勒給莊一區，每牛彔令取漢男婦二人、牛一頭，編爲屯，人給二屯。出牛口之家，各牛彔復以官値償之。至明諸將士棄其鄉土，窮年戍守，畏我誅戮。今慕義歸降，善爲撫卹，毋令失所，則人心附，大業成矣。」疏入，上嘉納之。

尋偕濟爾哈朗等略察哈爾部，至歸化城，俘獲以千計。又偕貝勒德格類行略地，自耀州至蓋州南。七年，又偕德格類等攻旅順口，留兵駐守。師還，上郊勞，以金卮酌酒賜之。八年，上閱兵瀋陽，岳託率滿洲、蒙古十一旗兵，列陣二十里許，軍容整肅，上嘉之。從上征察哈爾，有疾先還。九年，略明山西，岳託復以病留歸化城。土默特部來告，博碩克圖汗子俄木布遣人偕阿嚕喀爾喀及明使者至，將謀我。岳託伏兵邀之，擒明使者，令土默特捕斬阿嚕喀爾喀匿馬駝者。部分土默特壯丁，立隊伍，授條約。尋與諸貝勒會師，偕還。

崇德元年四月，封成親王。八月，坐徇庇莽古爾泰、碩託，及離間濟爾哈朗、豪格，論死，上寬之，降貝勒，罷兵部。未幾，復命攝部事。二年八月，上命兩翼較射，岳託言不能執弓，上勉之再三，始引弓，弓墮地者五，乃擲去。諸王論岳託驕慢，當死，上再寬之，降貝子，罰銀五千。

三年，復貝勒。從上征喀爾喀，至博碩堆，知扎薩克圖汗已出走，乃還。八月，伐明，授岳託揚武大將軍，貝勒杜度副之，統右翼軍；統左翼者睿親王多爾袞也。至牆子嶺，明兵入堡，外爲三寨，我師克之。堡堅不易拔，用俘卒言嶺東西有間道，分兵攻其前，綴明師，潛從間道踰嶺入，克臺十有一。師深入，徇山東，下濟南，岳託薨于軍。四年，多爾袞奏捷，無岳託名。上驚問，始聞喪，大慟，輟膳，命毋使禮親王知。喪還，上至沙嶺遙奠；還宮，輟朝三日。詔封爲克勤郡王，賜駝五、馬二、銀萬。康熙二十七年，立碑紀功。乾隆四十三年，配享太廟。

岳託子七，有爵者五：羅洛渾、喀爾楚渾、巴爾楚渾、巴思哈、祜里布。巴爾楚渾、祜里布並恩封貝勒，巴爾楚渾謚和惠，祜里布謚剛毅。

衍禧介郡王羅洛渾，岳託第一子。初襲貝勒。崇德五年，迎蒙古多羅特部蘇班岱、阿爾巴岱于杏山，遇明兵，搏戰破之，賜御廐良馬一。尋圍錦州。復從伐明，克松山，賜蟒緞。八年，坐嗜酒妄議，敏惠恭和元妃喪不輟絲竹，削爵。旋復封，命濟爾哈朗、多爾袞戒諭之。順治元年，從定京師，進衍禧郡王。三年，偕肅親王豪格征四川，薨于軍。康熙間，追謚。

子羅科鐸，襲。八年，改封號曰平郡王。十五年，從信郡王多尼徇雲南，屢破明將李定國、白文選。十六年，賜蟒衣、弓刀、鞍馬，旌其勞。康熙二十一年，薨，謚曰比。子納爾圖，襲。二十六年，以毆斃無罪人及折人手足，削爵。弟納爾福，襲。四十年，薨，謚曰悼。子納爾蘇，襲。五十七年，從撫遠大將軍允禵收西藏，駐博羅和碩，尋移古木。六十年，攝大將軍事。雍正元年，還京。四年，坐貪婪，削爵。子福彭，襲。

平敏郡王福彭既襲爵，授右宗正，署都統。十一年，命軍機處行走。授定邊大將軍，率師討噶爾丹策零。師次烏里雅蘇臺，奏言：「行軍，駝馬爲先。今喀爾喀扎薩克貝勒等遠獻駝馬，力請停償直。彼不私其所有，而宗室王、公、貝勒皆有馬，豈不內媿於心？臣有馬五百，願送軍前備用。」十二年，率將軍傅爾丹赴科布多護北路諸軍。尋召還。十三年，復命率師駐鄂爾坤，築城額爾德尼昭之北。尋以慶復代，召還。乾隆初，歷正白、正黃二旗滿洲都統。十三年，薨，予謚。

子慶寧，襲。十五年，薨，謚曰僖。無子。以納爾蘇孫慶恆襲，授右宗正。坐旗員冒借官銀，降貝子。四十年，復王爵。四十三年，復號克勤郡王。四十四年，薨，謚曰良。以訥爾圖孫雅朗阿襲。五十九年，薨，謚曰莊。子恆謹，襲。嘉慶四年，以不避皇后乘輿，奪爵。以弟恆元子尙格襲。恆元追封克勤郡王。尙格，道光四年以病乞休，十三年，薨，謚曰簡。子承碩，襲，十九年，薨，謚曰恪。

子慶惠，襲。咸豐八年，授正黃旗漢軍都統。十年，上幸熱河，命留京辦事。英國兵燔圓明園，其將巴夏禮先爲我師所擒，慶惠釋之，疏請恭親王奕訢入城議撫。十一年，薨，謚曰敬。子晉祺，襲。歷左宗人、右宗正、都統、領侍衞內大臣。德宗大婚，加親王銜。孝欽皇后萬壽，賜四團龍補服，並歲加銀二千。二十六年，薨，謚曰誠。子崧杰，襲，宣統二年，薨，謚曰順。子晏森，襲。

顯榮貝勒喀爾楚渾，岳託第三子。順治元年，從多爾袞擊李自成於山海關。二年，封鎭國公。三年，從豪格討張獻忠，偕貝子滿達海率師進剿。獻忠將高如礪等率衆降，豪格殲獻忠，喀爾楚渾在事有功。五年，授都統。六年，從尼堪討叛將姜瓖，圍寧武，破敵，進貝勒。八年，攝理藩院事。卒，予謚顯榮。子克齊，方一歲，襲爵，歷七十一年卒，年七十二。子魯賓，初封貝子。事聖祖，授左宗正。從征噶爾丹，罷宗正。雍正元年，襲爵。四年，坐狂悖，削爵。復封輔國公。乾隆八年，卒，年七十四，謚恪思。子孫以奉恩將軍世襲。

鎭國將軍品級巴思哈，岳託第五子。崇德四年，封鎭國將軍。順治六年，進貝勒。九年，從尼堪征湖南，賜蟒衣、鞍馬、弓矢。尼堪戰死衡州，屯齊代爲定遠大將軍，巴思哈與合軍自永州趨寶慶，敗敵周家坡。十一年，追論尼堪敗績失援罪，削爵。十二年，授都統。尋授鎭國公品級。十五年，從多尼下雲南。師次貴州，破敵。十六年，薄雲南會城，同貝勒尚善克鎭南州玉龍關、永昌府騰越州，賜蟒袍、鞍馬。十七年，師還。追議在永昌縱兵擾民，降鎭國將軍品級。十八年，卒。

碩託，代善第二子。初授台吉。天命六年，從伐明，攻奉集堡。十年，偕貝勒莽古爾泰援科爾沁。十一年，從代善伐喀爾喀巴林部，又伐扎嚕特部，皆有功，授貝勒。天聰元年，從貝勒阿敏等伐朝鮮。又從上伐大凌河，圍錦州。四年，師克永平，偕阿敏駐守。阿敏引還，碩託坐削爵。五年，從攻錦州，明兵攻阿濟格營，碩託力戰，傷於股，上親酌金巵勞之。

明兵趨大淩河，碩託擊敗張春，復傷於手。敍勞，賜綵緞十、布百。八年，從代善自喀喇鄂博攻得勝堡，克之。又擊敗朔州騎兵。偕薩哈璘略代州，拔崞縣，分克原平驛。尋封貝子。崇德元年，從伐朝鮮，圍南漢山城，敗援兵二萬餘。二年，偕阿濟格攻克皮島。三年，偕濟爾哈朗攻寧遠。四年，坐僭上越分，降輔國公。偕阿濟格伐明，俘獲無算，論功，賜駝、馬各一。五年六月，從多爾袞圍錦州。坐離城久駐，又遣卒私歸，議削爵。上讓之曰：「爾罪多矣！朕屢宥，爾屢犯，若不關己者。後當任法司治之，不汝宥也！」改罰銀千。尋復封貝子。太宗崩，碩託與阿達禮謀立睿親王多爾袞，譴死，黜宗室。

穎毅親王薩哈璘，代善第三子。初授台吉。天命十年，察哈爾林丹汗攻科爾沁，薩哈璘將精騎五千赴援，解其圍。十一年，從代善伐喀爾喀巴林部，又伐扎嚕特部，皆有功，授貝勒。天聰元年，上伐明，率巴雅喇精騎爲前隊。上自大淩河至錦州，明兵走，薩哈璘邀擊殲之。復率偏師衞塔山糧運，敗明兵二萬人。攻寧遠，擊明總兵滿桂，薩哈璘力戰，被創。三年，上伐明，次波羅河屯。代善等密請班師，上不懌。薩哈璘與岳託力贊進取，由是克遵化，薄明都。十二月，薩哈璘略通州，焚其舟，次張家灣。復圍永平，克香河。四年，永平既下，薩哈璘與濟爾哈朗駐守。永平人李春旺譌言將屠城，斬以徇。旋諭降遷安、灤州、建昌、臺頭營、鞍山堡諸地。明兵自樂亭、撫寧攻灤州，薩哈璘率軍赴援，明兵引退。貝勒阿敏來代，乃還師。

五年，詔諸貝勒指陳時政，薩哈璘言：「圖治在人。人主灼知邪正，則臣下爭尙名節，惟皇上愼簡庶僚，任以政事。遇大征伐，上親在行間，諸臣皆秉方略。若遣軍，宜選賢能者爲帥，給符節，畀事權，仍限某官以下干軍令，許軍法從事。」初設六部，掌禮部事。六年，略歸化城，俘蒙古千餘。指授蒙古諸貝勒牧地，申約法。

七年六月，詔問征明及察哈爾、朝鮮三者何先，薩哈璘言：「當寬朝鮮，拒察哈爾，而專征明。察哈爾雖不加兵，如蟲食穴中，勢且自盡。至于明，我少緩，則彼守益固。臣意視今歲秋成圖進取，乘彼禾稼方熟，因糧于敵，爲再進計。量留兵防察哈爾。先以騎兵往來襲擊蹂躪，再簡精兵自一片石入山海關，則寧、錦爲無用；或仍自寧、錦入，斷北京四路，度地形，據糧足之地。乘機伺便，二三年中，大勳集矣。」尋略山海關。八年，偕多爾袞迎降將尙可喜，招撫廣鹿、長山二島戶口三千八百有奇。從伐明，薩哈璘自喀喇鄂博攻克得勝堡。略代州，夜襲崞縣，拔之。王東、板鎭二堡民棄堡遁。復擊敗代州兵。會上大同，籍俘獲以聞。

九年，偕多爾袞、岳託、豪格等收察哈爾林丹汗子額爾克孔果爾額哲，師次托里圖，收其全部。師還，岳託駐歸化城。薩哈璘偕多爾袞、豪格入明邊，略山西。事詳多爾袞傳。

諸貝勒大臣屢請上尊號，不許。既收察哈爾，復請，上仍不許。薩哈璘令內院大臣希福等奏曰：「臣等屢請，未蒙鑒允，夙夜悚惶，罔知所措。伏思皇上不受尊號，咎在諸貝勒不能殫竭忠信，展布嘉猷，爲久大計。今諸貝勒誓改行竭忠，輔開太平之基，皇上宜受尊號。」上曰：「善。薩哈璘爲朕謀，開陳及此，實獲我心。諸貝勒應誓與否，爾掌禮部，可自主之。」翌日，薩哈璘集諸貝勒于朝，書誓詞以進。上命以衆議告朝鮮，薩哈璘因言：「諸貝勒亦當遣使，示以各國來附，兵力强盛。」上嘉納之。

崇德元年正月，薩哈璘有疾，上命希福諭曰：「羣子弟中，整理治道，啓我所不及，助我所不能，惟爾之賴。爾其靜心調攝，以副朕望！」薩哈璘對曰：「蒙皇上溫旨眷顧，竊冀仰荷恩育，或可得生。卽不幸先塡溝壑，亦復何憾。但當大勳垂集，不能盡力國家，乃輾轉牀蓐，爲可恨耳！」希福還奏，上惻然曰：「國家豈有專事甲兵以爲治理者？倘疆土日闢，克成大業，而明哲先萎，孰能助朕爲理乎？」病革，屢臨視，見其羸瘠，淚下，薩哈璘亦悲痛不自勝。五月，卒。上震悼，入哭者四，自辰至午乃還。仍于庭中設幄坐，不御飲食，輟朝三日。祭時，上親奠，痛哭。詔褒薩哈璘明達敏贍，通滿、漢、蒙古文義，多所贊助，追封穎親王。上御翔鳳樓，偶假寐，夢人請曰：「穎親王乞賜牛一。」故事，親王薨，初祭以牛。薩哈璘以追封，未用，上命致祭如禮。康熙十年，追謚。

薩哈璘子三：阿達禮、勒克德渾、杜蘭。杜蘭，恩封貝勒，坐事，降鎭國公。

阿達禮，薩哈璘第一子。襲郡王。崇德三年，從伐喀爾喀。五年五月，偕濟爾哈朗駐義州，迎來歸蒙古多羅特部，明錦州杏山、松山兵出拒，擊敗之。師還，賜御廐良馬一。六年，圍錦州，降城中蒙古台吉諾木齊、吳巴什等，敗明援兵于錦州南山西岡。明兵復自松山沿海進援，我兵薄城下，擊殲其衆。圍松山，明兵來犯，擊敗之，斬千四百餘級。七年，明將夏承德約內應，夜半，我軍梯登，遂克松山。敍功，賜鞍馬一、蟒緞九十。尋管禮部，與議政。先是，上御篤恭殿，王以下皆侍立；碩託奏定儀制，上御殿及賜宴，親王以下皆跪迎，上升階方起，駕還淸寧宮亦如之。貝勒阿巴泰伐明薊州，偕多鐸屯寧遠綴明師。八年，太宗崩，坐與碩託謀立睿親王，譴死。

順承恭惠郡王勒克德渾，薩哈璘第二子。阿達禮譴死，緣坐，黜宗室。順治元年，復宗室，封貝勒。二年，命爲平南大將軍，代豫親王多鐸駐江寧。時明魯王以海據浙東稱監國，其大學士馬士英等率兵渡錢塘江窺杭州，勒克德渾遣兵擊却之。復遣梅勒額眞珠瑪喇擊士英餘杭，和託擊明總兵方國安富陽，兩軍合營杭州城三十里外。士英、國安復率兵渡江，又爲梅勒額眞濟席哈所敗，溺死者無算。十一月，明唐王聿鍵所置湖廣總督何騰蛟招李自成餘部，分據諸府縣，命勒克德渾偕鎭國將軍鞏阿岱率師討之。三年正月，師次武昌，遣護軍統領博爾輝等督兵進擊，戰臨湘，殲敵千餘。次岳州，降明將黑運昌。至石首，敵渡江犯荊州，遣尙書覺羅郎球等以偏師出南岸，伺敵渡，狙擊之。師乘夜疾馳，詰旦抵城下，分兩翼躪敵營，大破之，斬獲甚衆。薄暮，郎球等亦盡奪敵舟以歸。翌日，分遣奉國將軍巴布泰等逐敵，自安遠、南漳、喜峯山、關王嶺至襄陽，擊斬殆盡。次彝陵，自成弟孜及諸將田見秀、張耐、李佑、吳汝義等率馬步兵五千，詣軍前降，獲馬、驘、牛萬二千餘。捷聞，優詔班師，賜金百、銀二千。五年九月，進封順承郡王。尋偕鄭親王濟爾哈朗督兵攻湘潭，拔之，擒騰蛟。移師入廣西，攻全州。破趙廉，克永安關。逐土寇曹楨子，又敗之於道州。七年，師還，賜金五十、銀五千。八年，掌刑部事。九年三月，薨。康熙十年，追謚。

子勒爾錦，襲。康熙十一年，掌宗人府事。十二年，吳三桂反，命爲寧南靖寇大將軍，率師討之。十三年，駐荊州。三桂兵陷沅州、常德，分兵抵巴東，逼襄陽，遣都統鄂內率兵防守。三月，三桂將劉之復率舟師犯彝陵，夾江立五營，遣護軍統領額司泰等水陸並擊，大敗之。四月，三桂將陶繼智復自宜都來犯，又敗之。七月，敗三桂將吳應麒等。十四年五月，三桂兵犯均州，遣都統伊里布擊敗之。六月，叛將楊來嘉來犯，列陣山巓，自山溝下斷我師道，師擊之，斬三千餘級。疏言：「敵逼彝陵，兵衆舟多，請益戰艦以斷運道。」上從之。七月，三桂將王會等合來嘉犯南漳，遣伊里布與總督蔡毓榮會師擊之。八月，疏言：

「賊立壘掘塹，騎兵不能衝突。當簡綠旗步兵，造輕箭簾車、礮車並進，塡壕發礮，繼以滿洲兵，庶可滅賊。」上復從之。十月，復興山。十二月，請發禁旅益師，上責其遷延。十五年，自荆州渡江，破敵於文村、於石首，復戰太平街，師敗績，退保荆州。九月，遣副都統塞格復鄖西。十八年，設隨征四營，轄新增兵萬二千。

三桂既死，復渡江克松滋、枝江、宜都及澧州，進取常德，敵焚廬舍、舟艦先遁，所置巡撫李益陽、按察院陳寶鑰等降。遣兵至靑石渡，吳世璠將潘龍迎戰。師左右夾擊，追至平峪舖，斬馘無算，敵墮崖死者甚衆。復衡山。攻歸州，敗世璠將廖進忠于馬黃山，追至西壤，復歸州、巴東。十九年，詔趣取重慶。疏請留將軍噶爾漢于荆州，親率師赴重慶。中途引還，具疏自劾，請解大將軍任，赴沅州軍自効，上責令還京師。下吏議，以老師縻餉，坐失事機，削爵。子勒爾貝，襲。二十一年，薨。弟揚奇，襲。二十六年，薨。弟充保，襲。三十七年，薨。弟布穆巴，襲。五十四年，坐以御賜鞍馬給優人，削爵。以從父諾羅布襲。

諾羅布，勒克德渾第三子。初授頭等侍衞。累官至杭州將軍。襲爵。五十六年，薨，謚曰忠。

子錫保，嗣。雍正三年，掌宗人府事，在內廷行走。四年，諭曰：「順承郡王錫保才具優長，乃國家實心效力之賢王，可給與親王俸。」授都統。坐徇貝勒延信罪不舉劾，又逮治遲誤，奪親王俸，降左宗正。七年三月，師討噶爾丹策零，命錫保署振武將軍印，駐軍阿爾台。九年，上以錫保治軍勤勞，進封順承親王，命守察罕叟爾。噶爾丹策零遣其將大策零敦多卜、小策零敦多卜、多爾濟丹巴入犯科布多，次克嚕倫，侵掠喀爾喀游牧。蒙古親王策棱等合師邀擊，遣台吉巴海夜入大策零敦多卜營挑戰，擊斬其將喀喇巴圖魯，大策零敦多卜等自哈布塔克拜達克遁歸。錫保疏報，得旨嘉奬。十一月，授靖遠大將軍。十年七月，策棱等敗敵額爾德尼昭。十一年，疏請城烏里雅蘇臺，從之。尋以噶爾丹策零兵越克爾森齊老，不赴援，罷大將軍，削爵。

子熙良，初封世子。以錫保罪，並奪。尋命襲郡王。乾隆九年，薨，謚曰恪。子泰斐英阿，襲。授都統、左宗正。二十一年，薨，謚曰恭。子恆昌，襲。四十三年，薨，謚曰慎。子倫柱，襲。道光三年，薨，謚曰簡。子春山，襲。咸豐四年，薨，謚曰勤。子慶恩，襲。穆宗大婚，賜三眼孔雀翎。光緒七年，薨，謚曰敏。子訥勒赫，襲。德宗大婚，賜食全俸。孝欽皇后萬壽，歲加銀二千。遜位後，薨，謚曰質。

謙襄郡王瓦克達，代善第四子。天聰元年，師攻寧遠，擊敗明總兵滿桂，瓦克達力戰，被創。崇德五年，從多爾袞圍錦州，敵兵樵採，瓦克達以十餘騎擊斬之。六年，洪承疇以十三萬人援錦州，次松山，敵騎來奪我紅衣礮，瓦克達偕滿達海戰却之，天雨，復戰，又敗之。進擊承疇步兵，噶布什賢什長費雅思哈失馬，瓦克達與果騎而出。甲喇章京哈寧阿墜馬，創甚，敵圍之數重，瓦克達入其陣，挈以歸。碩託譴死，緣坐，黜宗室。

順治元年，從多爾衮入山海關，追擊李自成至慶都。復從阿濟格自邊外趨綏德。二年，自成遁湖廣，躡至安陸。賊方乘船遁，瓦克達偕巴牙喇纛章京鰲拜涉水登岸，射殪賊衆，奪其船以濟大軍。三年，敍功，復宗室，授三等鎭國將軍。從多鐸勦蘇尼特部騰機思、騰機特等，至圖拉河，斬騰機思孫三、騰機特子二，及喀爾喀台吉十一，並獲其輜重。至布爾哈圖山，復與貝子博和託合軍，進斬千餘級，俘八百餘人，獲駝、馬、牛、羊無算。又擊敗喀爾喀土謝圖汗兵。四年，進封鎭國公。

五年，上念宗室貧乏，瓦克達賜銀六千，進封郡王。喀爾喀部二楚虎爾擾邊，從阿濟格防大同。復從討叛將姜瓖，圍渾源。六年，偕滿達海攻朔州，發礮隳其城。移攻寧武，瓖將劉偉、趙夢龍守焉，縱火，棄城走。瓖將楊振威斬瓖降阿濟格，偉、夢龍亦降於瓦克達，靜樂及寧化所、八角堡諸寨悉平。十月，代滿達海爲征西大將軍，勦山西餘寇。明大學士李建泰既降，復叛，踞太平。圍之二十餘日，窮蹙，出降。詔誅建泰及其兄弟子姪，籍家產入官。連復平陽屬縣三十六。七年，師還。八年，加封號，掌工部，預議政。九年，坐事，解部任，罷議政。薨。康熙十年，追謚。

瓦克達嘗駐軍平陽，戢軍安民。既薨，平陽人建祠以祀。薨之明年，授其子留雍、哈爾薩三等奉國將軍品級。康熙六年，留雍、哈爾薩訴瓦克達功多，授哈爾薩鎮國公，留雍鎮國將軍。八年，留雍復以已爵卑，訟不平。議政王等言前爵賫緣輔政所得，宜併黜革，上命並降奉國將軍品級。二十一年，哈爾薩復訴瓦克達爵乃功封，例得襲。命襲鎮國公，並封其子海青輔國公。哈爾薩累遷右宗正。二十五年，詔責其鑽營，與海青並奪爵。又以留雍襲鎮國公。三十七年，復以惰，奪爵。乾隆四十三年，高宗錄瓦克達功，命其四世孫洞福以鎮國將軍世襲。

輔國公瑪占，代善第六子。天聰九年，多鐸自廣寧入寧遠、錦州綴明師，瑪占在事有功。崇德元年，從阿濟格入長城，至安州，克十二城。師還，上郊勞，賜酒一金巵，封輔國公。三年，從岳託自牆子嶺毀邊城，入密雲，連克臺堡，越燕京趨山東，卒於軍。四年，喪歸，賜銀二千、駝馬各一。無子，未立後。

清史稿卷二百十七

列傳四

諸王三

太祖諸子二

鎭國勤敏公阿拜　鎭國克潔將軍湯古代　子鎭國公聶克塞

莽古爾泰　輔國慤厚將軍塔拜

饒餘敏郡王阿巴泰　子安和親王岳樂　溫良貝子博和託　博洛

博和託子貝子彰泰　阿巴泰孫悼愍貝子蘇布圖

鎭國恪僖公巴布泰　德格類　巴布海　阿濟格

輔國介直公賴慕布

鎭國勤敏公阿拜，太祖第三子。天命十年，偕塔拜、巴布泰伐東海北路呼爾哈部，俘千五百戶，還，太祖出城迎勞，授牛彔章京。天聰八年，授梅勒額眞。崇德三年，授吏部承政。四年，封三等鎭國將軍。六年，駐防錦州。八年，以老，罷承政。順治四年，進二等。五年二月，卒。十年，追封謚。

阿拜子有爵者三：鞏安，襲三等鎭國將軍，進輔國公；干圖、灝善封輔國公，干圖謚介直。鞏安、灝善之後，皆以奉恩將軍世襲。

鎭國克潔將軍湯古代，太祖第四子。事太宗，授固山額眞。取永平四城，湯古代偕圖爾格、納穆泰守灤州。天聰四年，明兵攻灤州急，貝勒阿敏怯不敢援，遣巴都禮率數百人突圍進，夜三鼓，入灤州。旣，明兵以礮壞城，城樓火，湯古代等棄城奔永平。旣還，太宗廷詰之，湯古代引罪請死。太宗曰：「汝不能全師而歸，殺汝何益？」下所司論罪，免死，罷固山額眞，奪所屬人口，籍其家。八年，授三等梅勒章京。崇德四年，封三等鎭國將軍。五年，卒。

子二：穆爾察，初封三等奉國將軍，襲爵，進二等。卒，謚恪恭。聶克塞，襲穆爾察三等奉國將軍。從多鐸略寧遠，從多爾衮定京師，逐李自成至慶都，皆有功，累進鎭國公。坐事降三等鎭國將軍。康熙四年，卒。無子，爵除。

莽古爾泰，太祖第五子。歲壬子，從太祖伐烏喇，克六城，莽古爾泰請渡水擊之，太祖曰：「止！無僕何以爲主？無民何以爲君？我且削之。」遂燬六城，移軍富勒哈河。越日，於烏喇河建木城，留兵千守焉。天命元年，授和碩貝勒，以序稱三貝勒。

四年，明經略楊鎬遣總兵杜松以六萬人出撫順關，劉綎以四萬人出寬甸。莽古爾泰從太祖禦松界凡，伏兵薩爾滸谷口，伺明兵過將半擊之，我軍據吉林崖，明兵營薩爾滸山，復偕貝勒代善等以千人益吉林崖，而合師攻薩爾滸，大破之，松戰死。又從太祖還軍擊斬綎。八月，從伐葉赫。五年，太祖伐明，略懿路、蒲城，令莽古爾泰以所部逐敵，率健銳百人追擊明兵，至渾河乃還。六年，鎭江守將陳良策叛投毛文龍，莽古爾泰偕代善遷金州民復州。十年，攻克旅順口。

察哈爾林丹汗侵科爾沁部，圍克勒珠爾根城，莽古爾泰赴援，至農安塔，林丹汗遁。十一年，太祖伐喀爾喀巴林部，先命諸貝勒略錫拉穆楞，皆以馬乏不能進；莽古爾泰獨領兵夜渡擊之，俘獲無算。

天聰元年，攻明右屯衞，又以偏師衞塔山糧運。三年，從太宗征明，阿巴泰自龍井關入，攻漢兒莊。莽古爾泰偕多爾袞、多鐸爲繼，降其城，旋諭降潘家口守將。上克洪山口，逼遵化。莽古爾泰自漢兒莊合軍擊敗明總兵趙率教，擒其副將臧調元。師進次通州，薄明都，明諸道兵入援。莽古爾泰遣巴牙喇兵前行，與多鐸殿，值明潰卒來犯，擊殲之。從上閱薊州，破山海關援兵。四年二月，克永平、遵化。還，與明兵遇，敗之。

五年，從圍大凌河，正藍旗圍其南，莽古爾泰與德格類率巴牙喇兵策應。明總兵吳襄、監軍道張春赴援，距城十五里而營。莽古爾泰從上擊之，獲春等。當圍大凌河時，莽古爾泰以所部兵被創，言於上。上偶詰之曰：「聞爾所部兵每有違誤。」莽古爾泰恚曰：「寧有是耶？」上曰：「若告者誣，當治告者；果實，爾所部兵豈得無罪？」言已，將起乘馬，莽古爾泰曰：「上何獨與我爲難？我固承順，乃猶欲殺我耶？」撫佩刀，頻目之。貝勒德格類，其母弟也，斥其悖，拳毆之。莽古爾泰益怒，抽刃出鞘。左右揮之出，上憤曰：「是固嘗弑其母以邀寵者！」諸貝勒議莽古爾泰大不敬，奪和碩貝勒，降多羅貝勒，削五牛彔，罰銀萬及甲胄、雕鞍馬十、素鞍馬二。

六年，從伐察哈爾，林丹汗遁。移師伐明，略大同、宣府。十二月，卒，上臨喪，漏盡三鼓，始還；又於中門設幄以祭，哭之慟，乃入宮。

九年，莽古爾泰女弟莽古濟格格所屬冷僧機告莽古爾泰與德格類、莽古濟格格盟誓怨望，將危上，以莽古濟格格夫瑣諾木爲證。搜得牌印十六，文曰「大金國皇帝之印」。追奪莽古爾泰爵。莽古濟格格及莽古爾泰子額必倫坐死，餘子並黜宗室。

輔國慤厚公塔拜，太祖第六子。天命十年，伐東海北路呼爾哈部有功，授三等甲喇章京。天聰八年，進一等。尋封三等輔國將軍。崇德四年九月，卒。順治十年，追封謚。塔拜子八，有爵者三：額克親、班布爾善、巴都海。額克親，崇德元年，從阿濟格伐明，偪燕京。明兵自涿州來拒，親陷陣，破之。四年，封三等奉國將軍。尋襲爵。五年，從多爾袞攻錦州，復從多鐸追擊明兵於塔山。六年，上圍錦州，敗洪承疇兵十三萬。移軍近松山，掘壕困之。明總兵曹變蛟夜突上營，額克親偕內大臣錫翰力禦，卻之。敍功，賜銀八十。順治元年，從多爾袞入山海關，破李自成，有功，累進鎮國公。七年，授正白旗滿洲固山額眞，復進貝子。八年，坐附羅什博爾惠諂媚諸王造言搆釁，削爵，黜宗室。九年，復入宗室，授內大臣。十二年，卒。班布爾善，累進封輔國公。以附鰲拜，譴死。附見鰲拜傳。巴都海，亦封輔國公，謚恪僖。

饒餘敏郡王阿巴泰，太祖第七子。初授台吉。歲辛亥，與費英東、安費揚古率師伐東海窩集部烏爾固辰、穆棱二路，俘千餘人，還。天命八年，偕台吉德格類等伐扎嚕特部，渡遼河，擊部長昂安。昂安攜妻子引牛車遁，師從之，昂邦章京達音布戰死。阿巴泰繼進，斬昂安及其子，俘其衆，還，太祖郊勞，並賚從征將士。

太宗卽位，封貝勒。阿巴泰語額駙揚古利、達爾漢曰：「戰則擐甲胄，獵則佩弓矢，何不得爲和碩貝勒？」語聞，上曰：「爾等宜勸之，告朕何爲？」天聰元年，察哈爾昂坤杜棱來歸，與宴。阿巴泰不出，曰：「我與諸小貝勒同列。蒙古貝勒明安巴克乃位我上，我恥之！」上以語諸貝勒，貝勒代善與諸貝勒共責之曰：「德格類、濟爾哈朗、杜度、岳託、碩託早從五大臣議政，爾不預焉。阿濟格、多爾袞、多鐸，先帝時使領全旗，諸貝勒皆先爾入八分。爾今爲貝勒，得六牛彔，已踰分矣！乃欲與和碩貝勒抗行，得和碩貝勒，不更將覬覦耶？」阿巴泰引罪，罰甲胄、雕鞍馬四、素鞍馬八。

二年，與岳託、碩託伐錦州，明師退守寧遠，克墩臺二十一，毀錦州、杏山、高橋三城，還。三年，從伐明，自喀喇沁波羅河屯行七日，偕阿濟格率左翼四旗及蒙古軍攻龍井關，夜半克之。明將易愛自漢兒莊赴援，擊斬之，取其城。會上克洪山口，逼遵化，敗明山海關援兵，克之。復趨通州，明總兵滿桂、侯世祿屯順義，阿巴泰偕岳託擊走之，獲馬千餘、駝百，順義亦下。

時袁崇煥、祖大壽以兵二萬屯廣渠門外，阿巴泰偕莽古爾泰等率師攻之。聞敵伏兵於右，諸貝勒相約入隘必趨右，若出中路，與避敵同。豪格趨右，敗伏兵，轉戰至城壕。阿巴泰出中路，亦破敵，與豪格師會。罷戰，諸貝勒議違約罪，阿巴泰當削爵。上曰：「阿巴泰非怯，以顧其二子，與豪格相失，朕奈何加罪於吾兄？」宥之。徇通州，焚其舟，略張家灣。從上至薊州，明兵五千自山海關至，奮擊，殲其衆。四年，從上圍永平，與濟爾哈朗邀斬叛將劉興祚。尋命守永平。明兵攻灤州，偕薩哈璘赴援，明兵引退，代還。

五年，初設六部，掌工部事。從上圍大凌河，正黃旗圍北之西，鑲黃旗圍北之東，阿巴泰率巴牙喇兵爲策應。大壽降，阿巴泰偕德格類、多爾衮、岳託以兵四千易漢裝，從大壽夜襲錦州，二更行，礮發不絕聲。錦州人聞之，謂大凌河兵逸，爭出應之，師縱擊，斬馘甚衆。霧，兩軍皆失伍，乃引還。七年，築蘭磐城，賜御用蟒衣一、紫貂皮八、馬一。詔問征明及朝鮮、察哈爾三者何先，阿巴泰請先伐明。八月，略山海關，俘數千人還。上迎勞，責其不深入。八年，從征宣府，至應州，克靈丘及王家莊。九年，阿巴泰病手痛，上曰：「爾自謂手痛不耐勞苦。不知人身血脈，勞則無滯。惟家居佚樂，不涉郊原，手不持弓矢，忽爾勞動，疾痛易生。若日以騎射爲事，寧復患此？凡有統帥之責者，非躬自教練，士卒奚由奮？爾毋婾安，斯克敵制勝，身不期强而自强矣。」

崇德元年，封饒餘貝勒。偕阿濟格等伐明，克雕鶚堡、長安嶺堡，薄延慶，分兵克定興、安肅、容城、安州、雄、東安、文安、寶坻、順義、昌平十城。五十六戰皆捷，俘十數萬。師還，上出城十里迎勞，酌以金卮。上伐朝鮮，留防噶海城。三年，上伐喀爾喀，阿巴泰與代善留守，築遼陽都爾弼城，復治盛京至遼河道，道廣十丈，高三尺，濬壕夾之。副多爾袞率師伐明，毀邊牆入，越明都趨涿州，直抵山西。復東趨臨清，克濟南。略天津、遷安，出青山關，還。賜馬二、銀五千。四年，偕阿濟格略錦州、寧遠。

五年，偕多爾袞屯田義州，分兵克錦州城西九臺，刈其禾；又克小淩河西二臺。偕杜度伏兵寧遠，截明運道，奪米千石。移師敗明杏山、松山兵。時大軍更番圍錦州，阿巴泰屢往還其間。六年，坐從多爾袞去錦州三十里爲營及遣士卒還家，論削爵，奪所屬戶口。詔寬之，罰銀二千。尋從上破洪承疇援兵十三萬。七年，錦州降，偕濟爾哈朗圍杏山，克之，還守錦州。敍功，賜蟒緞七十。

十月，授奉命大將軍伐明，內大臣圖爾格副之。自黃崖口入邊，敗明將白騰蛟等於薊州，破河間、景州。趨兗州，擒斬明魯王以派等。分徇萊州、登州、靑州、莒州、沂州，南至海州。還略滄州、天津、三河、密雲。凡克城八十八，降城六，俘三十六萬，得金萬二千、銀二百二十萬有奇。八年五月，師還，上遣濟爾哈朗、多爾袞等郊迎三十里，賜銀萬。順治元年四月，進郡王。二年，統左右兩翼兵鎮山東，剿滿家洞土寇，尋還。三年，薨。康熙十年，追謚。

阿巴泰子五，有爵者四：尙建、博和託、博洛、岳樂，而岳樂襲爵。

安和親王岳樂，阿巴泰第四子。初封鎮國公。順治三年，從豪格徇四川，擊斬張獻忠。六年，封貝勒。八年，襲爵，改號安郡王。九年，掌工部事，與議政。十年，命爲宣威大將軍，駐歸化城，規討喀爾喀部土謝圖汗、車臣汗。尋行成，入貢，乃罷兵。十二年，掌宗人府事。十四年，進親王。

康熙十三年，吳三桂、耿精忠並反，犯江西。命爲定遠平寇大將軍，率師討之，自江西規廣東，次南昌，遣兵復安福、都昌。十四年，復上高、新昌。戰撫州唐埠、七里岡、五桂寨、徐汊，屢破敵，復餘干、東鄉。詔移師湖南，疏言：「江西爲廣東咽喉，當江南、湖廣之衝，今三十餘城皆陷賊。三桂於醴陵造木城，增僞總兵十餘人，兵七萬，倮倮三千，固守萍鄉諸隘。若撤撫州、饒州、都昌諸路防兵盡赴湖南，則諸路復爲賊有。否則，兵勢單弱，不能長驅。廣東諸路，恐亦多阻。臣欲先平江西，無却顧憂，然後移師。」疏聞，上令速定江西。岳樂督兵攻建昌，精忠將邵連登率數萬人迎戰長興鄉，擊走之，克建昌，並下萬年、安仁。師進克廣信，再進克饒州，破敵景德鎭，復克浮梁、樂平。分兵徇宜黃、崇仁、樂安，皆下。並諭降泰和、龍泉、永新、廬陵、永寧及湖廣茶陵諸縣。師再進，克靖安、貴溪。疏言：「三桂聞臣進取，必固守要害，非綠旗兵無以搜險，非紅衣礮無以攻堅。請令提督趙國祚等率所部從臣進討，並敕發新造西洋礮二十。」又疏言：「精忠將張存遣人稱有兵八千屯順昌，俟大軍入閩爲應。」詔以簡親王喇布專主福建軍事，而趣岳樂赴長沙。

十五年，岳樂師克萍鄉，遂薄長沙。疏言：「敵船集長沙城下，我師無船，難以應敵。長沙附近林木頗盛，請先撥戰艦七十艘，仍令督撫委員伐木造船。」如所請。八月，詔曰：「朕聞王復萍鄉，直抵長沙，甚爲嘉悅。王其善撫百姓，使困苦得紓；即脅從者皆朕赤子，當加意招徠。」十六年，遣兵破敵瀏陽，斬千餘級，克平江。十七年，破敵七家洞。三桂將林興珠等自湘潭來降。九月，三桂旣死，詔趣岳樂進師。岳樂請赴岳州調度諸軍。上命大將軍察尼規取岳州，而令岳樂仍攻長沙。十八年正月，岳州降。長沙賊亦棄城遁，遂入長沙，遣兵復湘潭。尋會喇布軍克衡州、寶慶，分兵守焉。復與喇布合軍攻武岡，破敵寶慶巖溪，斬級數百，獲舟四十。師次紫陽河，敵於對岸結營，師逕渡，分兵出敵後夾擊之，敵潰走。三桂將吳國貴、胡國柱以二萬人守隘，發礮殪國貴，奪隘。貝子彰泰逐敵至木瓜橋，遂克武岡及楓木嶺。詔召岳樂還京師，以敕印付彰泰。十九年正月，下詔褒岳樂功。岳樂至京師，上於盧溝橋南二十里行郊勞禮。

順治初，故明外戚周奎家有自稱明太子者，使舊宮人及東宮官屬辨視非是。三桂反，京師又有朱慈璊者，自稱三太子，私改元廣德，糾黨舉火爲亂，事敗，慈璊走免。鞫其黨，謂其眞姓名爲楊起隆。及岳樂駐師楓木嶺，於新化僧寺得朱慈燦，自言爲莊烈帝長子，闖難奔南京，福王置諸獄，釋爲民，從朽木和尙爲僧，往來永州、寶慶間。以三桂悖逆反覆，將募兵聲討，三桂死，乃止。至是，岳樂攜慈燦來京，詔令慈璊黨相見，復不相識，乃斬之。

二十年，仍掌宗人府事。二十七年，偕簡親王雅布往蘇尼特防噶爾丹。二十八年二月，薨，予諡。二十九年，貝勒諾尼訐岳樂掌宗人府，聽讒，枉坐諾尼不孝罪，追降郡王，削諡。

岳樂子二十，有爵者三：蘊端、瑪爾渾、經希。蘊端封勤郡王，坐事降貝子；復坐事奪爵。經希封僖郡王。岳樂得罪，降鎭國公，卒，停襲。瑪爾渾，襲爵。瑪爾渾好學能文章，蘊端亦善詩詞。瑪爾渾又輯宗室王公詩爲宸萼集，一時知名士多從之游。四十八年，薨，諡曰懿。子華玘，襲。五十八年，薨，諡曰節。雍正元年十二月，詔曰：「曩安郡王岳樂諂附輔政大臣，每觸忤皇考，蒙恩始終寬宥，而其諸子全不知感，傾軋營求，妄冀封爵。瑪爾渾、華玘相繼夭折，爵位久懸。岳樂諸子伍爾占、諸孫色亨圖等，怨望形於辭色。廉親王允禩又復逞其離間，肆爲讒言。安郡王爵不准承襲。」乾隆四十三年，高宗以阿巴泰、岳樂屢著功績，封華玘孫奇昆輔國公，世襲。

溫良貝子博和託，阿巴泰第二子。初封輔國公。崇德元年，從征朝鮮，圍南漢山城，偕尼堪擊走其援兵，斬殪甚衆。三年，從伐明，自董家口略明都西南六府，入山西界。移師克濟南。師還，賜銀二千。七年，從阿巴泰伐明，自黃崖口入。及還，賜銀三千。順治元年，從入關，破李自成，進貝子。三年，從多鐸擊喀爾喀蘇尼特部騰機思、騰機特等。五年九月，卒，予謚。子六，彰泰，襲貝子。

彰泰襲爵，進封。康熙十三年春，吳三桂陷湖南，上命貝勒尚善爲大將軍，率師下岳州，以彰泰參贊軍務。十五年，詔責行師延緩。彰泰與尚善議水陸並進，遣額司泰等破敵洞庭湖，獲舟五十餘。敵立椿套湖峽口阻我師。十七年，督兵伐椿，棹輕舟破敵柳林嘴，發礮燬其船。八月，尚善卒於軍，貝勒察尼代爲大將軍，授彰泰撫遠將軍。九月，督兵出南津港。十月，破敵陸石口，屯白米灘，絕三桂兵運道。十八年，三桂將陳珀等以乏食出降，吳應麒走衡州。都統珠滿等克湘陰，彰泰克華容、石首。會安親王岳樂復長沙，簡親王喇布復衡州，詔彰泰與會師。自衡州進攻武岡，擊破三桂將吳國貴等。十一月，召岳樂還京師，命彰泰代爲定遠平寇大將軍。

十九年，復沅州，靖州，三桂所置綏寧諸將吏及附近土司俱降。疏言：「將軍蔡毓榮調遣漢兵，今進取貴州，若不相聞，恐礙事機。」詔毓榮軍事關白大將軍。十月，次鎮遠，遣兵攻鎮遠衞關，截其隘，而與毓榮督兵躪敵壘。所遣兵亦奪十向口，破敵大巖門，逐之至偏橋衞，遂復鎮遠。進下平越及新添衞，趨貴陽。三桂孫世璠及應麒等俱走還雲南。迭克安順、石阡、都匀、思南諸府。十一月，復永寧，破敵安籠鋪，逐之至雞公背山鐵索橋，師駐貴陽。詔趣彰泰進規雲南。

二十年正月，渡盤江，破敵沙子哨，進次臘茄坡，復新興所，逐北三十里，克普安、霑益。大將軍賚塔自廣西入曲靖，會於嵩明州，合圍雲南會城，距三十里。世璠將胡國柄、劉起龍等以萬餘人列象陣拒戰。賚塔軍其右，彰泰軍其左，自卯達午，殊死戰，破敵陣，斬國柄、起龍等，俘獲無算。令諸軍分扼南壩、薩石衞、走馬街、雙塔寺、得勝橋、重關諸地，於是大理、臨安、永順、姚安、武定世璠所置將吏，相繼詣軍前降。

世璠將馬寶、胡國柱等自四川，夏國相自廣西，還救雲南，彰泰遣兵迎擊，寶次姚安，亦乞降。國柱走鶴慶、麗江，希福攻雲龍州，國柱自經死。國相走廣西，李國樑等圍之西板橋，國相亦降，與寶同檻送京師。將軍趙良棟師自四川至，彰泰偕賚塔及良棟等屢破敵南壩、得勝橋、太平橋、走馬街諸地。師薄城環攻，世璠自經死，其將何進忠等出降。彰泰戒將士毋殺掠，入城安撫，收倉庫，戮世璠尸，函首獻闕下。雲南平。授左宗正。二十一年十月，師還，上迎勞盧溝橋南二十里。

二十二年，議初下岳州遷延罪，以功不坐。賜金二十、銀千。二十四年，坐濫舉宗人府屬官，罷左宗正。二十九年正月，卒。子屯珠，襲鎮國公。授左宗正、禮部尚書。五十七年，卒。贈貝子，諡恪敏。孫逢信，以輔國公世襲。

博洛，阿巴泰第三子。天聰九年，從伐明，有功。崇德元年，封貝子。二年，與議政。三年，授理藩院承政。從攻寧遠，趨中後所。明將祖大壽襲我軍後，巴牙喇纛章京哈寧阿等與相持，博洛突前奮擊，大壽引卻。五年，從濟爾哈朗迎來歸蒙古蘇班岱，擊敗明兵，賜良馬。尋與諸王更番圍錦州。六年，洪承疇以十三萬人援錦州，博洛偕阿濟格擊之，至塔山，獲筆架山積粟；又偕羅洛渾等設伏阿爾齋堡，擊敗明將王樸、吳三桂。

順治元年，從入關，破李自成，進貝勒。從多鐸征河南。二年，破自成潼關。多鐸南征，下江寧，分師之半授博洛，下常州、蘇州，趨杭州，屢敗明兵。師臨錢塘江岸，明兵以爲江潮方盛，營且沒，會潮連日不至，明潞王常淓以杭州降，淮王常清亦自紹興降。克嘉興，徇吳江，破明將吳易，攻江陰亦下。師還，賜金二百、銀萬五千、鞍馬一。

三年，命爲征南大將軍，率師駐杭州。明魯王以海監國紹興，明將方國安營錢塘江東，亙二百里。師無舟，會江沙暴漲，固山額眞圖賴等督兵徑涉，國安驚遁，以海走台州。師入紹興，進克金華，擊殺明蜀王盛濃等，再進克衢州，浙江平。明唐王聿鍵據福建，博洛率師破仙霞關，克浦城、建寧、延平。聿鍵走汀州，遣阿濟格、尼堪、努山等率師從之，克汀州，擒聿鍵及曲陽王盛渡等。明將姜正希以二萬人夜來襲，擊之却，斬萬餘級。又破敵分水關，克崇安。梅勒額眞卓布泰等克福州，斬所置巡撫楊廷清等，降其將鄭芝龍等二百九十餘人、馬步兵十一萬有奇。師復進，下興化、漳州、泉州諸府。十一月，遣昂邦章京佟養甲徇廣東，克潮州、惠州、廣州，擊殺明唐王聿鐭及諸王世子十餘人，承制以養甲爲兩廣總督。四年，師還，進封端重郡王。五年，以所獲金幣、人口賚焉。

偕阿濟格防喀爾喀，徇大同，討叛將姜瓖。六年正月，偕碩塞援代州，克其郛。三月，瓖將馬得勝以五千自北山逼我師，博洛率千餘騎應之，與巴牙喇纛章京鰲拜等奮擊，大破之，斬馘過半，瓖閉城不敢出。睿親王多爾袞自京師至軍議撫，承制進親王，命爲定西大將軍。移師汾州，下清源、交城、文水、徐溝、祁諸縣，戰平陽、絳州；又遣軍克孝義，戰壽陽、平遙、遼州、榆次：屢捷。英親王阿濟格、敬謹親王尼堪圍大同，巽親王滿達海、謙郡王瓦克達定朔州、寧武。召博洛還京師，疏言：「太原、平陽、汾州所屬諸縣雖漸次收復，然未下者尚多，恐撤軍後，賊乘虛襲踞，請仍留守禦。」上從之。瓖既誅，與滿達海合軍克汾州，復嵐、永寧二縣，戰絳州孟城驛、老君廟諸地，盡殲瓖餘黨，乃還師。七年，偕滿達海、尼堪同理六部事。再坐事，降郡王。世祖親政，復爵。尋命掌戶部。九年三月，薨，謚曰定。

子齊克新，襲。十六年，追論博洛分多爾袞遺財，又掌戶部時尚書譚泰逞私攬權，不力阻，奪爵、謚，齊克新降貝勒。十八年，卒，謚懷思。無子，爵除。博洛子塔爾納封郡王，卒，謚敏思。坐博洛罪，追奪爵。

悼愍貝子蘇布圖，阿巴泰孫。父尚建，追封貝子，謚賢慤。蘇布圖初封輔國公。順治二年，從勒克德渾駐江寧，移師征湖廣。三年，從定荆州、襄陽有功，賜金五十、銀千，進貝子。五年，復從濟爾哈朗徇湖廣，卒於軍，謚悼愍。子顏齡，封鎮國公。卒。無子，爵除。蘇布圖弟强度，封貝子，謚介潔，亦不襲。

鎮國恪僖公巴布泰，太祖第九子。天命十年，偕阿拜、塔拜伐東海北路呼爾哈部，有功。十一年，命理正黃旗事。天聰四年，從阿敏駐永平。明兵攻灤州，巴布泰不能禦，坐罷。八年，授梅勒額眞。從伐明，克保安州。巴布泰匿所獲不以聞，復坐罷。崇德六年，授三等奉國將軍。順治元年，從入關，逐李自成至慶都。二年，進一等。三年，從勒克德渾伐湖廣，戰安遠、南漳、西峰口、關王嶺、襄陽，屢破敵。四年，進輔國公。六年，偕務達海討姜瓖，進鎮國公。十二年正月，卒，予謚。子噶布喇，封輔國公；祜錫祿，襲三等鎮國將軍。其後並以奉恩將軍世襲。

德格類，太祖第十子。初授台吉。天命六年，師略奉集堡，將還，有一卒指明兵所在，德格類偕岳託、碩託進擊之，擊敗明將李秉誠。復偕台吉寨桑古閱三岔河橋，至海州，城中官民張樂舁輿迎德格類等，令軍士毋擾民，毋奪財物，毋宿城上，毋入民居。翌日，遣視三岔河者還報橋毀無舟楫，乃還。八年，偕阿巴泰伐喀爾喀扎嚕特部。十一年，復從代善伐扎嚕特部。天聰三年，偕濟爾哈朗略錦州，焚其積聚。敍功，進和碩貝勒。

五年，初設六部，掌戶部事。從圍大凌河，德格類率師策應，擊破明監軍道張春。十月，祖大壽降，偕阿巴泰等僞爲明軍襲錦州，擊斬甚衆。六年，偕濟爾哈朗等略歸化城。復偕岳託略地，自耀州至蓋州迤南。七年，攻克旅順口。八年，從伐明，撫定蒙古來歸人戶。克獨石口。攻赤城，未拔。入保安州，會師應州，還。九年十月，卒。上臨其喪，痛悼之，漏盡三鼓乃還。設幄坐其中，撤饌三日。

逾月，莽古爾泰既卒，爲冷僧機所訐，以大逆削籍，德格類坐同謀，追削貝勒。子鄧什庫，並坐，削宗籍；德克西克，以侍衞從豪格征張獻忠，戰死，世祖詔其子輝爾食一等阿思哈尼哈番俸。子五，雲柱，授一等阿達哈哈番。康熙五十二年，聖祖命復宗籍，賜紅帶。

巴布海，太祖第十一子。初授牛彔章京。天聰八年，授一等甲喇章京。嘗命偕鎮國將軍阿拜祭陵，巴布海不待阿拜，先往祭。牛未至，取民牛代，以祭牛償民，民以小不受，訟焉，罰銀三十償民，又不與，再訟。巴布海聞上，上責其愚黯，且謂其受制於妻，妻，揚古利女也。崇德四年，授梅勒額眞，封鎮國將軍。七年，巴布海語固山額眞譚泰曰：「願罷我梅勒額眞。堪爲梅勒額眞者，多於草木！」譚泰語折之，誓曰：「若口與心違者，天日鑒之！」圖海奉命差擇牛彔貧富，巴布海曰：「我所領牛彔甚富。」語聞，巴布海曰：「我非太祖之子歟？譚泰等顧厚誣我。」廷鞫皆實，罪當死，上寬之，但奪爵。世祖卽位，有爲飛書訐譚泰者，投一等公塔瞻第。鞫其僕，謂得之巴布海家。內監逮訊，不承，巴布海及其妻並子阿喀喇皆坐死，籍其家予譚泰。順治九年，譚泰誅，乃以其孥及遺產畀巴布泰。

阿濟格，太祖第十二子。初授台吉。天命十年，從貝勒莽古爾泰伐察哈爾，至農安塔。十一年，偕台吉碩託伐喀爾喀巴林部，復從貝勒代善伐扎魯特，皆有功，授貝勒。天聰元年，偕貝勒阿敏伐朝鮮，克五城。從上伐明，偕莽古爾泰衞塔山糧運。會師錦州，薄寧遠，明兵千餘人爲車營，掘壕，前列火器，阿濟格擊殲之。總兵滿桂出城陣，上欲進擊，諸貝勒以距城近，諫不可，獨阿濟格請從。上督阿濟格馳擊明騎兵至城下，諸貝勒皆慚，奮不及冑，亦進擊其步軍，明兵死者大半。二年，以擅主弟多鐸婚，削爵，尋復之。

三年，偕濟爾哈朗略明錦州、寧遠，焚其積聚，俘三千。復從上伐明，克龍井關，下漢兒莊城，克洪山口。進次遵化，擊斬明總兵趙率教。薄明都，袁崇煥、祖大壽以兵二萬赴援，屯廣渠門外，師逐之，迫壕，阿濟格馬創，乃還。尋偕阿巴泰等略通州，至張家灣。尋從上閱薊州，遇明山海關援兵，阿濟格偕代善突入敵陣，大破之。

四年，復從伐明，趨廣寧，會師大凌河。夜圍錦州，明兵襲阿濟格營，霧不見人，阿濟格嚴陣待。青氣降，霧豁若門闢，急縱擊，獲明裨將一、甲械及馬二百餘。上酌金巵親勞之，授圍城方略。尋聞明增兵，上命揚古利率八旗巴牙喇兵之半以益軍。大壽弟大弼逐我軍中偵騎近上前，上擐甲與戰，阿濟格馳至，明兵步騎遝出，奮擊却之，斬明裨將一。上以所統兵付阿濟格，明監軍道張春援至，又戰于大凌河，截殺過半，逐北四十里。

六年，從伐察哈爾，林丹汗遁。上移師伐明，令阿濟格統左翼及蒙古兵略大同、宣府，盡得張家口所貯犒邊財物。七年，城通遠堡，迎降將孔有德，拒明及朝鮮兵。詔問攻明及朝鮮、察哈爾三者何先，阿濟格言當攻明。偕阿巴泰略山海關，詔責其不深入，阿濟格言：「臣欲息馬候糧，諸貝勒不從。」上曰：「汝果堅不還，諸貝勒將棄汝行乎？」八年，從伐明，克保安，拔靈丘。

崇德元年，進武英郡王。偕饒餘貝勒阿巴泰及揚古利伐明，自雕鶚堡入長安嶺，薄延慶。越保定至安州，克昌平、定興、安肅、寶坻、東安、雄、順義、容城、文安諸縣，五十六戰皆捷，俘人畜十餘萬。又遣固山額眞譚泰等設伏，斬遵化三屯營守將，獲馬百四十餘。得優旨，賜鞍馬一。師還，上迎勞地載門外十里，見阿濟格勞瘠，爲淚下，親酌金巵勞之。上伐朝鮮，命守牛莊。二年，碩託攻皮島未下，阿濟格督所部水陸並進，克之。上遣使褒勞。

四年，從伐明，阿濟格揚言欲以紅衣礮攻臺，守者懼，四里屯、張剛屯、寶林寺、旺民屯、于家屯、成化峪、道爾彰諸臺俱下。尋還守塔山、連山，俘人馬千計。復偕阿巴泰略錦州、寧遠。六年，偕濟爾哈朗圍錦州。守郛蒙古台吉吳巴什等議舉城降，祖大壽覺之，擊蒙古兵，阿濟格夜登陴助戰，明兵敗，徙蒙古降者于義州。屢擊敗明兵，賜銀四千。

洪承疇率諸將王樸、吳三桂等援錦州，號十三萬。上親視師，營松山。明兵奔塔山，阿濟格追擊之，獲筆架山積粟，又偕多爾袞克敵臺四，擒明將王希賢等，樸、三桂僅以身免。明兵猶守錦州、松山、杏山、高橋諸地，上還盛京，命阿濟格偕杜度、多鐸等圍之。承疇夜出松山襲我軍，阿濟格等督衆環射之，明兵敗還，城閉不得入，其衆二千皆降。七年，圍杏山，遣軍略寧遠。三桂以四千人駐塔山、高橋，不戰而退，縱兵四擊，又迭敗之。八年，復偕濟爾哈朗攻寧遠，軍城北，布雲梯發礮，城圮，克之；抵前屯衞，攻城西，斬馘四千餘，明總兵黃色棄城遁，復克之。

順治元年，從入關破李自成，進英親王，賜鞍馬二。命爲靖遠大將軍，自邊外入陝西，斷自成歸路，八戰皆勝，克城四，降城三十八。時自成爲多鐸所敗，棄西安走商州。詔多鐸趨淮、揚，而命阿濟格率師討自成。自成南走，衆尚二十萬，規取南京。阿濟格以師從之，及於鄧州，復南至承天、德安、武昌、富池口、桑家口、九江，屢破敵，自成走死，斬其將劉宗敏，俘宋獻策。宗敏，自成驍將；獻策，自成所倚任，號軍師者也。

明將左良玉子夢庚方駐軍九江，師至，執總督袁繼咸等，率馬步兵十萬、舟數萬，詣軍門降。是役凡十三戰，下郡縣：河南十二，湖廣三十九，江西、江南皆六。捷聞，上使赴軍慰勞，詔曰：「王及行間將士馳驅跋涉，懸崖峻嶺，深江大河，萬有餘里，勞苦功高。寇氛旣靖，宜卽班師。其招撫餘兵，或留或散，王與諸大臣商榷行之。」詔未至，阿濟格率師還京師。睿親王多爾袞責阿濟格不候詔班師，又自成未死時，先以死聞，遣人數其罪；又在午門張蓋坐，召而斥之。復議方出師時，脅宣府巡撫李鑑釋逮問赤城道朱壽鋆及擅取鄂爾多斯、土默特馬，降郡王。尋復之。五年，勦天津、曹縣土寇。十一月，率師駐大同，姜瓖叛，督兵討之。旋命爲平西大將軍，率固山額眞巴顏等討瓖。六年，瓖將劉遷犯代州，遣博洛赴援，圍乃解。

多爾袞至大同視師，時阿濟格兩福晉病卒，命歸視，阿濟格曰：「攝政王躬攝大政，爲國不遑，吾敢以妻死廢國事？」阿濟格自以功多，告多爾袞曰：「輔政德豫親王征流寇至慶都，潛身僻地，破潼關、西安不殲其衆，追騰機思不取，功績未著，不當優異其子。鄭親王乃叔父之子，不當稱『叔王』。予乃太祖之子，皇帝之叔，宜稱『叔王』。」多爾袞斥其妄，令勿預部務及交接漢官。尋復偕鞏阿岱攻大同，會降將楊振威斬瓖降，墮其城睥睨五尺，乃還。八年正月，多爾袞薨于喀喇城，阿濟格赴喪次，諸王夜臨，獨不至，召其子郡王勞親以兵脅多爾袞所屬使附己。喪還，上出迎，阿濟格不去佩刀。勞親兵至，阿濟格張纛與合軍。多爾袞左右訐阿濟格欲爲亂，鄭親王濟爾哈朗等遣人于路監之。還京師，議削爵，幽禁。逾月，復議繫別室，籍其家，諸子皆黜爲庶人。十月，監守者告阿濟格將于繫所舉火，賜死。

阿濟格子十一，有爵者三：和度、傅勒赫、勞親。和度，封貝子，先卒。勞親與阿濟格同賜死。

傅勒赫，初封鎭國公。坐奪爵，削宗籍。十八年，諭傅勒赫無罪，復宗籍。康熙元年，追封鎭國公。子構孳、綽克都，並封輔國公。綽克都，事聖祖。從董額討王輔臣，守漢中，攻秦州，師無功。授盛京將軍，又以不稱職，奪爵。上錄阿濟格功，以其子普照仍襲輔國公，坐事奪爵，以其弟經照仍襲輔國公。雍正間，普照亦以軍功復爵，卒。世宗諭曰：「普照軍前効力，且其兄女爲年羹堯妻，故特予封爵。今羹堯負恩誅死，此爵不必承襲。」居數年，經照亦坐事，奪爵。普照、經照皆能詩。乾隆四十三年，命阿濟格之裔皆復宗籍。經照子孫遞降，以奉恩將軍世襲。

輔國介直公賴慕布，太祖第十三子。天聰八年，授牛彔章京。崇德四年，與議政。七年，從阿濟格伐明，敗寧遠兵。上御篤恭殿賚師，阿濟格不待賞先歸。賴慕布坐不勸阻，奪職，罷議政。順治二年，封奉恩將軍。三年，卒。十年五月，追封謚。子來祜，襲。累進輔國公。坐事，奪爵。高宗以其孫扎昆泰襲奉恩將軍，一傳，命停襲。

清史稿卷二百十八

列傳五

諸王四

太祖諸子三

睿忠親王多爾袞　豫通親王多鐸　子信宣和郡王多尼　信郡王董額

輔國恪僖公察尼　多尼子信郡王鄂扎　費揚果

睿忠親王多爾袞，太祖第十四子。初封貝勒。天聰二年，太宗伐察哈爾多羅特部，破敵於敖穆楞，多爾袞有功，賜號墨爾根代青。三年，從上自龍井關入明邊，與貝勒莽古爾泰等攻下漢兒莊，趨通州，薄明都，敗袁崇煥、祖大壽援兵於廣渠門外，又殲山海關援兵於薊州。四年，引還，多爾袞與莽古爾泰先行，復破敵。五年，初設六部，掌吏部事。從上圍大凌河，戰，多爾袞陷陣，明兵墮壕者百餘，城上礮矢發，將士有死者。上切責諸將不之阻。祖大壽約以錦州獻，多爾袞與阿巴泰等以兵四千，僞裝從大壽作潰奔狀，襲錦州，錦州兵迎戰，擊敗之。事具阿巴泰傳。

六年五月，從征察哈爾。七年六月，詔問征明及朝鮮、察哈爾三者何先，多爾袞言：「宜整兵馬，乘穀熟時，入邊圍燕京，截其援兵，毀其屯堡，爲久駐計，可坐待其敝。」八年五月，從上伐明，克保安，略朔州。九年，上命偕岳託等將萬人招察哈爾林丹汗子額哲，師還渡河，多爾袞自平魯衞至朔州，毀寧武關，略代州、忻州、崞縣、黑峰口及應州，復自歸化城攜降衆還。林丹汗得元玉璽曰「制誥之寶」，多爾袞使額哲進上，羣臣因表上尊號。崇德元年，進封睿親王。武英郡王阿濟格等率師伐明，命王偕多鐸攻山海關綴明師，阿濟格捷至，乃還。從伐朝鮮，偕豪格別從寬甸入長山口，克昌州。進攻江華島，克之，獲朝鮮王妃及其二子，國王李倧請降。上還盛京，命約束後軍，攜朝鮮質子溰、淏及大臣子以歸。

三年，上伐喀爾喀，王留守，築遼陽都爾弼城，城成，命曰屏城；復治盛京至遼河大道。八月，命爲奉命大將軍，將左翼，岳託將右翼，伐明。自董家口毀邊牆入，約右翼兵會通州河西務。越明都至涿州，分兵八道，行略地至山西，南徇保定，擊破明總督盧象昇。遂趨臨清，渡運河，破濟南。還略天津、遷安，出青山關。克四十餘城，降六城，俘戶口二十五萬有奇，賜馬五、銀二萬。五年，屯田義州，克錦州城西九臺，刈其禾。又克小凌河西二臺。迭敗明兵杏山、松山間。

圍錦州，王貝勒移營去城三十里，又令每旗一將校率每牛彔甲士五人先歸。上遣濟爾哈朗代將，傳諭詰責，對曰：「臣以敵兵在錦州、松山、杏山三城，皆就他處牧馬。若來犯，可更番抵禦。是以遣人歸牧，治甲械。舊駐地草盡，臣倡議移營就牧，罪實在臣。」上復使諭曰：「朕愛爾過於羣子弟，錫予獨厚。今違命若此，其自議之。」王自言罪當死，上命降郡王，罰銀萬，奪二牛彔。

六年，復圍錦州。洪承疇率十三萬人屯松山，王屢擊之，以敵衆，請濟師。上自將疾馳六日，次戚家堡，將屯高橋。王請上駐松山、杏山間，分兵屯烏欣河南山，亙海爲營。明兵屢却復前，上張黃蓋指揮，明兵引退。王偕洛託等趨塔山道横擊之，明兵多死者；遂發礮克塔山外四臺，擒王希賢等。尋以貝勒杜度等代將，王暫還。復出，七年，下松山，獲承疇，克錦州，大壽復降。進克塔山、杏山。乃隳三城，師還。敍功，復親王。

八年，太宗崩，王與諸王、貝勒、大臣奉世祖即位。諸王、貝勒、大臣議以鄭親王濟爾哈朗與王同輔政，誓曰：「有不秉公輔理、妄自尊大者，天地譴之！」郡王阿達禮、貝子碩託勸王自立，王發其謀，誅阿達禮、碩託。尋與濟爾哈朗議罷諸王貝勒管六部事。順治元年正月，却朝鮮餽遺，告濟爾哈朗及諸大臣曰：「朝鮮國王因予取江華，全其妻子，常以私餽遺。先帝時必聞而受之，今輔政，誼無私交，不當受。」因並禁外國餽諸王貝勒者。濟爾哈朗諭諸大臣，凡事先白王，書名亦先之。王由是始專政。固山額眞何洛會等訐肅親王豪格怨望，集議，削爵，大臣揚善等以諂附，坐死。

四月乙丑，上御篤恭殿，授王奉命大將軍印，並御用纛蓋，敕便宜行事，率武英郡王阿濟格、豫郡王多鐸及孔有德等伐明。丙寅，發盛京。壬申，次翁後。明平西伯吳三桂自山海關來書乞師，王得書，移師向之。癸酉，次西拉塔拉。答三桂書曰：「我國欲與明修好，屢致書不一答。是以整師三入，蓋示意於明，欲其熟籌通好。今則不復出此，惟底定中原，與民休息而已。聞流賊陷京都，崇禎帝慘亡，不勝髮指，用率仁義之師，沈舟破釜，誓必滅賊，出民水火！伯思報主恩，與流賊不共戴天，誠忠臣之義，勿因向守遼東與我爲敵，尚復懷疑。昔管仲射桓公中鉤，桓公用爲仲父，以成霸業。伯若率衆來歸，必封以故土，晉爲藩王。國讐可報，身家可保，世世子孫，長享富貴。」

丁丑，次連山。三桂復遣使請速進，夜踰寧遠抵沙河。戊寅，距關十里，三桂報自成兵已出邊。王令諸王逆擊，敗李自成將唐通於一片石。己卯，至山海關，三桂出迎，王慰勞之。令所部以白布繫肩爲識，先驅入關。時自成將二十餘萬人，自北山列陣，橫亙至海。

我兵陣不及海岸，王令曰：「流賊横行久，獷而衆，不可輕敵。吾觀其陣大，首尾不相顧。可集我軍鱗比，伺敵陣尾，待其衰擊之，必勝。努力破此，大業成矣。勿違節制！」旣成列，令三桂居右翼後。搏戰，大風揚沙，咫尺不能辨。力鬭良久，師譟。風止，自三桂陣右突出，擣其中堅，馬迅矢激。自成登高望見，奪氣，策馬走。師無不一當百，追奔四十里，自成潰遁。王即軍前承制進三桂爵平西王。下令關內軍民皆薙髮。以馬步兵各萬人屬三桂，追擊自成。乃誓諸將曰：「此行除暴救民，滅賊以安天下。勿殺無辜、掠財物、焚廬舍。不如約者，罪之。」自關以西，百姓有逃竄山谷者，皆還鄉里，薙髮迎降。辛巳，次新河驛，使奏捷，師遂進。途中明將吏出降，命供職如故。

五月戊子朔，師次通州。自成先一日焚宮闕，載輜重而西。王令諸王偕三桂各率所部追之。己丑，王整軍入京師，明將吏軍民迎朝陽門外，設鹵簿，請乘輦，王曰：「予法周公輔沖主，不當乘。」衆以周公嘗負扆，固請，乃命以鹵簿列王儀仗前，奏樂，拜天，復拜闕，乘輦，升武英殿。明將吏入謁，呼萬歲。下令將士皆乘城，毋入民舍，民安堵如故。爲崇禎帝發喪三日，具帝禮葬之。諸臣降者，仍以明官治事。武英郡王阿濟格逐自成至慶都，大破之，獲其輜重。自成西奔，又令固山額眞譚泰、準塔等率巴牙喇兵追至眞定，自成敗走。王再遣使奏捷，上遣學士詹霸、侍衞巴泰齎敕慰勞。畿輔諸府縣先後請降，分遣固山額眞巴哈納、石廷柱略山東，葉臣定山西諸省，金礪等安撫天津。

王初令官民皆薙髮，繼聞拂民願，諭緩之。令戒飭官吏，網羅賢才，收恤都市貧民。用湯若望議，釐正曆法，定名曰時憲曆。復令曰：「養民之道，莫大於省刑罰，薄稅斂。自明季禍亂，刁風日競，設機搆訟，敗俗傷財，心竊痛之！自今咸與維新，凡五月初二日昧爽以前，罪無大小，悉行宥免。違諭訐訟，以所告罪罪之。鬬毆，田、婚細故，就有司告理。重大者經撫按結案，非機密要情，毋許入京越訴。訟師誣陷良民，加等反坐。前朝弊政，莫如加派，遼餉之外，復有勦餉、練餉，數倍正供，遠者二十年，近者十餘年，天下嗷嗷，朝不及夕。更有召買、糧料諸名目，巧取殃民。今與民約，額賦外，一切加派，盡予删除。官吏不從，察實治罪。」六月，遣輔國公屯齊喀、和託，固山額眞何洛會等迎上，定都燕京。

明福王由崧稱帝江寧，遣其大學士史可法督師揚州，設江北四鎭，沿淮、徐置戍。王致書可法曰：「予向在瀋陽，即知燕京物望，咸推司馬。後入關破賊，得與都人士相接，識介弟於淸班，曾託其手勒平安，拳致衷緒，未審以何時得達？比聞道路紛紛，多謂金陵有自立者。夫君父之讎，不共戴天。春秋之義，有賊不討，則故君不得書葬，新君不得書即位，所以防亂臣賊子，法至嚴也。闖賊李自成，稱兵犯闕，手毒君親，中國臣民，不聞加遺一矢。平西王吳三桂，介在東陲，獨效包胥之哭，朝廷感其忠義，念累世之宿好，棄近日之小嫌，爰整貔貅，驅除狗鼠。入京之日，首崇帝后謚號，卜葬山陵，悉如典禮。親郡王、將軍以下，一仍故封，不加改削。勳戚文武諸臣，咸在朝列，恩禮有加。耕市不驚，秋毫無擾。方擬秋高氣爽，遣將西征；傳檄江南，聯兵河朔，陳師鞠旅，戮力同心，報乃君國之讐，彰我朝廷之德。豈意南州諸君子，苟安旦夕，弗審事機，聊慕虛名，頓忘實害，予甚惑之！國家撫定燕都，得之於闖賊，非取之於明朝也。賊毀明朝之廟主，辱及先人，我國家不憚征繕之勞，悉索敝賦，代爲雪恥，孝子仁人，當如何感恩圖報。茲乃乘逆寇稽誅，王師暫息，遂欲雄據江南，坐享漁人之利。揆諸情理，豈可謂平？將以爲天塹不能飛渡，投鞭不能斷流耶？夫闖賊但爲明朝祟耳，未嘗得罪於我國家也，徒以薄海同讐，特伸大義。今若擁號稱尊，便是天有二日，儼爲勍敵。予將簡西行之銳，轉旆東征，且擬釋彼重誅，命爲前導。夫以中華全力，受制潰池，而欲以江左一隅，兼支大國，勝負之數，無待蓍龜矣。予聞君子之愛人也以德，細人則以姑息。諸君子果識時知命，篤念故主，厚愛賢王，宜勸令削號歸藩，永綏福祿。朝廷當待以虞賓，統承禮物，帶礪山河，位在諸王侯上，庶不負朝廷伸義討賊、興滅繼絕之初心。至南州羣彥，翩然來儀，則爾公爾侯，列爵分土，有平西之典例在。惟執事實圖利之！輓近士大夫好高樹名義，而不顧國家之急，每有大事，輒同築舍。昔宋人議論未定，兵已渡河，可爲殷鑒。先生領袖名流，主持至計，必能深惟終始，寧忍隨俗浮沉？取舍從違，應早審定。兵行在卽，可西可東。南國安危，在此一舉。願諸君子同以討賊爲心，毋貪一身瞬息之榮，而重故國無窮之禍，爲亂臣賊子所竊笑，予實有厚望焉！記有之，惟善人能受盡言。敬布腹心，佇聞明教。江天在望，延跂爲勞，書不宣意。」可法旋遣人報書，語多不屈。

京師民訛言秋七、八月將東遷，王宣諭當建都燕京，戒民毋信流言搖惑。又訛言八月屠民；未幾，又訛言上至京師，將縱東兵肆掠，盡殺老壯，止存孩赤。王復宣諭曰：「民乃國之本，爾曹旣誠心歸服，復以何罪而戮之？爾曹試思，今上攜將士家屬不下億萬，與之俱來者何故？爲安燕京軍民也。昨將東來各官內，命十餘員爲督、撫、司、道等官者何故？爲統一天下也。已將盛京帑銀取至百餘萬，後又轉運不絕者何故？爲供爾京城內外兵民之用也。且予不忍山、陝百姓受害，發兵追剿，猶恨未能速定，豈能不愛京城軍民，反行殺戮？此皆衆所目擊，何故妄布流言？是必近京土寇，流賊間諜，有意煽惑搖動，已諭各部嚴捕。通行曉諭，以安衆心。」

九月，上入山海關，王率諸王羣臣迎於通州。上至京師，封爲叔父攝政王，賜貂蟒朝衣。十月乙卯朔，上卽位，以王功高，命禮部尙書郎球、侍郎藍拜、啓心郎渥赫建碑紀績，加賜册寶、黑狐冠一、上飾東珠十三、黑狐裘一，副以金、銀、馬、駝。二年，鄭親王等議上攝政王儀制，視諸王有加禮。王曰：「上前未敢違禮，他可如議。」翌日入朝，諸臣跪迎，命還輿，責大學士剛林等曰：「此上朝門，諸臣何故跪我？」御史趙開心疏言：「王以皇叔之親，兼攝政王之尊，臣民寧肯自外於拜舞？第王恩皆上恩，羣臣謁王，正當限以禮數，與朝見不同。庶諸臣不失尊王之意，亦全王尊上之心。上稱叔父攝政王，王爲上叔父，惟上得稱之。若臣庶宜於叔父上加『皇』字，庶辨上下，尊體制。」下禮部議行。其年六月，豫親王克揚州，可法死之，遂破明南都。閏六月，英親王逐李自成至武昌，東下九江，故明寧南侯左良玉子夢庚率衆降，江南底定。十月，上賜王馬，王入謝，詔曰：「遇朝賀大典，朕受王禮。若小節，勿與諸王同。」王對曰：「上方幼沖，臣不敢違禮。待上親政，凡有寵恩，不敢辭。」王時攝政久，位崇功高，時誡諸臣尊事主上，曰：「俟上春秋鼎盛，將歸政焉。」

初，肅親王怨王不立己，有郄。英、豫二王與王同母，王視豫親王厚，每寬假之。豫親王之征蘇尼特也，王送之出安定門。及歸，迎之烏蘭諾爾。集諸大臣，語以豫親王功懋，宜封輔政叔王，因罷鄭親王輔政，以授豫親王。肅親王既平四川，王摘其微罪，置之死。四年十二月，王以風疾不勝跪拜，從諸王大臣議，獨賀正旦上前行禮，他悉免。五年十一月，南郊禮成，赦詔曰：「叔父攝政王治安天下，有大勳勞，宜加殊禮，以崇功德，尊爲皇父攝政王。凡詔疏皆書之。」

六年二月，自將討大同叛將姜瓖，拔渾源。聞豫親王病痘，先歸。諭瓖降，未下。以師行在外，鑄行在印。禁諸王及內大臣干預部院政事及漢官升降，不論所言是非，皆治罪。七月，復征大同，瓖將楊振威斬瓖降。十月，移師討喀爾喀二楚呼爾，徵敖漢、扎嚕特、察哈爾、烏喇特、土默特、四子部落以兵來會。至喀屯布拉克，不見敵，乃還。十二月，王妃博爾濟吉特氏薨，以册寶追封爲敬孝忠恭正宮元妃。

七年正月，王納肅王福金，福金，妃女弟也。復徵女朝鮮。令部事不須題奏者，付巽親王滿達海、端重親王博洛、敬謹親王尼堪料理。五月，率諸王貝勒獵於山海關，朝鮮送女至，王迎於連山，成婚。復獵於中後所，責隨獵王貝勒行列不整，罰鍰有差。七月，諭以京城當夏溽暑不可堪，擇地築城避暑。令戶部加派直隸、山西、浙江、山東、江南、河南、湖廣、江西、陝西九省地丁銀二百四十九萬兩有奇，輸京師備工用。八月，王尊所生母太祖妃烏喇納拉氏爲孝烈恭敏獻哲仁和贊天儷聖武皇后，祔太廟。

尋有疾，語貝子錫翰、內大臣席訥布庫等曰：「予罹此大戚，體復不快。上雖人主，獨不能循家人禮一臨幸乎？謂上幼沖，爾等皆親近大臣也。」既又戒曰：「毋以予言請上臨幸。」錫翰等出，追止之，不及，上幸王第。王因責錫翰等，議罪當死，旋命貰之。十一月，復獵於邊外。十二月，薨於喀喇城，年三十九。上聞之，震悼。喪還，率王大臣縞服迎奠東直門外。詔追尊爲懋德修道廣業定功安民立政誠敬義皇帝，廟號成宗。明年正月，尊妃爲義皇后。祔太廟。

王無子，以豫親王子多爾博爲後，襲親王，俸視諸王三倍，詔留護衞八十員。又以王近侍蘇克薩哈、詹岱爲議政大臣。二月，蘇克薩哈、詹岱訐告王薨時，其侍女吳爾庫尼將殉，請以王所製八補黃袍、大東珠素珠、黑貂褂置棺內。王在時，欲以兩固山駐永平，謀篡大位。固山額眞譚泰亦言王納肅王福金，復令肅王子至第較射，何洛會以惡言詈之。於是鄭親王濟爾哈朗、巽親王滿達海、端重親王博洛、敬謹親王尼堪及內大臣等疏言：「昔太宗文皇帝龍馭上賓，諸王大臣共矢忠誠，翊戴皇上。方在沖年，令臣濟爾哈朗與睿親王多爾袞同輔政。逮後多爾袞獨擅威權，不令濟爾哈朗預政，遂以母弟多鐸爲輔政叔王。背誓肆行，妄自尊大，自稱皇父攝政王。凡批票本章，一以皇父攝政王行之。儀仗、音樂、侍從、府第，僭擬至尊。擅稱太宗文皇帝序不當立，以挾制皇上。搆陷威逼，使肅親王不得其死，遂納其妃，且收其財產。更悖理入生母於太廟。僭妄不可枚舉。臣等從前畏威吞聲，今冒死奏聞，伏願重加處治。」詔削爵，撤廟享，並罷孝烈武皇后謚號廟享，黜宗室，籍財產入官，多爾博歸宗。十二年，吏科副理事官彭長庚、一等精奇尼哈番許爾安各疏頌王功，請復爵號，下王大臣議，長庚、爾安坐論死，詔流寧古塔。

除封。乾隆三十八年，高宗詔曰：「睿親王多爾袞攝政有年，威福自專，歿後其屬人首告，定罪除封。第念定鼎之初，王實統衆入關，肅清京輦，檄定中原，前勞未可盡泯。今其後嗣廢絕，塋域榛蕪，殊堪憫惻。交內務府派員繕葺，並令近支王公以時祭掃。」四十三年正月，又詔曰：「睿親王多爾袞掃蕩賊氛，肅清宮禁。分遣諸王，追殲流寇，撫定疆陲。創制規模，皆所經畫。尋奉世祖車駕入都，成一統之業，厥功最著。歿後爲蘇克薩哈所構，首告誣以謀逆。其時世祖尚在沖齡，未嘗親政，經諸王定罪除封。朕念王果萌異志，兵權在握，何事不可爲？乃不於彼時因利乘便，直至身後始以斂服僭用龍袞，證爲覬覦，有是理乎？實錄載：『王集諸王大臣，遣人傳語曰：「今觀諸王大臣但知媚予，鮮能尊上，予豈能容此？昔太宗升遐，嗣君未立，英王、豫王跪請予卽尊，予曰：『若果如此言，予卽當自刎。』誓死不從，遂奉今上卽位。似此危疑之日，以予爲君，予尚不可；今乃不敬上而媚予，予何能容？自今後有忠於上者，予用之愛之；其不忠於上者，雖媚予，予不爾宥。」且云：「太宗恩育予躬，所以特異於諸子弟者，蓋深信諸子弟之成立，惟予能成立之。」』朕每覽實錄至此，未嘗不爲之墮淚。則王之立心行事，實爲篤忠藎，感厚恩，明君臣大義。乃由宵小奸謀，搆成冤獄，豈可不爲之昭雪？宜復還睿親王封號，追謚曰忠，配享太廟。依親王園寢制，修其塋墓，令太常寺春秋致祭。其爵世襲罔替。」

多爾博歸宗封貝勒，命仍還爲王後，以其五世孫輔國公淳穎襲爵。四世祖鎭國公蘇爾發、曾祖輔國公塞勒、祖輔國恪勤公功宜布先已進封信郡王，至是與淳穎父信恪郡王如松並追封睿親王。嘉慶五年，淳穎薨。謚曰恭。子寶恩，襲。七年五月，薨，謚曰愼。弟瑞恩，襲。道光六年，薨，謚曰勤。子仁壽，襲。道光九年，上巡盛京謁陵，追念忠王，推恩賜三眼花翎。同治三年，薨，謚曰僖。子德長，襲。光緒二年，薨，謚曰慤。子魁斌，襲。

豫通親王多鐸，太祖第十五子。初封貝勒。天聰二年，從太宗伐多羅特部有功，賜號額爾克楚呼爾。三年，從上伐明，自龍井關入，偕莽古爾泰、多爾袞以偏師降漢兒莊城。會大軍克遵化，薄明都。廣渠門之役，多鐸以幼留後，明潰兵來犯，擊却之。師還，次薊州，復擊破明援兵。五年，從圍大凌河城，爲正白旗後應，克近城臺堡。明兵出錦州，屯小凌河岸，上率二百騎馳擊，明兵走。多鐸逐之，薄錦州，墜馬，馬逸入敵陣，乃奪軍校馬乘以還。六年，從伐察哈爾，將右翼兵，俘其衆千餘。

七年，詔問征明及朝鮮、察哈爾三者何先，多鐸言：「我軍非怯於戰鬭，但止攻關外，豈可必得？夫攻山海關與攻燕京，等攻耳。臣以爲宜直入關，庶饜士卒望，亦久遠計也。且相機審時，古今同然。我軍若弛而敵有備，何隙之可乘？吾何愛於明而必言和？亦念士卒勞苦，姑爲委蛇。倘時可乘，何待再計。至察哈爾，且勿加兵；朝鮮已和，亦勿遽絕。當先圖其大者。」八年，從上略宣府，自巴顏珠爾克進。尋攻龍門，未下，趨保安，克之。謁上應州。復略朔州，經五臺山，還。敗明兵大同。九年，上遣諸貝勒伐明，徇山西，命多鐸率師入寧、錦綴明師。遂自廣寧入，遣固山額眞阿山、石廷柱率兵四百前驅。祖大壽合錦州、松山兵三千五百屯大凌河西，多鐸率所部馳擊之，大壽兵潰。命分道追擊，一至錦州，一至松山，斬獲無算。翌日，克臺一，還駐廣寧。師還，上出懷遠門五里迎勞，賜良馬五、甲五。上嘉之曰：「朕幼弟初專閫，即能制勝，是可嘉也！」

崇德元年四月，封豫親王，掌禮部事。從伐朝鮮，自沙河堡領兵千人繼噶布什賢兵，至朝鮮都城。朝鮮全羅、忠淸二道援兵至南漢山，多鐸擊敗之，收其馬千餘。揚古利爲殘兵所賊，捕得其人，斬以祭。三年，伐錦州，自蒙古扎衮博倫界分率巴牙喇及土默特兵入明境，克大興堡，俘其居民，道遇明諜，擒之。詔與鄭親王濟爾哈朗軍會，經中後所，大壽以兵來襲，我軍傷九人，亡馬三十。多鐸且戰且走，夜達鄭親王所，合師薄中後所城。上統師至，敵不敢出。四年五月，上御崇政殿，召多鐸戒諭之，數其罪，下諸王、貝勒、大臣議，削爵，奪所屬入官。上命降貝勒，罰銀萬，奪其奴僕、牲畜三之一，予睿親王多爾衮。尋命掌兵部。十月，伐寧遠，擊斬明總兵金國鳳。

五年三月，命與鄭親王濟爾哈朗率師修義州城，駐兵屯田，並擾明山海關外，毋使得耕稼。五月，上臨視。附明蒙古多羅特部蘇班岱降，上命偕鄭親王以兵迎之，經錦州杏山，明兵來追，奮擊敗之，賜御廐良馬一。圍錦州，夜伏兵桑阿爾齋堡，旦，敵至，敗之，追至塔山，斬八十餘級，獲馬二十。六年三月，復圍錦州，環城立八營，鑿壕以困之。大壽城守蒙古將諸木齊約降，師縋以入，擊大壽，挈降者出，置之義州。明援兵自杏山至松山，多鐸與鄭親王率兩翼兵伏錦州南山西岡及松山北嶺，縱噶布什賢兵誘敵，夾擊，大敗之。

洪承疇以十三萬援錦州，上自盛京馳六日抵松山，環城而營，明兵震怖，宵遁。多鐸伏兵道旁，明總兵吳三桂、王樸自杏山奔寧遠，我軍追及於高橋，伏發，三桂等僅以身免。嗣與諸王更番圍松山，屢破敵。七年二月，明松山副將夏承德遣人通款，以其子舒爲質，約內應，夜半，我軍梯而登，獲承疇及巡撫邱民仰等。敍功，進豫郡王。復布屯寧遠邊外綴明師，俘獲甚夥。

順治元年四月，從睿親王多爾袞入關，破李自成，進親王。命爲定國大將軍，南征，定懷慶。進次孟津，遣巴牙喇纛章京圖賴率兵先渡，自成守將走，沿河十五寨堡皆降。再進次陝州，克靈寶。再進，距潼關二十里，自成兵據山列營，噶布什賢噶喇依昂邦努山及圖賴、鄂碩等擊破之。二年正月，自成親率步騎迎戰，師奮擊，殲其步卒，騎卒奔潰。及夜，屢犯屢北，鑿重壕，立堅壁。師進，發巨礮迭戰，自成兵三百騎衝我師，貝勒尼堪、貝子尙善等躍馬夾擊，屢破敵壘，尸滿壕塹，械冑彌山野，自成精銳略盡，遁歸西安，其將馬世堯率七千人降。入潼關，獲世堯所遣致自成書，斬以徇。進次西安，自成先五日燬室廬，挈子女輜重，出藍田口，竄商州，南走湖廣。二月，詔以陝西賊付英親王阿濟格，趣多鐸自河南趨淮、揚。師退徇南陽、開封，趨歸德，諸州縣悉降。所至設官吏，安集流亡。詔褒多鐸功，賜嵌珠佩刀、鍍金鞓帶。四月，師進次泗州，渡淮趨揚州，遣兵部尙書漢岱等先驅，得舟三百餘，圍七日，克之，殺明大學士史可法。五月，師再進，次揚子江北岸，明將鄭鴻逵等以水師守瓜洲、儀眞。師列營相持，造船二百餘，遣固山額眞拜音圖將水師薄南岸，復遣梅勒額眞李率泰護諸軍渡江。明福王由崧走太平。師再進，明忻城伯趙之龍等率文武將吏，籍馬步兵二十三萬有奇，使迎師。

多鐸至南京，承制受其降，撫輯遺民。遣貝勒尼堪、貝子屯齊徇太平，追擊明福王。福王復走蕪湖，圖賴等邀之江口，擊殺明將黃得功，獲福王。捷聞，上遣侍臣慰勞。明潞王常淓守杭州，遣貝勒博洛率師討之，潞王降。江、浙底定。多鐸承制改南京爲江南省，疏請授江寧、安慶巡撫以下官。別遣精奇尼哈番吳兆勝徇廬江、和州，並下。詔遣貝勒勒克德渾代鎭江寧，召多鐸還京師。上幸南苑行郊勞禮，進封德豫親王，賜黑狐冠、紫貂朝服、金五千、銀五萬、馬十、鞍二。

三年，命爲揚威大將軍，偕承澤郡王碩塞討蘇尼特部騰機思、騰機特等。師至盈阿爾察克山，聞騰機思方在衮噶嚕台，疾行三晝夜，敗之於諤特克山，斬台吉茂海。渡圖拉河，追至布爾哈圖山，斬騰機特子二、騰機思孫三，盡獲其孥。師次扎濟布喇克，喀爾喀土謝圖汗遣兵二萬，碩雷車臣汗遣兵三萬，迎戰。我師奮擊，逐北三十餘里，先後斬級數千，俘千餘，獲駝千九百、馬二萬一千一百、牛萬六千九百、羊十三萬五千三百有奇。師還，上出安定門迎勞，加賜王鞍馬一。

四年，進封爲輔政叔德豫親王，賜金千、銀萬、鞍馬二，封冊增錄功勳。六年三月，以痘薨，年三十六。九年三月，睿親王既削爵，以同母弟追降郡王。康熙十年，追謚。乾隆四十三年正月，詔配享太廟。

多鐸子八，有爵者四：多尼、董額、察尼、多爾博、費揚古。費揚古自三等奉國將軍進封輔國公，坐事，奪爵。

信宣和郡王多尼，多鐸第一子。初封郡王。順治六年十月，襲豫親王。八年，改封信親王。九年，降郡王。十五年，命爲安遠靖寇大將軍，偕平郡王羅科鐸等南征。師自湖南入貴州，趨安莊衞。明將李定國焚盤江口鐵索橋走，師以浮橋濟，自交水進次松嶺衞，擊走明將白文選。十六年正月，薄雲南會城，定國、文選挾桂王走永昌，遣貝勒尚善以師從之，克永昌及騰越。上使慰勞，賜御衣、蟒袍及鞍馬、弓矢。十七年五月，師還，遣內大臣迎勞。六月，追論雲南誤坐噶布什賢昂邦瑚理布等磨盤山敗績罪，罰銀五千。十八年正月，薨，謚曰宣和。

子鄂扎，嗣。康熙十四年，命爲撫遠大將軍，討察哈爾布爾尼。師次岐爾哈台，詗知布爾尼屯達祿。鄂扎令留輜重，偕副將軍圖海及梅勒額眞吳丹輕騎進。布爾尼設伏待，命分軍搜山澗，伏發，師與土默特兵合擊破之。布爾尼督兵列火器以拒，師奮擊，布爾尼大敗；復收潰卒再戰，又擊殲之，獲馬械無算。布爾尼以三十騎遁，中途爲科爾沁部長沙津射死。察哈爾平，撫餘黨一千三百餘戶。師還，上迎勞南苑，詔褒功，賜金百、銀五千。尋掌宗人府事。二十九年，副恭親王常寧備噶爾丹。三十五年，從上北征，領正白旗營。三十八年，以惰，解宗人府。四十一年，薨，以多鐸子董額襲。

信郡王董額，多鐸第三子。初封貝勒。康熙十三年，命爲定西大將軍，討叛將王輔臣。董額遣將梅勒額眞赫業等守鳳翔，而率師駐西安。詔令進駐蘭州，董額未即行，上復命嚴守棧道。輔臣遣兵毀偏橋，斷棧道。詔責董額遷延，仍趣攻下平涼、秦州諸路。董額進克秦州禮縣，逐敵至西和，克清水、伏羌。復遣安西將軍穆占取鞏昌，蘭州亦下。尋與將軍畢力克圖、阿密達會師攻平涼，久未下。十五年，命大學士圖海視師，改授董額固山額眞，聽圖海節制。十六年二月，削貝勒。三十一年，授正藍旗固山額眞。四十二年，襲郡王。四十五年，薨。仍坐前罪，不賜卹。以鄂扎子德昭襲。雍正間，歷左、右宗正。乾隆二十七年，薨，謚曰慤。以多鐸五世孫如松襲。

如松四世祖多爾博，多鐸第五子。初出爲睿親王多爾袞後。多爾袞薨後，削爵。多爾博歸宗，封貝勒。多爾博生蘇爾發，襲貝子。蘇爾發生塞勒，塞勒生功宜布，皆襲輔國公。功宜布生如松，歷都統、左宗人、署兵部尚書、領侍衞內大臣，綏遠城、西安將軍。襲爵，復授都統、右宗正。三十五年，薨，謚曰恪。尋以子淳穎襲睿親王，追進封。具睿親王多爾袞傳。

功宜布初薨，以德昭子修齡襲輔國公，授左宗正。四十三年，復襲豫親王。五十二年，薨，謚曰良。子裕豐，襲。嘉慶十八年，林淸之變，所屬有從亂者，坐奪爵。弟裕興，襲。二十五年，姦婢，婢自殺。仁宗諭曰：「國家法令，王公與庶民共之。裕興不自愛惜，恣意干紀，且親喪未滿，國服未除，罪孰大焉！」坐奪爵，幽禁。三年後釋之。弟裕全，襲。道光二十年，薨，謚曰厚。子義道，襲。歷內大臣、左宗正。同治七年，薨，謚曰愼。子本格，襲。亦歷內大臣、左宗正。德宗大婚，賜四團正龍補服。光緒二十四年，薨，謚曰誠。子懋林，襲。

輔國恪僖公察尼，多鐸第四子。順治十三年，封貝勒。康熙七年，授左宗正。十二年，吳三桂反，從順承郡王勒爾錦南征，參贊軍務。師次荊州，三桂已陷岳州。察尼偕將軍尼雅翰舟師進，三桂將吳應麒引七萬人自陸路來拒，擊却之。師次七里山，發礮沈其舟十餘。方暑，還駐荊州。十四年，佩靖寇將軍印，援穀城。時南漳、興山已陷，敵逼彝陵，踞鎮荊山，掘壕爲寨。察尼至彝陵，議增舟師，斷餉道。擊敵牛皮丫口，進攻黃連坪，焚其積聚，取興山。十五年，三桂移南漳、彝陵兵往長沙，勒爾錦令察尼還荊州，渡江趨石首，據虎渡口，擊敵太平街，斬三百餘級。翌日再出，遇伏，敗還荊州。詔責其無能。十七年八月，貝勒尚善薨於軍，命察尼代爲安遠靖寇大將軍，規岳州。疏言：「舟師入湖，賊餉將絕。宜於湖水涸後，圍以木栰，立樁列礮，以小舟徼巡，爲久困計。」上善其言，令副都統關保濟師。尋破敵南津港，斬千級。都統葉儲赫等進攻岳州，復破敵萬餘人。屢疏請增調水陸軍合圍，上皆許之。十八年正月，三桂將王度沖、陳珀等以舟師降，應麒棄城遁，遂復岳州。降官吏六百餘、兵五千餘，獲舟六十五、礮六百四十有奇。二月，安親王岳樂自長沙進取衡州，察尼發綠旗兵濟師，尋復湘陰、安鄉。四月，命自常德征辰龍關，澧州以南諸軍聽調度。十九年三月，克辰龍關，復辰州。疏言：「途中霪雨泥濘，士馬須休養。」詔暫屯沅州。六月，詔以貝子彰泰率師下雲南，察尼勞苦久，率滿洲兵還京師。吏議退縮罪，削爵職、籍其家、幽禁，上念克岳州功，命但削爵。二十四年，授奉天將軍。二十七年，卒，賜祭葬視輔國公，謚恪僖。

費揚果，太祖第十六子。太宗時，坐罪賜死，削宗籍。康熙五十二年，聖祖命莽古爾泰、德格類子孫復宗籍。費揚果曾孫三等侍衞尼雅罕呈宗人府請復宗籍，宗人府以聞，聖祖曰：「此事朕知之，但不詳耳。費揚果，太祖子，太宗時因獲大罪誅死者。」命復宗籍，賜紅帶。

清史稿卷二百十九

列傳六

諸王五

太宗諸子

肅武親王豪格 子溫良郡王猛峩 猛峩子延信 輔國公葉布舒

承澤裕親王碩塞 莊恪親王允祿 鎮國慤厚公高塞

輔國公品級常舒 輔國公韜塞 襄昭親王博穆博果爾

世祖諸子

裕憲親王福全 榮親王 恭親王常寧 純靖親王隆禧

太宗十一子：孝莊文皇后生世祖，敏惠恭和元妃科爾沁博爾濟吉特氏生第八子，懿靖大貴妃阿巴海博爾濟吉特氏生襄親王博穆博果爾，元妃鈕祜祿氏生洛博會，繼妃烏喇納喇氏生肅親王豪格、洛格，側妃葉赫納喇氏生承澤親王碩塞，庶妃顏扎氏生輔國公葉布舒，庶妃納喇氏生鎮國公高塞，庶妃伊爾根覺羅氏生輔國公品級常舒，庶妃生輔國公韜塞。洛格、洛博會及第八子，皆殤，無封。

肅武親王豪格，太宗第一子。初從征蒙古董夔、察哈爾、鄂爾多斯諸部，有功，授貝勒。天命十一年，偕貝勒代善等征扎嚕特部，斬其貝勒鄂齋圖。天聰元年，敗明兵於錦州，復率偏師衞塔山糧運。二年，偕濟爾哈朗討蒙古固特塔布囊，誅之，收其衆。三年十月，偕貝勒莽古爾泰等視通州渡口，師薄明都，豪格迎擊寧、錦援兵于廣渠門外，敵伏於右，豪格以所部當之，衝擊至城壕，明兵大潰，偕岳託、薩哈璘圍永平，克香河。六年，從伐察哈爾，移師入明邊，略歸化諸路。六月，進和碩貝勒。

七年，詔問征明與朝鮮、察哈爾三者何先，疏言：「征明，如徒得錦州，餘堅壁不下，曠日持久，恐老我師。宜悉我衆及邊外新舊蒙古從舊道入，諭各屯寨，以我欲和而彼君不答，彼將自怨其主。再用更番法，俟馬肥，益以漢兵巨礮，一出寧遠，一出舊道，夾攻山海關，不得，則屯兵招諭流賊，駐師通州，待其懈而擊之。朝鮮、察哈爾且綏圖焉。」八月，略山海關。八年，從上自宣府趨朔州。豪格偕揚古利毀邊牆，分兵自尙方堡入，略朔州及五臺山，從上視大同，擊敗明援兵。

九年，偕多爾袞等收察哈爾林丹汗子額哲，抵托里圖，定盟。還抵歸化城，復略山西邊郡，毀寧武關，入代州、忻州。崇德元年四月，進封肅親王，掌戶部事。尋坐黨岳託漏上言有怨心，降貝勒，解任，罰銀千。旋偕多爾袞攻錦州，仍攝戶部。又從征朝鮮，偕多爾袞別自寬甸入長山口，克昌州，敗安州、黃州兵於寧邊城下。復遣將敗其援兵，次宣屯村，村民言：「黃州守將聞國王被圍，遣兵萬五千往援，行三日矣。」我軍疾馳一晝夜，追及於陶山，擊敗之。九月，坐固山額眞鄂莫克圖欲脅取蒙古台吉博洛女媚事豪格，豪格不治其罪，罷部任，罰銀千。

三年九月，伐明，自董家口毀邊牆入，敗明兵於豐潤。遂下山東，降高唐，略地至曹州，還下東光。又遣騎二千破明兵，克獻縣。四年四月，師還，賜馬二、銀萬，復攝戶部，復原封。又偕多鐸敗寧遠兵，斬明將金國鳳。五年六月，偕多爾袞屯田義州，刈錦州禾，克臺九、小淩河西臺二。明兵夜出襲鑲藍旗營，擊敗之。又擊洪承疇杏山，偕多爾袞圍錦州。坐離城遠駐，復遣兵還家，降郡王。六年，再圍錦州，擊松山及山海關援兵，皆敗之，獲馬五百餘。

承疇將兵十三萬援錦州，破其壘三。上至軍，將駐高橋，豪格等恐敵約軍夾攻，請改屯松山、杏山間。七年，松山明將夏承德密遣人請降，以其子舒爲質，豪格遣左右翼夜梯城入，八旗兵繼之，旦，克松山，獲承疇及巡撫邱民仰等，斬官百餘、兵千六十有奇。進駐杏山，復偕濟爾哈朗克塔山。敍功，復原封，賜鞍馬一、蟒緞百。

順治元年四月，以語侵睿親王多爾袞，爲固山額眞何洛會所訐，坐削爵。十月，大封諸王，念豪格從定中原有功，仍復原封。其年冬，定濟寧滿家洞土寇，堙山洞二百五十一。

三年，命爲靖遠大將軍，偕衍禧郡王羅洛渾、貝勒尼堪等西征。師次西安，遣尚書星訥等破敵邠州，別遣固山額眞都類攻慶陽。時賀珍、二隻虎、孫守法據漢中、興安，武大定、高如礪、蔣登雷、石國璽、王可成、周克德據徽縣、階州。師自西安分兵進擊，登雷、國璽、可成、克德俱降，餘潰走，下所陷城邑。陝西平。十一月，入四川，張獻忠據西充，遣巴牙喇昂邦鰲拜先發，師繼進，抵西充，大破之，豪格親射獻忠，殪，平其壘百三十餘所，斬首數萬級。捷聞，上嘉獎。四年八月，遵義、夔州、茂州、榮昌、隆昌、富順、內江、寶陽諸郡縣悉定。四川平。五年二月，師還，上御太和殿宴勞。睿親王多爾袞與豪格有夙隙，坐豪格徇隱部將冒功及擢用罪人揚善弟吉賽，繫豪格於獄。三月，薨。

睿親王納豪格福晉，嘗召其子富綬至邸校射。何洛會語人曰：「見此鬼魅，令人心悸，何不除之？」錫翰以告，睿親王曰：「何洛會意，因爾不知我愛彼也。」由是得全。八年正月，上親政，雪豪格枉，復封和碩肅親王，立碑表之。十三年，追謚。親王得謚自豪格始。以謚繫封號上，曰武肅親王。乾隆四十三年，配享太廟。

豪格子七，有爵者二：富綬、猛峩。

富綬襲爵，改號曰顯親王。康熙八年，薨，謚曰懿。子丹臻，襲。三十五年，從征噶爾丹。四十一年，薨，謚曰密。子衍潢，襲。乾隆三十六年，薨，年八十二，謚曰謹。富綬孫蘊著，襲。乾隆中，自三等輔國將軍授內閣侍讀學士，歷通政使、盛京戶部侍郎。調兵部侍郎，遷漕運總督。坐受商人餽遺，謬稱上旨籍鹽政吉慶家，坐絞，上寬之，復授副都統，歷涼州、綏遠城將軍，工部尚書。旣，襲封。四十三年，復號肅親王。薨，年八十，謚曰勤。丹臻孫永錫，襲。官都統。坐事，罷。道光元年，薨，謚曰恭。子敬敏，襲。咸豐二年，薨，謚曰愼。子華豐，襲，歷內大臣、宗令。以火器營設碓製藥，占用王府地，華豐力拒之，詔責不知大體，罷宗令、內大臣。八年，薨，謚曰恪。子隆懃，襲，官內大臣。光緒二十一年，疏請納正言、裕財用，上嘉納之。二十四年，薨，謚曰良。子善耆，襲。三十三年，授民政部尚書。遜國後，避居大連灣。久之，薨，謚曰忠。

溫良郡王猛峩，豪格第五子。順治十四年，封。康熙十三年，薨。子佛永惠，襲。三十七年，降貝勒。卒。子揆惠，襲輔國公。坐事，奪爵。

延信，猛峩第三子。初封奉國將軍。累官至都統。五十七年，從撫遠大將軍貝子允禵率師討策妄阿喇布坦，駐西寧。五十九年，授平逆將軍，率師徇西藏，道青海，擊敗策妄阿喇布坦將策零敦多卜，遂入西藏。西藏平。詔曰：「平逆將軍延信領滿洲、蒙古、綠旗各軍，經自古未闢之道，煙瘴惡溪，人跡罕見。身臨絕域，殲夷醜類，勇略可嘉！封輔國公。」尋攝撫遠大將軍事。揆惠既奪爵，議以延信襲。進貝子，再進貝勒。授西安將軍。雍正五年，上以延信與阿其那等結黨，又陰結允禵，徇年羹堯，入藏侵帑十萬兩，奪爵，逮下王大臣按治。讞上延信黨援、欺罔、負恩、要結人心、貪婪亂政、失誤兵機，凡二十罪，當斬，上命幽禁，子孫降紅帶。

輔國公葉布舒，太宗第四子。初封鎮國將軍。康熙八年，晉輔國公。二十九年，卒。子蘇爾登，降襲鎮國將軍。

承澤裕親王碩塞，太宗第五子。順治元年，封。時李自成奔潼關，河以南仍爲自成守。

碩塞從豫親王多鐸師次孟津，進攻陝州，破自成將張有增、劉方亮，自成迎戰，又大破之。師入關，斬其將馬世堯。尋復從南征，擊破明福王由崧，賜團龍紗衣一襲、金二千、銀二萬。嗣復從多鐸征喀爾喀、英親王阿濟格戍大同。會姜瓖叛，碩塞移師解代州圍，進親王。諭曰：「博洛、尼堪、碩塞皆不當在貴寵之列。茲以太祖孫故，加錫王爵。其班次、俸祿不得與和碩親王等。」七年，以和碩親王下、多羅郡王上無止稱親王者，仍改郡王。八年，復進和碩親王。迭掌兵部、宗人府。十一年十二月，薨，予謚。

第一子博果鐸，襲，改號曰莊親王。雍正元年，薨，年七十四，謚曰靖。無子，宗人府題請以聖祖子承襲，世宗請於皇太后，以聖祖第十六子允祿爲之後，襲爵。居數日，上手詔謂：「外間妄議朕愛十六阿哥，令其承襲莊親王爵。朕封諸弟爲親王，何所不可，而必藉承襲莊親王爵加厚於十六阿哥乎？」

允祿精數學，通樂律，承聖祖指授，與修數理精蘊。乾隆元年，命總理事務，兼掌工部，食親王雙俸。二年，敍總理勞，加封鎮國公，允祿請以碩塞孫寧赫襲。尋坐事，奪爵，仍厚分與田宅，時論稱之。四年，坐與允礽子弘晳往來詭秘，停雙俸，罷都統。七年，命與三泰、張照管樂部。允祿等奏：「藉田禮畢，筵宴當奏雨暘時若、五穀豐登、家給時足三章，本爲蔣廷錫所撰，樂與禮不符，不能施於燕樂。請敕別撰。」又奏：「中和韶樂，例用笙四、簫笛皆二，金、革二音獨出衆樂之上。請增笙爲八，簫笛爲四。」又奏：「漢以來各史樂志，俱有鎛鐘、特磬。今得西江古鎛鐘，考定黃鐘直度，上下損益，鑄鎛鐘十二。竊以條理宜備始終，請仿周禮磬氏遺法，制特磬十二，與鎛鐘俱爲特懸。樂闋擊特磬，乃奏敔；大祭祀、大典禮皆依應月之律，設鎛鐘、特磬各一簴。」上悉從之。二十九年，允祿年七十，上賜詩褒之。三十二年，薨，年七十三，謚曰恪。

子弘普，輔國公，前卒。孫永瑺，襲，歷都統、領侍衞內大臣，仍管樂部、宗人府。五十三年，薨，謚曰愼。無子，以從子綿課襲，歷都統、領侍衞內大臣、御前大臣。嘉慶十八年，林淸爲亂，其徒入宮門，綿課持械拒，射傷一人，得旨議敍。明年，上幸木蘭，綿課奏河橋圮於水，意在尼行，不稱上旨，坐罰俸，並罷諸職。道光二年，坐承修裕陵隆恩殿工草率，降郡王。四年，重修工蕆，復親王。六年，薨，謚曰襄。子奕賫，嗣。八年，以寶華峪地宮入水，追論綿課罪，降奕賫郡王，並奪諸子奕䀭、奕叡、奕興、奕賡職。十一年，上五十萬壽，復奕賫親王。十八年九月，坐與輔國公溥喜赴尼寺食鴉片，奪爵。上聞奕賫浮薄無行，戍吉林；又娶民女爲妾，改戍黑龍江，以允祿曾孫綿護襲。

綿護，允祿次子輔國公弘曧孫，輔國將軍永蕃子也。二十一年，薨，謚曰勤。弟綿譁，襲，二十五年，薨，謚曰質。子奕仁，襲，同治十三年，薨，謚曰厚。子載勛，襲。光緒二十六年，義和團入京師，載勛與端郡王載漪相結，設壇於其邸，縱令侵使館。俄，授步軍統領。上奉太后幸太原，載勛從，爲行在查營大臣。既，與各國議和，罪禍首，奪爵，賜自盡。弟載功，襲。

碩塞第二子博爾果洛，封惠郡王。坐事，奪爵。世宗既以允祿襲莊親王，封博爾果洛孫球琳爲貝勒，惠郡王所屬佐領皆隸焉。乾隆中，坐事，奪爵。子德謹，襲輔國公。子孫遞降，以奉恩將軍世襲。

鎭國愨厚公高塞，太宗第六子。初封輔國公。康熙八年，進鎭國公。高塞居盛京，讀書醫無閭山，嗜文學，彈琴賦詩，自號敬一主人。九年，卒。子孫遞降，至曾孫忠福，襲輔國將軍，坐事奪爵。

輔國公品級常舒，太宗第七子。初封鎭國將軍。康熙八年，進輔國公。十四年，坐事，奪爵。三十七年，授輔國公品級。明年，卒。乾隆元年，高宗命錄太祖、太宗諸子後無爵者，授常舒子海林奉恩將軍，世襲。再傳至慧文，卒，命停襲。

輔國公韜塞，太宗第十子。初封鎭國將軍。康熙八年，進輔國公。三十四年，卒。乾隆元年，授韜塞子諭德奉恩將軍，世襲。

襄昭親王博穆博果爾，太宗第十一子。順治十二年，封襄親王。十三年，薨，予諡。無子，爵除。

世祖八子：孝康章皇后生聖祖，孝獻皇后董鄂氏生榮親王，寧慤妃董鄂氏生裕憲親王福全，庶妃巴氏生牛鈕，庶妃陳氏生恭親王常寧，庶妃唐氏生奇授，庶妃鈕氏生純靖親王隆禧，庶妃穆克圖氏生永幹。牛鈕、奇授、永幹皆殤，無封。

裕憲親王福全，世祖第二子。幼時，世祖問志，對：「願爲賢王。」世祖異之。康熙六年，封，命與議政。十一年十二月，疏辭，允之。二十二年，上奉太皇太后幸五臺，先行視道路，命福全扈太皇太后行。次長城嶺，上以嶺險不可陟，命福全奉太皇太后先還。二十七年，太皇太后崩。旣釋祭，諭曰：「裕親王自太皇太后違豫，與朕同處，殊勞苦。」命皇長子及領侍衞大臣送王歸第。

二十九年七月，噶爾丹深入烏朱穆秦，命爲撫遠大將軍，皇長子允禔副之，出古北口；而以恭親王常寧爲安北大將軍，出喜峯口。福全請發大同綠旗兵往殺虎口聽調遣，上令發大同鎭標馬兵六百、步兵一千四百從征，兼命理藩院自阿喇尼設站處量發附近蒙古兵尾大軍置驛。福全又請凡諜報皆下軍中，上從之。師行，上御太和門賜敕印，出東直門送之。上先後遣內大臣阿密達、尙書阿喇尼、都統阿南達等出塞，命各率所部與福全師會。上出塞，駐古魯富爾堅嘉渾噶山，命康親王傑書率師會福全，進駐博洛和屯。又命簡親王雅布參贊福全軍事。上先遣內大臣索額圖、都統蘇努分道出師，福全奏請令索額圖駐巴林，待師至，與會，上從之，並令蘇努同赴巴林，又趣阿密達、阿喇尼等速率兵內向分駐師所經道中以待。上自博洛和屯還駐舍里烏朱，遣使諭福全曰：「兵漸與敵近，斥堠宜嚴明。噶爾丹當先與羈縻，以待盛京及烏喇、科爾沁諸部兵至。」

福全遣濟隆胡土克圖等以書喩噶爾丹曰：「我與汝協護黃敎，汝追喀爾喀入我界，上命我等來論決此事。汝使言：『我汗遵達賴喇嘛之諭。』講信修禮，所關重大，今將於何地會議？」並遺以羊百、牛二十。蘇努、阿密達師來會，福全疏言：「噶爾丹聲息漸近，臣等分大軍爲三隊，三隊當置將。自參贊大臣以下、副都統以上在行間者，皆奮欲前驅，唯上所命。」上命前鋒統領邁圖、護軍統領楊岱、副都統札木素、塞赫、羅滿色、海蘭，尚書吉勒塔布、阿喇尼率前隊，都統楊文魁、副都統康喀喇、伊壘、色格印率次隊，公蘇努、彭春率兩翼，內大臣佟國維、索額圖、明珠、阿密達從王親督指揮，師遂進。八月己未朔，次烏闌布通，與厄魯特兵遇。黎明，整隊進，日晡，與戰，發鎗礮。至山下，厄魯特兵於林內隔河高岸橫臥橐駝以爲障。內大臣佟國綱等戰沒。至昏，師左翼自山腰入，大敗之，斬馘頗衆。師右翼阻河崖泥淖，夜收兵徐退。事聞，上深奬諭之。

噶爾丹遣伊拉古克三胡土克圖至軍前，請執土謝圖汗、澤卜尊丹巴畀之，福全數其罪，遣還。越日，濟隆胡土克圖率其弟子七十人來言：「博碩克圖汗信伊拉古克三等言，入邊侵掠，大非理。但欲索其仇土謝圖汗及澤卜尊丹巴，迫而致此。彼今亦不敢復索土謝圖汗，願以澤卜尊丹巴予其師達賴喇嘛，榮莫大矣！」福全謂之曰：「土謝圖汗、澤卜尊丹巴即有罪，唯上責之，豈能因噶爾丹之言遣還達賴喇嘛？且汝往來行說，能保噶爾丹不乘間奔逸掠我境內民人乎？」濟隆固言噶爾丹不敢妄行，福全許檄各路軍止勿擊。時盛京及烏喇、科爾沁諸軍未至，厄魯特方據險，故福全既擊敗厄魯特，欲因濟隆之請羈縻之，待諸軍至復戰。

上以福全奏下王大臣集議，僉謂福全不卽進軍，明知濟隆爲噶爾丹游說以緩我師而故聽之，坐失事機，上嚴旨詰責，又以允禔與福全不協，留軍前必僨事，召先還京師。福全遣侍衞吳丹、護軍參領塞爾濟等偕濟隆諭噶爾丹，噶爾丹跪威靈佛前稽首設誓，復遣伊拉古克三齎奏章及誓書詣軍前乞宥罪，出邊待命。上許之，復戒福全曰：「噶爾丹雖服罪請降，但性狡詐，我撤兵卽虞背盟，仍宜爲之備。」十月，福全率師還，駐哈嗎爾嶺內，疏言：「軍中糧至十月十日當盡，前遣侍郎額爾賀圖偕伊拉古克三諭噶爾丹，月餘未歸，度噶爾丹已出邊遠遁。」上以福全擅率師內徙，待歸時議罪，命卽撤兵還京師，令福全及索額圖、明珠、費揚古、阿密達留後。尋奏：「噶爾丹出邊，伊拉古克三等追及於塞外。噶爾丹具疏謝罪。」因並命福全還京師。

十一月，福全等至京師，命止朝陽門外聽勘，諭曰：「貝勒阿敏棄永平，代善使朝鮮，不遵旨行事，英親王以兵譟，皆取口供，今應用其例。」且諭允禔曰：「裕親王乃汝伯父，倘汝供與王有異同，必置汝於法。」福全初欲錄允禔軍中過惡上聞，聞上命，流涕曰：「我復何言！」遂引爲己罪。王大臣議奪爵，上以擊敗厄魯特功，免奪爵，罷議政，罰俸三年，撤三佐領。

三十五年，從上親征噶爾丹。四十一年，重修國子監文廟。封長子保泰爲世子。四十二年，福全有疾，上再臨視。巡塞外，聞福全疾篤，命諸皇子還京師。福全薨，卽日還蹕。

臨喪，摘纓，哭至柩前奠酒，慟不已。是日，太后先臨王第，上勸太后還宮，自蒼震門入居景仁宮，不理政事。羣臣勸上還乾清宮，上曰：「居便殿不自朕始，乃太祖、太宗舊典也。」越日，再臨喪，賜內廄馬二、對馬二、散馬六、駱駝十，及蟒緞、銀兩。予諡。又越日，舉殯，上奉太后臨王第慟哭，殯行，乃已。命如鄭親王例，常祭外有加祭。御史羅占爲監造墳塋，建碑。

福全畏遠權勢，上友愛綦篤，嘗命畫工寫御容與並坐桐陰，示同老意也。有目耕園，禮接士大夫。子保泰、保綬。

保泰，初封世子，襲爵。雍正二年，坐諂附廉親王允禩國喪演劇，奪爵。以保綬子廣寧襲，保綬追封悼親王。四年，諭：「廣寧治事錯繆，未除保泰朋黨之習。」奪爵，鎖禁。弟廣祿，襲。乾隆五十年，薨，諡曰莊。子亮煥，襲郡王。嘉慶十三年，薨，諡曰僖。孫文和，襲貝勒。子孫循例遞降，以鎮國公世襲。

榮親王，世祖第四子。生二歲，未命名，薨。追封。

恭親王常寧，世祖第五子。康熙十年，封。十四年，分給佐領。二十二年，府第災，上親臨視。是秋，上奉太皇太后幸五臺，常寧扈從。二十九年，噶爾丹深入烏朱穆秦。常寧爲安北大將軍，簡親王雅布、信郡王鄂扎副之，出喜峯口；同時，裕親王福全以撫遠大將軍，出古北口。先發，旋令率師會裕親王軍。十一月，以擊敗噶爾丹不窮追，罷議政，罰王俸三年。三十五年，從上親征。四十二年，薨。上方巡幸塞外，命諸皇子經理其喪，賜銀萬，內務府郎中皂保監修墳塋，立碑，遣官致祭。上還京師，臨其喪。第三子海善，襲貝勒。五十一年，坐縱內監妄行，奪爵。雍正十年，復封。乾隆八年，卒，謚僖敏。初奪爵，以常寧第二子滿都護襲貝勒，屢坐事，降鎭國公，又以海善孫斐蘇襲貝勒。子孫循例遞降，以不入八分鎭國公世襲。

純靖親王隆禧，世祖第七子。康熙十三年，封。十四年，分給佐領。十八年七月，隆禧疾篤，上親臨視，爲召醫。是日再臨視，日加申，薨，上痛悼，輟朝三日。太皇太后欲臨其喪，上力諫乃止。上復欲臨奠，太皇太后亦諭止之，留太皇太后宮中。越日，上臨奠，命發帑修塋，加祭，予諡。子富爾祜倫，襲，明年，薨，上輟朝三日。又明年，葬純親王隆禧，上臨奠。富爾祜倫無子，未立後，爵除。

清史稿卷二百二十

列傳七

諸王六

聖祖諸子

貝子品級允禔　理密親王允礽　誠隱郡王允祉

恆溫親王允祺　淳度親王允祐　允禩　允禟

輔國公允䄉　履懿親王允祹　怡賢親王允祥

恂勤郡王允禵　愉恪郡王允禑　果毅親王允禮

果恭郡王弘曕　簡靖貝勒允禕　愼靖郡王允禧

質莊親王永瑢　恭勤貝勒允祜　郡王品級誠貝勒允祁

諴恪親王允祕

世宗諸子

端親王弘暉　和恭親王弘晝　懷親王福惠

聖祖三十五子：孝誠仁皇后生承祜、理密親王允礽，孝恭仁皇后生第六子允祚、世宗、恂勤郡王允禵，敬敏皇貴妃章佳氏生怡賢親王允祥，溫僖貴妃鈕祜祿氏生貝子品級允䄉，順懿密妃王氏生愉恪郡王允禑、莊恪親王允祿、第十八子允祄，純裕勤妃陳氏生果毅親王允禮，惠妃納喇氏生承慶、貝子品級允禔，宜妃郭絡羅氏生恆溫親王允祺、第九子允禟、第十一子允禌，榮妃馬佳氏生承瑞、賽音察渾、長華、長生、誠隱郡王允祉，成妃戴佳氏生淳度親王允祐，良妃衞氏生第八子允禩，定妃萬琉哈氏生履懿親王允祹，平妃赫舍里氏生允禨，通嬪納喇氏生萬黼、允禶，襄嬪高氏生第十九子允禝、簡靖貝勒允禕，謹嬪色赫圖氏生恭勤貝勒允祜，靜嬪石氏生郡王品級誠貝勒允祁，熙嬪陳氏生愼靖郡王允禧，穆嬪陳氏生諴恪親王允祕，貴人郭絡羅氏生允禑，貴人陳氏生允禐。允祿出爲承澤裕親王碩塞後，允祚、允禌、允祄、允禝皆殤，無封。承瑞、承祜、承慶、賽音察渾、長華、長生、萬黼、允禶，允禑、允禨、允禐皆殤，不齒序。

固山貝子品級允禔，聖祖第一子。上有巡幸，輒從。康熙二十九年，命副裕親王福全禦噶爾丹。上以允禔聽讒，與福全不協，私自陳奏，慮在軍中僨事，召還京師。未幾，福全師還，命諸王大臣勘鞫。福全初欲發允禔在軍中過失，會有嚴旨戒允禔不得與福全異同，福全乃引罪。語在福全傳。三十五年，從上征噶爾丹，命與內大臣索額圖統先發八旗前鋒、漢軍火器營與四旗察哈爾及綠旗諸軍駐拖陵布喇克待上。西路大將軍費揚古軍後期，下軍中大臣議，亦遣官諮允禔。上遂進軍昭莫多。既捷，允禔留中拖陵犒軍，尋召還。三十七年三月，封直郡王。三十九年四月，上巡視永定河堤，鳩工疏濬，命允禔總之。

四十七年九月，皇太子允礽既廢，允禔奏曰：「允礽所行卑汚，失人心。術士張明德嘗相允禩必大貴。如誅允礽，不必出皇父手。」上怒，詔斥允禔凶頑愚昧，並戒諸皇子勿縱屬下人生事。允禔用喇嘛巴漢格隆魘術魘廢太子，事發，上命監守。尋奪爵，幽於第。四月，上將巡塞外，諭：「允禔鎮魘皇太子及諸皇子，不念父母兄弟，事無顧忌。萬一禍發，朕在塞外，三日後始聞，何由制止？」下諸王大臣議，於八旗遣護軍參領八、護軍校八、護軍八十，仍於允禔府中監守。上復遣貝勒延壽，貝子蘇努，公鄂飛，都統辛泰，護軍統領圖爾海、陳泰，並八旗章京十七人，更番監守，仍嚴諭疏忽當族誅。

雍正十二年，卒，世宗命以固山貝子禮殯葬。子弘昉，襲鎭國公。卒。子永揚，襲輔國公。坐事，奪爵。高宗以允禔第十三子弘晌封奉恩將軍，世襲。

理密親王允礽，聖祖第二子。康熙十四年十二月乙丑，聖祖以太皇太后、皇太后命立爲皇太子。太子方幼，上親敎之讀書。六歲就傅，令大學士張英、李光地爲之師，又命大學士熊賜履授以性理諸書。二十五年，上召江寧巡撫湯斌，以禮部尚書領詹事。斌薦起原任直隸大名道耿介爲少詹事，輔導太子。介旋以疾辭。逾年，斌亦卒。太子通滿、漢文字，嫺騎射，從上行幸，賡詠斐然。

二十九年七月，上親征噶爾丹，駐蹕古魯富爾堅嘉渾噶山，遘疾，召太子及皇三子允祉至行宮。太子侍疾無憂色，上不懌，遣太子先還。三十三年，禮部奏祭奉先殿儀注，太子拜褥置檻內，上諭尙書沙穆哈移設檻外，沙穆哈請旨記檔，上命奪沙穆哈官。三十四年，册石氏爲太子妃。

三十五年二月，上再親征噶爾丹，命太子代行郊祀禮；各部院奏章，聽太子處理；事重要，諸大臣議定，啓太子。六月，上破噶爾丹，還，太子迎於諸海河朔，命太子先還。上至京師，太子率羣臣郊迎。明年，上行兵寧夏，仍命太子居守。有爲蜚語聞上者，謂太子暱比匪人，素行遂變。上還京師，錄太子左右用事者置於法。自此眷愛漸替。

四十七年八月，上行圍。皇十八子允祄疾作，留永安拜昂阿。上回鑾臨視，允祄病篤。上諭曰：「允祄病無濟，區區稚子，有何關係？至於朕躬，上恐貽高年皇太后之憂，下則繫天下臣民之望，宜割愛就道。」因啓蹕。

九月乙亥，次布爾哈蘇台，召太子，集諸王大臣諭曰：「允礽不法祖德，不遵朕訓，肆惡虐衆，暴戾淫亂，朕包容二十年矣。乃其惡愈張，僇辱廷臣，專擅威權，鳩聚黨與，窺伺朕躬起居動作。平郡王訥爾素、貝勒海善、公普奇遭其毆撻，大臣官員亦罹其毒。朕巡幸陝西、江南、浙江，未嘗一事擾民。允礽與所屬恣行乖戾，無所不至，遣使邀截蒙古貢使，攘進御之馬，致蒙古俱不心服。朕以其賦性奢侈，用淩普爲內務府總管，以爲允礽乳母之夫，便其徵索。淩普更爲貪婪，包衣下人無不怨憾。皇十八子抱病，諸臣以朕年高，無不爲朕憂，允礽乃親兄，絕無友愛之意。朕加以責讓，忿然發怒，每夜偪近布城，裂縫窺視。從前索額圖欲謀大事，朕知而誅之，今允礽欲爲復仇。朕不卜今日被鴆、明日遇害，晝夜戒慎不寧。似此不孝不仁，太祖、太宗、世祖所締造，朕所治平之天下，斷不可付此人！」上且諭且泣，至於仆地，卽日執允礽，命直郡王允禔監之，誅索額圖二子格爾芬、阿爾吉善，及允礽左右二格、蘇爾特、哈什太、薩爾邦阿；其罪稍減者，遣戍盛京。次日，上命宣諭諸臣及侍衞官兵，略謂：「允礽爲太子，有所使令，衆敢不從，卽其中豈無奔走逢迎之人？今事內干連應誅者已誅，應遣者已遣，餘不更推求，毋危懼。」

上既廢太子，憤懣不已，六夕不安寢，召扈從諸臣涕泣言之，諸臣皆嗚咽。既又諭諸臣，謂：「觀允礽行事，與人大不同，類狂易之疾，似有鬼物憑之者。」及還京，設氈帷上駟院側，令允礽居焉，更命皇四子與允禔同守之。尋以廢太子詔宣示天下，上並親撰文告天地、太廟、社稷曰：「臣祗承丕緒，四十七年餘矣，於國計民生，夙夜兢業，無事不可質諸天地。稽古史册，興亡雖非一轍，而得衆心者未有不興，失衆心者未有不亡。臣以是爲鑒，深懼祖宗垂貽之大業自臣而隳，故身雖不德，而親握朝綱，一切政務，不徇偏私，不謀羣小，事無久稽，悉由獨斷，亦惟鞠躬盡瘁，死而後已，在位一日，勤求治理，斷不敢少懈。不知臣有何辜，生子如允礽者，不孝不義，暴虐慆淫，若非鬼物憑附，狂易成疾，有血氣者豈忍爲之？允礽口不道忠信之言，身不履德義之行，咎戾多端，難以承祀，用是昭告昊天上帝，特行廢斥，勿致貽憂邦國，痛毒蒼生。抑臣更有哀籲者，臣自幼而孤，未得親承父母之訓，惟此心此念，對越上帝，不敢少懈。臣雖有衆子，遠不及臣，如大清曆數綿長，延臣壽命，臣當益加勤勉，謹保終始；如我國家無福，卽殃及臣躬，以全臣令名。臣不勝痛切，謹告。」

太子既廢，上諭：「諸皇子中如有謀爲皇太子者，卽國之賊，法所不宥。」諸皇子中皇八子允禩謀最力，上知之，命執付議政大臣議罪，削貝勒。十月，皇三子允祉發喇嘛巴漢格隆爲皇長子允禔魘允礽事，上令侍衞發允礽所居室，得厭勝物十餘事。上幸南苑行圍，遘疾，還宮，召允礽入見，使居咸安宮。上諭諸近臣曰：「朕召見允礽，詢問前事，竟有全不知者，是其諸惡皆被魘魅而然。果蒙天佑，狂疾頓除，改而爲善，朕自有裁奪。」廷臣希旨有請復立允礽爲太子者，上不許。左副都御史勞之辨奏上，上斥其奸詭，奪官，予杖。

旣，上召諸大臣，命於諸皇子中舉孰可繼立爲太子者，諸大臣舉允禩。明日，上召諸大臣入見，諭以太子因魘魅失本性狀。諸大臣奏：「上旣灼知太子病源，治療就痊，請上頒旨宣示。」又明日，召允礽及諸大臣同入見，命釋之，且曰：「覽古史册，太子旣廢，常不得其死，人君靡不悔者。前執允礽，朕日日不釋於懷。自頃召見一次，胸中乃疏快一次。今事已明白，明日爲始，朕當霍然矣。」又明日，諸大臣奏請復立允礽爲太子，疏留中未下。上疾漸愈，四十八年正月，諸大臣復疏請，上許之。

三月辛巳，復立允礽爲皇太子，妃復爲皇太子妃。五十年十月，上察諸大臣爲太子結黨會飲，譴責步軍統領託合齊、尚書耿額、齊世武，都統鄂繕、迓圖。託合齊兼坐受戶部缺主沈天生賄罪，絞；又以鎮國公景熙首告貪婪不法諸事，未決，死於獄，命剉尸焚之。齊世武、耿額亦以得沈天生賄，絞死。鄂繕奪官，幽禁。迓圖入辛者庫，守安親王墓。上諭謂：「諸事皆因允礽。允礽不仁不孝，徒以言語貨財囑此輩貪得諂媚之人，潛通消息，尤無恥之甚。」

五十一年十月，復廢太子，禁錮咸安宮。五十二年，趙申喬疏請立太子，上諭曰：「建儲大事，未可輕言。允礽爲太子時，服御俱用黃色，儀注上幾於朕，實開驕縱之門。宋仁宗三十年未立太子，我太祖、太宗亦未豫立。漢、唐已事，太子幼沖，尙保無事；若太子年長，左右羣小結黨營私，鮮有能無過者。太子爲國本，朕豈不知？立非其人，關繫匪輕。允礽儀表、學問、才技俱有可觀，而行事乖謬，不仁不孝，非狂易而何？凡人幼時猶可教訓，及長而誘於黨類，便各有所爲，不復能拘制矣。立皇太子事，未可輕定。」自是上意不欲更立太子，雖諭大學士、九卿等裁定太子儀仗，卒未用。終清世不復立太子。

五十四年十一月，有醫賀孟頫者，爲允礽福金治疾，允礽以礬水作書相往來，復囑普奇舉爲大將軍，事發，普奇等皆得罪。五十六年，大學士王掞疏請建儲，越數日，御史陳嘉猷等八人疏繼上，上疑其結黨，疏留中不下。五十七年二月，翰林院檢討朱天保請復立允礽爲太子，上親召詰責，辭連其父侍郎朱都納，及都統衔齊世，副都統戴保、常賚，內閣學士金寶。朱天保、戴保誅死，朱都納及常賚、金寶交步軍統領枷示，齊世交宗人府幽禁。七月，允礽福金石氏卒。上稱其淑孝寬和，作配允礽，辛勤歷有年所，諭大學士等同翰林院撰文致祭。六十年三月，上萬壽節，禵復申前請建儲。越數日，御史陶彝等十二人疏繼上。上乃嚴旨斥禵爲奸，並以諸大臣請逮禵等治罪，上令禵及彝等發軍前委署額外章京。禵年老，其子奕淸代行。

六十一年，世宗卽位，封允祁子弘晳爲理郡王。雍正元年，詔於祁縣鄭家莊修蓋房屋，駐劄兵丁，將移允祁往居之。二年十二月，允祁病薨，追封謚。六年，弘晳進封親王。乾隆四年十月，高宗諭責弘晳自視爲東宮嫡子，居心叵測，削爵。以允祁第十子弘㬙襲郡王。四十五年，薨，謚曰恪。子永曖，襲貝勒。子孫循例遞降，以輔國公世襲。允祁第三子弘晉、第六子弘曣、第七子弘晀、第十二子弘晥皆封輔國公。弘曣卒，謚恪僖。子永瑋，襲。事高宗，歷官左宗正，廣州、黑龍江、盛京將軍。卒，謚恪勤。永曖四世孫福錕，事德宗，官至體仁閣大學士。卒，謚文愼。

誠隱郡王允祉，聖祖第三子。康熙二十九年七月，偕皇太子詣古魯富爾堅嘉渾噶山行宮，上命先還。三十二年，闕里孔廟成，命偕皇四子往祭。凡行圍、謁陵，皆從。三十五年，上親征，允祉領鑲紅旗大營。三十七年三月，封誠郡王。三十八年，敏妃之喪未百日，允祉薙髮，坐降貝勒，王府長史以下譴黜有差。四十三年，命勘三門底柱。四十六年三月，迎上幸其邸園，侍宴。嗣是，歲以爲常，或一歲再幸。

四十七年，太子既廢，上以允祉與太子素親睦，召問太子情狀，且曰：「允祉與允礽雖睚，然未慫恿其爲惡，故不罪也。」蒙古喇嘛巴漢格隆爲允禔厭勝廢太子，允祉偵得之，發其事。明年，太子復立，允祉進封誠親王。五十一年，賜銀五千。

聖祖邃律曆之學，命允祉率庶吉士何國宗等輯律呂、算法諸書，諭曰：「古曆規模甚好，但其數目歲久不合。今修曆書，規模宜存古，數目宜準今。」五十三年十一月，書成，奏進。上命以律呂、曆法、算法三者合爲一書，名曰律曆淵源。

五十八年，上有事於圜丘，拜畢，命允祉行禮。五十九年，封子弘晟爲世子，班俸視貝子。六十年，上命弘晟偕皇四子、皇十二子祭盛京三陵。世宗卽位，命允祉守護景陵。雍正二年，弘晟得罪，削世子，爲閒散宗室。

六年六月，允祉索蘇克濟賕，事發，在上前詰王大臣，上責其無臣禮，議奪爵，錮私第。上曰：「朕止此一兄。朕兄弟如允祉者何限？皆欲激朕治其罪，其心誠不可喻。良亦朕不能感化所致，未可謂盡若輩之罪也。」命降郡王，而歸其罪於弘晟，交宗人府禁錮。八年二月，復進封親王。五月，怡親王之喪，允祉後至，無戚容。莊親王允祿等劾，下宗人府議，奏稱：「允祉乖張不孝，暱近陳夢雷、周昌言，祈禳鎭魘，與阿其那、塞思黑、允禵交相黨附。其子弘晟凶頑狂縱，助父爲惡，僅予禁錮，而允祉銜恨怨懟。怡親王忠孝性成，允祉心懷嫉忌，並不懇請持服，王府齊集，遲至早散，背理蔑倫，當削爵。」與其子弘晟皆論死。上命奪爵，禁景山永安亭，聽家屬與偕，弘晟仍禁宗人府。十年閏五月，薨，視郡王例殯葬。乾隆二年，追謚。

子弘暻，封貝子。子孫遞降，以不入八分輔國公世襲。五世孫載齡，襲爵。事德宗，官至體仁閣大學士。卒，謚文恪。

恆溫親王允祺，聖祖第五子。康熙三十五年，上征噶爾丹，命允祺領正黃旗大營。四十八年十月，封恆親王。五十一年，賜銀五千。五十八年，封子弘昇爲世子，班祿視貝子。雍正五年，坐事，削世子。十年閏五月，允祺薨，予謚。子弘晊，襲。乾隆四十年，薨，謚曰恪。子永皓，襲郡王。五十三年，薨，謚曰敬。弘昇子永澤，襲貝子。子孫循例遞降，以鎭國公世襲。弘昇旣削世子，乾隆十九年卒，予貝勒品級，謚恭恪。

淳度親王允祐，聖祖第七子。康熙三十五年，上征噶爾丹，命允祐領鑲黃旗大營。三十七年三月，封貝勒。四十八年十月，封淳郡王。五十一年，賜銀五千。五十七年十月，正藍旗滿洲都統延信征西陲，命允祐管正藍三旗事務。雍正元年，進封親王，詔褒其安分守己，敬順小心。復命與誠親王允祉並書景陵碑額，以兩王皆工書故。八年四月，薨，予謚。

子弘曙。聖祖命皇十四子允禵爲撫遠大將軍，駐甘州，令弘曙從。聖祖崩，世宗召還京，封世子。雍正五年，坐事削，改封弘暻爲世子。允祐薨，弘暻襲。乾隆四十二年，薨，謚曰慎。子永鋆，襲貝勒。子孫遞降，以鎭國公世襲。永鋆子綿洵，事穆宗，官涼州副都統。轉戰河南、直隸、山東、湖北，克臨淸，破連鎭、馮官屯，皆有功。遷荆州將軍。卒，謚莊武。

允禩，聖祖第八子。康熙三十七年三月，封貝勒。四十七年九月，署內務府總管事。太子允礽旣廢，允禩謀代立。諸皇子允禟、允䄉、允禵，諸大臣阿靈阿、鄂倫岱、揆敍、王鴻緖等，皆附允禩。允禔言於上，謂相士張明德言允禩後必大貴，上大怒，會內務府總管淩普以附太子得罪，籍其家，允禩頗庇之，上以責允禩。諭曰：「淩普貪婪巨富，所籍未盡，允禩每妄博虛名，凡朕所施恩澤，俱歸功於己，是又一太子矣！如有人譽允禩，必殺無赦。」翌日，召諸皇子入，諭曰：「當廢允礽時，朕卽諭諸皇子有鑽營爲皇太子者，卽國之賊，法所不容。允禩柔奸性成，妄蓄大志，黨羽相結，謀害允礽。今其事皆敗露，卽鎖繫，交議政處審理。」允禟語允禵，入爲允禩營救，上怒，出佩刀將誅允禵；允祺跪抱勸止，上怒少解，仍諭諸皇子、議政大臣等毋寬允禩罪。

逮相士張明德會鞫，詞連順承郡王布穆巴，公賴士、普奇，順承郡王長史阿祿。張明德坐淩遲處死，普奇奪公爵，允禩亦奪貝勒，爲閒散宗室。上復諭諸皇子曰：「允禩庇其乳母夫雅齊布，雅齊布之叔廐長吳達理與御史雍泰同榷關稅，不相能，訴之允禩，允禩借事痛責雍泰。朕聞之，以雅齊布發翁牛特公主處。允禩因怨朕，與褚英孫蘇努相結，敗壞國事。允禩又受制於妻，妻爲安郡王岳樂甥，嫉妒行惡，是以允禩尚未生子。此皆爾曹所知，爾曹當遵朕旨，方是爲臣子之理；若不如此存心，日後朕考終，必至將朕躬置乾清宮內，束甲相爭耳。」上幸南苑，遘疾，還宮，召允禩入見，並召太子使居咸安宮。

未幾，上命諸大臣於諸皇子中舉可爲太子者，阿靈阿等私示意諸大臣舉允禩。上曰：「允禩未更事，且罹罪，其母亦微賤，宜別舉。」上釋允礽，亦復允禩貝勒。四十八年正月，上召諸大臣，問倡舉允禩爲太子者，諸臣不敢質言。上以大學士馬齊先言衆欲舉允禩，因譴馬齊，不復深詰。尋復立允礽爲太子。五十一年十一月，復廢允礽。

六十一年十一月，上疾大漸，召允禩及諸皇子允祉、允祐、允禟、允䄉、允裪、允祥同受末命。世宗卽位，命允禩總理事務，進封廉親王，授理藩院尚書。雍正元年，命辦理工部事務。皇太子允礽之廢也，允禩謀繼立，世宗深憾之。允禩亦知世宗憾之深也，居常快快。

封親王命下，其福晉烏雅氏對賀者曰：「何賀爲？慮不免首領耳！」語聞，世宗憾滋甚。會副都統祁爾薩條奏：「滿洲俗遇喪，親友饋粥弔慰。後風俗漸弛，大設奢饌，過事奢靡。」上用其議申禁，因諭斥：「允禩居母妃喪，沽孝名，百日後猶扶掖匍匐而行；而允禵、允禟、允䄉指稱饋食，大肆筵席，皇考諭責者屢矣。」二年，上諭曰：「允禩素行陰狡，皇考所深知，降旨不可悉數。自朕卽位，優封親王，任以總理事務。乃不能輸其誠悃以輔朕躬，懷挾私心，至今未已。凡事欲激朕怒以治其罪，加朕以不令之名。允禩在諸弟中頗有治事材，朕甚愛惜之，非允禟、允䄉等可比，是以屢加教誨，令其改過，不但成朕友于之誼，亦全皇考慈愛之衷。朕果欲治其罪，豈有於衆前三復教誨之理？朕一身上關宗廟社稷，不得不爲防範。允禩在皇考時，恣意妄行，匪伊朝夕，朕可不念祖宗肇造鴻圖，以永貽子孫之安乎？」

三年二月，三年服滿。以允禩任總理事務，挾私懷詐，有罪無功，不予議敍。尋因工部製祈穀壇祖宗神牌草率，阿爾泰駐兵軍器粗窳，屢下詔詰責允禩；允禩議減內務府披甲，上令覆奏，又請一佐領增甲九十餘副。上以允禩前後異議，諭謂：「陰邪叵測，莫此爲甚！」因命一佐領留甲五十副不卽裁，待缺出不補。隸內務府披甲諸人集允禩邸闐閧，翌日，又集副都統李延禧家，且縱掠。上命捕治，諸人自列允禩使閧延禧家，允禩不置辯。上命允禩鞫定爲首者立斬，允禩以五人姓名上，上察其一乃自首，其一堅稱病未往，責允禩所讞不實。宗人府議奪允禩爵，上命寬之。允禩杖殺護軍九十六，命太監閻倫隱其事，厚賜之。宗人府復議奪允禩爵，上復寬之。

四年正月，上御西暖閣，召諸王大臣暴允禩罪狀，略曰：「當時允禩希冀非望，欲沽忠孝之名，而事事傷聖祖之心。二阿哥坐廢，聖祖命朕與允禩在京辦事，凡有啓奏，皆蒙御批，由允禩藏貯。嗣問允禩，則曰：『前值皇考怒，恐不測，故焚燬筆札，御批亦納其中。』此允禩親向朕言者。聖祖升遐，朕念允禩夙有才幹，冀其痛改前非，爲國家出力，令其總理事務，加封親王，推心置腹。三年以來，宗人府及諸大臣劾議，什伯累積，朕百端容忍，乃允禩詭譎陰邪，狂妄悖亂，包藏禍心，日益加甚。朕令宗人府訊問何得將皇考御批焚燬，允禩改言：『抱病昏昧，誤行燒毀。』及朕面質之，公然設誓，詛及一家。允禩自絕於天，自絕於祖宗，自絕於朕，斷不可留於宗姓之內，爲我朝之玷！謹述皇考諭，遵先朝削籍離宗之典，革去允禩黃帶子，以儆凶邪，爲萬世子孫鑒戒。」並命逐其福晉還外家。

二月，授允禩爲民王，不留所屬佐領人員，凡朝會，視民公、侯、伯例，稱親王允禩。諸王大臣請誅允禩，上不許。尋命削王爵，交宗人府圈禁高牆。宗人府請更名編入佐領：允禩改名阿其那，子弘旺改菩薩保。六月，諸王大臣復臚允禩罪狀四十事，請與允禟、允禵並正典刑，上暴其罪於中外。九月，允禩患嘔噦，命給與調養，未幾卒於幽所。諸王大臣仍請戮尸，不許。

乾隆四十三年正月，高宗諭曰：「聖祖第八子允禩、第九子允禟結黨妄行，罪皆自取。皇考僅令削籍更名，以示愧辱。就兩人心術而論，覬覦窺竊，誠所不免，及皇考紹登大寶，怨尤誹謗，亦情事所有，特未有顯然悖逆之迹。皇考晚年屢向朕諭及，愀然不樂，意頗悔之，若將有待。朕今臨御四十三年矣，此事重大，朕若不言，後世子孫無敢言者。允禩、允禟仍復原名，收入玉牒，子孫一併敍入。此實仰體皇考仁心，申未竟之緒，想在天之靈亦當愉慰也。」

允禵，聖祖第九子。康熙四十七年，上責允禩，允禟語允禵，入爲保奏，上怒。是時，上每巡幸，輒隨。四十八年三月，封貝子。十月，命往翁牛特送和碩溫恪公主之喪。五十一年，賜銀四千。

雍正元年，世宗召允禵回京，以諸王大臣議，命允禟出駐西寧。允禟屢請緩行，上譴責所屬太監，允禟行至軍。二年四月，宗人府劾允禟擅遣人至河州買草、勘牧地，違法肆行，請奪爵，上命寬之。三年，上聞允禟縱容家下人在西寧生事，遣都統楚宗往約束，楚宗至，允禟不出迎，傳旨詰責，曰：「上責我皆是，我復何言？我行將出家離世！」楚宗以聞，上以允禟傲慢無人臣禮，手詔深責之，並牽連及允祺、允䄉、允䄉私結黨援諸事。七月，山西巡撫伊都立奏劾允禟護衛烏雅圖等經平定毆諸生，請按律治罪，陝西人稱允禟九王，爲上所聞，手詔斥爲無恥，遂奪允禟爵，撤所屬佐領，即西寧幽禁，並錄允禟左右用事者毛太、佟保等，撤還京師，授以官。

四年正月，九門捕役得毛太、佟保等寄允禟私書，以聞，上見書蹟類西洋字，遣持問允禟子弘暘，弘暘言允禟所造字也。諭曰：「從來造作隱語，防人察覺，惟敵國爲然。允禟在西寧，未嘗禁其書札往來，何至別造字體，暗藏密遞，不可令人以共見耶？允禟與弘暘書用硃筆，弘暘復書稱其父言爲『旨』，皆僭妄非禮。允禟寄允䄉書言『事機已失』，其言尤駭人。」命嚴鞫毛太、佟保等。諸王大臣請治允禟罪，命革去黃帶子，削宗籍，逮還京，令楚宗及侍衛胡什禮監以行。五月，令允禟改名，又以所擬字樣奸巧，下諸王大臣議，改爲塞思黑。

六月，諸王大臣復劾允禟罪狀二十八事，請誅之。胡什禮監允禟至保定，命直隸總督李紱暫禁，觀其行止。紱語胡什禮「當便宜行事」，胡什禮以聞，上命馳諭止之，紱奏無此語。八月，紱奏允禟以腹疾卒於幽所。上聞胡什禮與楚宗中途械繫允禟，旋釋去，胡什禮又妄述紱語，命並逮治。其後紱得罪，上猶責紱不以允禟死狀明白於衆，乃起流言也。乾隆間，復原名，還宗籍。子弘晸，封不入八分輔國公，坐事奪爵。

輔國公允祹，聖祖第十子。康熙四十八年十月，封敦郡王。五十七年，命辦理正黃旗滿洲、蒙古、漢軍三旗事。允祹與允禟、允禵皆黨附允禩，爲世宗所惡。雍正元年，澤卜尊丹巴胡土克圖詣京師，謁聖祖梓宮，俄病卒，上遣送靈龕還喀爾喀，命允祹齎印册賜奠。允祹託疾不行，旋稱有旨召還，居張家口。復私行禳禱，疏文內連書「雍正新君」，爲上所知，斥爲不敬。兵部劾奏，命允禩議其罪。四月，奪爵，逮京師拘禁。乾隆二年，高宗命釋之，封輔國公。六年，卒，詔用貝子品級祭葬。

履懿親王允祹，聖祖第十二子。康熙四十八年十月，封貝子。自是有巡幸，輒從。五十六年，孝惠章皇后崩，署內務府總管事務，大事將畢，乃罷。五十七年，辦理正白旗滿洲、蒙古、漢軍三旗事。六十年，上以御極六十年，遣允祹祭盛京三陵。六十一年，授鑲黃旗滿洲都統。世宗卽位，進封履郡王。雍正二年，宗人府劾允祹治事不能敬謹，請奪爵，命在固山貝子上行走。二月，因聖祖配享儀注及封妃金册遺漏舛錯，降鎭國公。八年五月，復封郡王。高宗卽位，進封履親王。乾隆二十八年七月，薨，予謚。

子弘昆，先卒，用世子例殯葬，餘子皆未封。高宗命以皇四子永瑆爲允祹後，襲郡王。四十二年，薨，謚曰端。嘉慶四年，追封親王。子綿惠，襲貝勒。嘉慶元年，薨，追封郡王。以成郡王綿懃子奕綸爲後，襲貝子，進貝勒。子孫循例遞降，以鎭國公世襲。

乾隆四十二年，高宗南巡，還蹕次涿州，有僧攜童子迎駕，自言永瑆庶子，爲側室福晉王氏所棄，僧育以長。上問永瑆嫡福晉伊爾根覺羅氏，言永瑆次子以痘殤。乃令入都，命軍機大臣詰之。童子端坐名諸大臣，諸大臣不敢決。軍機章京保成直前批其頰，叱之，童子乃自承劉氏子，僧教爲妄語。斬僧，戍童子伊犁，仍自稱皇孫，所爲多不法。上命改戍黑龍江，道庫倫，庫倫辦事大臣松筠責其不法，縛出，絞殺之，高宗嘉其明決。

怡賢親王允祥，聖祖第十三子。康熙三十七年，從上謁陵。自是有巡幸，輒從。六十一年，世宗卽位，封爲怡親王。尋命總理戶部三庫。雍正元年，命總理戶部。十一月，諭：「怡親王於皇考時敬謹廉潔，家計空乏，舉國皆知。朕御極以來，一心翊戴，克盡臣弟之道。從前兄弟分封，各得錢糧二十三萬兩，朕援此例賜之，奏辭不已，宣諭再四，僅受十三萬；復援裕親王例，令支官物六年，王又固辭。今不允所請，旣不可；允其請，而實心爲國之懿親，轉不得與諸弟兄比，朕心不安。」下諸王大臣議。旣，仍允王請，命王所兼管佐領俱爲王屬，加護衞一等一員、二等四員、三等十二員，豹尾槍二、長桿刀二，每佐領增親軍二名。二年，允祥請除加色、加平諸弊，並增設三庫主事、庫大使，從之。

三年二月，三年服滿。以王總理事務謹愼忠誠，從優議敍，復加封郡王，任王於諸子中指封。八月，加俸銀萬。京畿被水，命往勘。十二月，令總理京畿水利。疏言：「直隸衞河、淀河、子牙河、永定河皆匯於天津大直沽入海，衞河與汶河合流東下。滄、景以下，春多淺阻，伏秋暴漲，不免潰溢。請將滄州磚河、青縣興濟河故道疏濬，築減水壩，以洩衞河之漲；並於白塘口入海處開直河，使磚河、興濟河同歸白塘出海；又濬東、西二淀，多開引河，使脈絡相通，溝澮四達；仍疏趙北、苑家二口以防衝決。子牙河爲滹沱及漳水下流，其下有淸河、夾河、月河同趨於淀，宜開決分注，緩其奔放之勢。永定河故道已湮，應自柳義口引之稍北，繞王慶坨東北入淀，至三角淀，爲衆水所歸，應逐年疏濬，使濁水不能爲患。」又請於京東灤、薊、天津，京南文、霸、任丘、新、雄諸州縣設營田專官，募農耕種。」四年二月，疏言直隸興修水利，請分諸河爲四局，下吏、工諸部議，議以南運河與臧家橋以下之子牙河、苑家口以東之淀河爲一局，令天津道領之；苑家口以西各淀池及畿南諸河爲一局，以大名道改淸河道領之；永定河爲一局，以永定分司改道領之；北運河爲一局，撤分司以通永道領之：分隸專官管轄。尋又命分設京東、京西水利營田使各一。三月，疏陳京東水利諸事。五月，疏陳畿輔西南水利諸事。皆下部議行。

七月，賜御書「忠敬誠直勤慎廉明」牓，諭曰：「怡親王事朕，克殫忠誠，職掌有九，而公爾忘私，視國如家，朕深知王德，覺此八字無一毫過量之詞。在朝諸臣，於『忠勤慎明』尚多有之，若『敬誠直廉』，則未能輕許。期咸砥礪，以副朕望。」七年六月，命辦理西北兩路軍機。十月，命增儀仗一倍。十一月，王有疾。八年五月，疾篤，上親臨視，及至，王已薨，上悲慟，輟朝三日。翌日，上親臨奠，諭：「怡親王薨逝，中心悲慟，飲食無味，寢臥不安。王事朕八年如一日，自古無此公忠體國之賢王，朕待王亦宜在常例之外。今朕素服一月，諸臣常服，宴會俱不必行。」越日，復諭舉怡親王功德，命復其名上一字爲「胤」，配享太廟，諡曰賢，並以「忠敬誠直勤慎廉明」八字加於諡上。白家疃等十三村民請建祠，允之。撥官地三十餘頃爲祭田，免租賦。命更定園寢之制，視常例有加。又命未殯，月賜祭；小祥及殯，視大祭禮賜祭；三年後，歲賜祭。皆特恩，不爲例。乾隆中，祀盛京賢王祠。命王爵世襲。

子弘曉，襲。乾隆四十三年，薨，諡曰僖。子永琅，襲。嘉慶四年，薨，諡曰恭。孫奕勳，襲。二十三年，薨，諡曰恪。子載坊，襲。明年，薨。弟載垣，襲。事宣宗，命在御前大臣行走，受顧命。文宗卽位，歷左宗正、宗令、領侍衞大臣。咸豐八年，賜紫禁城內肩輿。

載垣與鄭王端華及端華弟肅順皆爲上所倚，相結，權勢日張。九年，命赴天津察視海防。十年正月，萬壽節，賜杏黃色端罩。七月，英吉利、法蘭西兩國兵至天津，命與兵部尚書穆蔭以欽差大臣赴通州與英人議和。時大學士桂良已於天津定議，上許英使額爾金至通州簽約，英使額爾金請入京師親遞國書，不許。兵復進，上以和議未成，罷載垣欽差大臣。未幾，扈上幸熱河。及和議定，羣臣請還京師，上猶豫未決。十一年七月，文宗崩，穆宗卽位，載垣等受遺詔輔政，與端華、景壽、肅順及軍機大臣穆蔭、匡源、杜翰、焦祐瀛稱「贊襄政務王大臣」，擅政。九月，上奉文宗喪還京師，詔罪狀載垣等，奪爵職，下王大臣按治，議殊死，賜自盡。事詳肅順傳。爵降爲不入八分輔國公，並命不得以其子孫及親兄弟子承襲。同治元年，以莊親王允祿四世孫載泰襲輔國公，收府第敕書。三年七月，師克江寧，推恩還王爵。九月，以寧郡王弘晈四世孫鎭國公載敦襲怡親王，還敕書。光緒十六年，薨，謚曰端。子溥靜，嗣。二十六年八月，薨。九月，坐縱芘拳匪啓釁，奪爵，以先薨免罪。弟之子毓麒，襲。

寧良郡王弘晈，允祥第四子。世宗褒允祥功，加封郡王，任王於諸子中指封，允祥固辭不敢承。及允祥薨，世宗乃封弘晈寧郡王，世襲。乾隆二十九年八月，薨，謚曰良。子永福，仍循例襲貝勒。四十七年九月，薨，謚恭恪。子綿譽，仍襲貝勒。子孫遞降，以鎭國公世襲。載敦紹封怡親王，卽以載泰襲鎭國公。

允祥諸子：弘昌，初封貝子，進貝勒，坐事奪爵；弘暾，未封早世，聘於富察氏，未婚守志，世宗愍之，命視貝勒例殯葬；弘昑，亦用其例。

恂勤郡王允禵，聖祖第十四子。康熙四十八年，封貝子。五十年，從上幸塞外。自是輒從。五十一年，賜銀四千兩。五十七年，命爲撫遠大將軍，討策妄阿喇布坦。十二月，師行，上御太和殿授印，命用正黃旗纛。五十八年四月，劾吏部侍郎色爾圖督兵餉失職，都統胡錫圖索詐騷擾，治其罪。都統延信疏稱：「準噶爾與青海聯姻婭，大將軍領兵出口，必有諜告準酋者，不若暫緩前進。」上命駐西寧。五十九年正月，允禵移軍穆魯斯烏蘇，遣平逆將軍延信率師入西藏，令宗查布防西寧，訥爾素防古木。時別立新胡必爾汗，遣兵送之入藏。十月，延信擊敗準噶爾將策零敦多卜等於卜克河諸地。六十年五月，允禵率師駐甘州，進次吐魯番。旋請於明年進兵。閏六月，和爾博斯厄穆齊寨桑以厄魯特兵五百圍回民，回衆萬餘人乞援。允禵以糧運艱阻，兵難久駐，若徙入內地，亦苦糧少地狹，哈密扎薩克額敏皆不能容，布隆吉爾、達里圖諸地又阻瀚海，請諭靖逆將軍富寧安相機援撫，從之。十月，召來京，面授方略。六十一年三月，還軍。

世宗即位，諭總理王大臣曰：「西路軍務，大將軍職任重大，但於皇考大事若不來京，恐於心不安，速行文大將軍王馳驛來京。」允禵至，命留景陵待大祭。雍正元年五月，諭曰：「允禵無知狂悖，氣傲心高，朕望其改悔，以便加恩。今又恐其不能改，不及恩施，特進爲郡王，慰我皇妣皇太后之心。」三年三月，宗人府劾允禵前爲大將軍，苦累兵丁，侵擾地方，糜費軍帑，請降授鎭國公，上命仍降貝子。四年，諸王大臣劾，請正國法。諭：「允禵止於糊塗狂妄，其奸詐陰險與允禩、允禟相去甚遠。朕於諸人行事，知之甚悉，非獨於允禵有所偏徇。今允禵居馬蘭峪，欲其瞻仰景陵，痛滌前非。允禵不能悔悟，奸民蔡懷璽又造爲大逆之言，搖惑衆聽，宜加禁錮，卽與其子白起並錮於壽皇殿左右，寬以歲月，待其改悔。」高宗卽位，命釋之。乾隆二年，封輔國公。十二年六月，進貝勒。十三年正月，進封恂郡王。二十年六月，薨，予諡。

第一子弘春，雍正元年，封貝子。二年，坐允禩黨，革爵。四年，封鎭國公。六年，進貝子。九年，進貝勒。十一年，封泰郡王。十二年八月，諭責弘春輕佻，復降貝子。高宗卽位，奪爵。別封允禵第二子弘明爲貝勒。乾隆三十二年，卒，諡恭勤。子孫循例遞降，以不入八分鎭國公世襲。弘春曾孫奕山，自有傳。

愉恪郡王允禑，聖祖第十五子。康熙三十九年，從幸塞外。自是輒從。雍正四年，封貝勒。命守景陵。八年，封愉郡王。九年二月，薨，予諡。子弘慶，襲。乾隆三十四年，薨，諡曰恭。子永琦，襲貝勒。子孫循例遞降，以輔國公世襲。

果毅親王允禮，聖祖第十七子。康熙四十四年，從幸塞外。自是輒從。雍正元年，封果郡王，管理藩院事。三年，諭曰：「果郡王實心爲國，操守淸廉，宜給親王俸，護衞亦如之，班在順承郡王上。」六年，進親王。七年，命管工部事。八年，命總理戶部三庫。十一年，授宗令，管戶部。十二年，命赴泰寧，送達賴喇嘛還西藏，循途巡閱諸省駐防及綠營兵。十三年，還京師，命辦理苗疆事務。世宗疾大漸，受遺詔輔政。

高宗卽位，命總理事務，解宗令，管刑部。尋賜親王雙俸，免宴見叩拜。密疏請蠲江南諸省民欠漕項、蘆課、學租、雜稅，允之。諭曰：「果親王秉性忠直，皇考所信任。外間頗疑其嚴厲，今觀密奏，足見其存心寬厚，特以宣示九卿。」允禮體弱，上命在邸治事，越數日一入直。乾隆元年，坐事，罷雙俸。三年正月，病篤，遣和親王弘晝往視。二月，薨，上震悼，卽日親臨其喪。予諡。無子，莊親王允祿等請以世宗第六子弘瞻爲之後。

弘瞻善詩詞，雅好藏書，與怡府明善堂埒。御下嚴，晨起披衣巡視，遇不法者立杖之，故無敢爲非者。節儉善居積，嘗以開煤窰奪民產。從上南巡，囑兩淮鹽政高恆鬻人葠牟利，又令織造關差致繡段、玩器，予賤值。二十八年，圓明園九州清宴災，弘瞻後至，與諸皇子談笑露齒，上不懌。又嘗以門下私人囑阿里衮。上發其罪，並責其奉母妃儉薄，降貝勒，罷一切差使。自是家居閉門，意抑鬱不自聊。三十年三月，病篤，上往撫視。弘瞻於臥榻間叩首引咎，上執其手，痛曰：「以汝年少，故稍加拂拭，何愧恧若此？」因復封郡王。旋薨，予謚。

子永瑹，襲。五十四年，薨，謚曰簡。子綿從，襲貝勒。孫奕湘，襲鎮國公。歷官副都統，廣州、盛京將軍，兵部尚書。加貝子銜。卒，謚恪愼。子孫遞降，以輔國公世襲。

簡靖貝勒允禕，聖祖第二十子。康熙五十五年，始從幸塞外，自是輒從。雍正四年，封貝子。八年二月，進貝勒。十二年八月，命祭陵。稱病不行，降輔國公。十三年九月，高宗卽位，復封貝勒，守護泰陵。乾隆二十年，卒，予謚。子弘閏，襲貝子。子孫循例遞降，以不入八分鎭國公世襲。

愼靖郡王允禧，聖祖第二十一子。康熙五十九年，始從幸塞外。雍正八年二月，封貝子。五月，諭以允禧立志向上，進貝勒。十三年十一月，高宗卽位，進愼郡王。允禧詩清秀，尤工畫，遠希董源，近接文徵明，自署紫瓊道人。乾隆二十三年五月，薨，予謚。

二十四年十二月，以皇六子永瑢爲之後，封貝勒。三十七年，進封質郡王。五十四年，再進親王。永瑢亦工畫，濟美紫瓊，兼通天算。五十五年，薨，謚曰莊。子綿慶，襲郡王。綿慶幼聰穎，年十三，侍高宗避暑山莊校射，中三矢，賜黃馬褂、三眼孔雀翎。通音律。體孱弱。嘉慶九年，薨，年僅二十六。仁宗深惜之，賜銀五千，謚曰恪。子奕綺，襲貝勒。道光五年，坐事，罰俸。十九年，奪爵。二十二年，卒，復其封。子孫循例遞降，以鎭國公世襲。

恭勤貝勒允祜，聖祖第二十二子。康熙五十九年，始從幸塞外。雍正八年二月，封貝子。十二年二月，進貝勒。乾隆八年，卒，予謚。子弘曥，襲貝子。卒。子永芝，襲鎭國公。坐事，奪爵，爵除。

郡王品級誠貝勒允祁，聖祖第二十三子。雍正八年二月，封鎭國公。十三年十月，高宗卽位，進貝勒。屢坐事，降鎭國公。四十五年，復封貝子。四十七年，進貝勒。四十九年，加郡王銜。五十年，卒，予謚。子弘謙，襲貝子，嘉慶十四年，加貝勒品級。卒，子永康，襲鎭國公。卒，子綿英，襲不入八分鎭國公。卒，無子，爵除。

誠恪親王允祕，聖祖第二十四子。雍正十一年正月，諭曰：「朕幼弟允祕，秉心忠厚，賦性和平，素爲皇考所鍾愛。數年以來，在宮中讀書，學識亦漸增長，朕心嘉悅，封爲誠親王。」乾隆三十八年，薨，予諡。第一子弘暢，襲郡王。六十年，薨，諡曰密。子永珠，襲貝勒。道光中，坐事，奪爵。弘旿，允祕第二子，字仲升。乾隆二十八年，封二等鎭國將軍。三十九年，進封貝子。屢坐事，奪爵。嘉慶間，授奉恩將軍。卒。弘旿工畫，師董邦達，自署瑤華道人，名與紫瓊並。永珠旣奪爵，以弘旿孫綿勳襲貝子。子孫遞降，以鎭國公世襲。

世宗十子：孝敬憲皇后生端親王弘暉，孝聖憲皇后生高宗，純懿皇貴妃耿佳氏生和恭親王弘晝，敦肅皇貴妃年佳氏生福宜、懷親王福惠、福沛，謙妃劉氏生果恭郡王弘曕，齊妃李氏生弘昀、弘時、弘昐。弘曕出爲果毅親王允禮後。弘昀、弘昐、福宜、福沛皆殤，無封。弘時雍正五年以放縱不謹，削宗籍，無封。

端親王弘暉，世宗第一子。八歲殤。高宗卽位，追封親王，謚曰端。

和恭親王弘晝，世宗第五子。雍正十一年，封和親王。十三年，設辦理苗疆事務處，命高宗與弘晝領其事。乾隆間，預議政。弘晝少驕抗，上每優容之。嘗監試八旗子弟於正大光明殿，日晡，弘晝請上退食，上未許。弘晝遽曰：「上疑吾買囑士子耶？」明日，弘晝入謝，上曰：「使昨答一語，汝虀粉矣！」待之如初。性復奢侈，世宗雍邸舊貲，上悉以賜之，故富於他王。好言喪禮，言：「人無百年不死者，奚諱爲？」嘗手訂喪儀，坐庭際，使家人祭奠哀泣，岸然飲啖以爲樂。作明器象鼎彝盤盂，置几榻側。三十年，薨，予謚。子永璧，襲。三十七年，薨，謚曰勤。子綿倫，襲郡王。三十九年，薨，謚曰謹。弟綿循，襲。嘉慶二十二年，薨，謚曰恪。子奕亨，襲貝勒。卒，子載容，襲貝子。同治中，加貝勒銜。卒，謚敏恪。子溥廉，襲鎭國公。

懷親王福惠，世宗第七子。八歲殤。高宗卽位，追封親王，謚曰懷。

清史稿卷二百二十一

列傳八

諸王七

高宗諸子

定安親王永璜　端慧太子永璉　循郡王永璋

榮純親王永琪　哲親王永琮　儀慎親王永璇

成哲親王永瑆　貝勒永璂　慶僖親王永璘

仁宗諸子

穆郡王　惇恪親王綿愷　惇勤親王奕誴　瑞懷親王綿忻

惠端親王綿愉

宣宗諸子

隱志郡王奕緯　順和郡王奕綱　慧質郡王奕繼

恭忠親王奕訢　醇賢親王奕譞　鍾端郡王奕詥

孚敬郡王奕譓

文宗子

憫郡王

高宗十七子：孝賢純皇后生端慧太子永璉、哲親王永琮，皇后納喇氏生貝勒永璂、永璟，孝儀純皇后生永璐、仁宗、第十六子、慶僖親王永璘，純惠皇貴妃蘇佳氏生循郡王永璋、質莊親王永瑢，哲憫皇貴妃富察氏生定安親王永璜，淑嘉皇貴妃金佳氏生履端親王永珹、儀慎親王永璇、第九子、成哲親王永瑆，愉貴妃珂里葉特氏生榮純親王永琪，舒妃葉赫納喇氏生第十子。永珹出爲履懿親王允祹後，永瑢出爲慎靖郡王允禧後。永璟、永璐、第九子、第十子、第十六子皆殤，無封。

定安親王永璜，高宗第一子。乾隆十三年，上南巡，還蹕次德州，孝賢純皇后崩，永璜迎喪，高宗斥其不知禮，切責之。十五年三月，薨。上諭曰：「皇長子誕自青宮，齒序居長。年逾弱冠，誕毓皇孫。今遘疾薨逝，朕心悲悼，宜備成人之禮。」追封定親王，謚曰安。

子綿德，襲郡王。坐事，奪爵。弟綿恩，襲。五十八年，進封親王。嘉慶四年正月，封其子奕紹爲不入八分輔國公。八年閏二月，有陳德者，匿禁門，犯蹕，諸王大臣捍禦。論功，賜綿恩御用補褂，進奕紹貝子。二十年，授御前大臣。道光二年，薨，賜銀五千治喪，謚曰恭。子奕紹，先以上六十萬壽進貝勒，至是襲親王。十五年，奕紹年六十，封其子載銓爲輔國公。十六年，奕紹薨，賜銀治喪，謚曰端。載銓襲。

載銓初封二等輔國將軍，三進封輔國公，授御前大臣、工部尚書、步軍統領，襲爵。道光末，受顧命。文宗卽位，益用事。咸豐二年六月，給事中袁甲三疏劾：「載銓營私舞弊，自謂『操進退用人之權』。刑部尚書恆春、侍郎書元潛赴私邸，聽其指使。步軍統領衙門但准收呈，例不審辦；而載銓不識大體，任意顚倒，遇有盜案咨部，乃以武斷濟其規避。又廣收門生，外間傳聞有定門四配、十哲、七十二賢之稱。」舉所繪息肩圖朝官題詠有師生稱謂爲證。上諭曰：「諸王與在廷臣工不得往來，歷聖垂誡周詳。恆春、書元因審辦案件，趨府私謁，載銓並未拒絕。至拜認師生，例有明禁，而息肩圖題詠中，載齡、許誦恆均以門生自居，不知遠嫌。」罰王俸二年，所領職並罷。九月，仍授步軍統領。三年，加親王銜，充辦理巡防事宜。二月，疏請申明會議舊章，報可。四年九月，病作，詔以綿德曾孫溥煦爲後。是月，薨。追封親王，賞銀五千兩治喪，謚曰敏。

溥煦襲郡王。光緒三十三年，薨，謚曰愼。子毓朗，襲貝勒。光緒末，授民政部侍郎、步軍統領。宣統二年七月，授軍機大臣。三年四月，改授軍諮大臣。

端慧太子永璉，高宗第二子。乾隆三年十月，殤，年九歲。十一月，諭曰：「永璉乃皇后所生，朕之嫡子，聰明貴重，氣宇不凡。皇考命名，隱示承宗器之意。朕御極後，恪守成式，親書密旨，召諸大臣藏於乾淸宮「正大光明」榜後，是雖未册立，已命爲皇太子矣。今旣薨逝，一切典禮用皇太子儀注行。」旋册贈皇太子，謚端慧。

循郡王永璋，高宗第三子。乾隆二十五年七月，薨。追封循郡王。四十一年，以永瑆子綿懿爲後，襲貝勒。卒，子奕緒，襲貝子。卒，子載遷，襲鎭國公。

榮純親王永琪，高宗第五子。乾隆三十年十一月，封榮親王。永琪少習騎射，嫺國語，上鍾愛之。三十一年三月，薨，謚曰純。子綿億，四十九年十一月，封貝勒。嘉慶四年正月，襲榮郡王。綿億少孤，體羸多病，特聰敏，工書，熟經史。十八年，林清變起，綿億方扈蹕，聞警，力請上速還京師，上卽日迴鑾，因重視之，寵眷日渥。逾年，薨，謚曰恪。子奕繪，襲貝勒。卒，子載鈞，襲貝子。卒，子溥楣，襲鎮國公。

哲親王永琮，高宗第七子，與端慧太子同爲嫡子。端慧太子薨，高宗屬意焉。乾隆十二年十二月，以痘殤，方二歲。上諭謂：「先朝未有以元后正嫡紹承大統者，朕乃欲行先人所未行之事，邀先人不能獲之福，此乃朕過耶！」命喪儀視皇子從優，謚曰悼敏。嘉慶四年三月，追封哲親王。

儀愼親王永璇，高宗第八子。乾隆四十四年，封儀郡王。嘉慶四年正月，進封親王，總理吏部。二月，罷。諭曰：「六卿分職，各有專司，原無總理之名，勿啓專權之漸。」十三年正月，諭曰：「內廷行走諸王日入直，儀親王朕長兄，年逾六十，冬寒無事，不必進內。」十四年正月，封其子綿志爲貝勒。十七年，以武英殿刻高宗聖訓，誤書廟諱，罷王俸三年。

十八年，林清變起，賊入禁城，綿志從宣宗發鳥槍殪賊。仁宗褒其奮勇，加郡王銜，加俸歲千兩。永璇亦以督捕勤勞，免一切處分。二十年七月，命祭裕陵，阻雨，還京，坐降郡王，並奪綿志郡王銜及加俸，仍罰王俸五年。二十四年正月，復綿志郡王銜，賜三眼孔雀翎。七月，坐刺探政事，上諭曰：「朕兄儀親王年已七十有四，精力漸衰。所領事務甚多，恐有貽誤，探聽尚有可原。朕不忍煩勞長兄，致失頤養。嗣後止留內廷行走，平日不必入直。」六月，綿志坐縱妾父冒職官詐贓，奪郡王銜，罰貝勒俸四年。

二十五年七月，宣宗卽位，諭儀親王不必遠迎，又諭召對宴賚無庸叩拜。道光三年正月，綿志復郡王銜，加俸。八年正月，命在紫禁城乘轎，並加賞俸銀五千，示親親敬長之意。十一月，復諭朝賀免行禮。十年十月，永璇詣圓明園視大阿哥，徑入福園門，諭罷綿志官。十一年，諭壽皇殿、安佑宮當行禮時，於府第內行禮。又諭元旦暨正月十四日宗親筵宴，均免其入宴，別頒果殽一席。十二年八月，薨，年八十八。賜銀五千治喪，親臨賜奠，謚曰愼。綿志襲郡王，薨，謚曰順。子奕絪，襲貝勒，加郡王銜。卒，曾孫毓崐，襲貝子。卒，弟毓岐，襲鎭國公。

成哲親王永瑆，高宗第十一子。乾隆五十四年，封成親王。永瑆幼工書，高宗愛之，每幸其府第。嘉慶四年正月，仁宗命在軍機處行走，總理戶部三庫。故事，親王無領軍機者，領軍機自永瑆始。二月，儀親王永璇罷總理吏部，並命永瑆俟軍務奏銷事畢，不必總理戶部。三月，和珅以罪誅，沒其園第，賜永瑆。七月，永瑆辭總理戶部三庫，允之。八月，編修洪亮吉上書永瑆，譏切朝政，永瑆上聞，上治亮吉罪。語在亮吉傳。十月，上諭曰：「自設軍機處，無諸王行走。因軍務較繁，暫令永瑆入直，究與國家定制未符。罷軍機處行走。」永瑆嘗聞康熙中內監言其師少時及見董其昌以前三指握管懸腕作書，永瑆廣其說，作撥鐙法，推論書旨，深得古人用筆之意。上命書裕陵聖德神功碑，並令自擇書蹟刻爲詒晉齋帖，以手詔爲序。刻成，頒賞臣工。

十八年，林清變起，永瑆在紫禁城內督捕，上嘉其勤勞，免一切處分及未完罰俸。二十四年正月，加其子不入八分輔國公緜懃郡王銜。五月，祭地壇，終獻時，贊引誤，永瑆依以行禮。上以永瑆年老多病，罷一切差使，不必在內廷行走，於邸第閉門思過，罰親王半俸十年。緜懃亦罷內大臣，居家侍父。二十五年六月，緜懃卒，贈郡王。有司請謚，以非例斥之，著爲令。

仁宗崩，有旨免迎謁。語見儀親王傳。十月，命曾孫載銳襲貝勒。道光二年十月，上還自行在，永瑆進食品十六器，以非例卻之。三年三月，薨，年七十二，賜銀五千治喪，謚曰哲。載銳襲郡王。緜懃及載銳父奕綬並追封如其爵。咸豐九年，薨，謚曰恭。子溥莊，襲貝勒，加郡王銜。卒，子毓橚，襲貝子。

貝勒永瑆，高宗第十二子。乾隆四十一年，卒。嘉慶四年三月，追封貝勒。以成親王子緜偲爲後，初封鎮國將軍，再進封貝子。道光十八年正月，諭曰：「緜偲逮事皇祖，昔同朕在上書房讀書者只緜偲一人。」進貝勒。二十八年，卒，子奕綪，襲貝子。卒，弟奕繕，襲鎮國公。

慶僖親王永璘，高宗第十七子。乾隆五十四年，封貝勒。嘉慶四年正月，仁宗親政，封惠郡王，尋改封慶郡王。三月，和珅誅，沒其宅賜永璘。五年正月，以祝穎貴太妃七十壽未奏明，命退出乾清門，留內廷行走。二十一年正月朔，乾清宮筵宴，輔國公緜慜就席遲，奕紹推令入座，拂墮食椀，永璘告內奏事太監。得旨：「諸王奏事不得逕交內奏事太監。」罰永璘俸。二十五年三月，永璘疾篤，上親臨視，命進封親王。尋薨，謚曰僖。命皇子往奠，上時謁陵歸，復親臨焉。

子緜慜，襲郡王。緜慜奏府中有毗盧帽門口四座、太平缸五十四件、銅路鐙三十六對。上諭曰：「慶親王府第本爲和珅舊宅，凡此違制之物，皆和珅私置。嗣後王、貝勒、貝子當依會典，服物寧失之不及，不可僭踰，庶幾永保令名。」府置諳達二，亦命裁汰。道光三年正月，賜綿愍三眼孔雀翎，管雍和宮、中正殿。十六年十月，薨，賜銀四千治喪，謚曰良。上命再襲郡王一次。

以儀順郡王綿志子奕綵爲後，襲郡王。十七年正月，命在御前行走。二十二年十月，奕綵以服中納妾，下宗人府議處。奕綵行賕請免，永璘第六子輔國公綿性亦行賕覬襲王爵，事發，奕綵奪爵，綿性戍盛京。以永璘第五子不入八分鎭國公綿悌奉永璘祀。旋又坐事，降鎭國將軍。二十九年，卒。

以綿性子奕劻爲後。三十年，襲輔國將軍。咸豐二年正月，封貝子。十年正月，上三十萬壽，進貝勒。同治十一年九月，大婚，加郡王銜，授御前大臣。光緒十年三月，命管理總理各國事務衙門。十月，進慶郡王。十一年九月，會同醇親王辦理海軍事務。十二年二月，命在內廷行走。十五年正月，授右宗正。大婚，賜四團正龍補服，子載振頭品頂帶。二十年，太后六十萬壽，懿旨進親王。二十六年七月，上奉太后幸太原，命奕劻留京會大學士李鴻章與各國議和。二十七年六月，改總理各國事務衙門爲外務部，奕劻仍總理部事。十二月，加載振貝子銜。二十九年三月，授奕劻軍機大臣，仍總理外務部如故。尋命總理財政處、練兵處，解御前大臣以授載振。

載振赴日本大坂觀展覽會歸，請振興商務，設商部，卽以載振爲尙書。十月，御史張元奇劾載振宴集召歌妓侑酒。上諭：「當深加警惕，有則改之，無則加勉。」旋請開缺，未許。三十年三月，御史蔣式瑆奏：「戶部設立銀行，招商入股。臣風聞上年十一月慶親王奕劻將私產一百二十萬送往東交民巷英商匯豐銀行收存。奕劻自簡任軍機大臣以來，細大不捐，門庭如市。是以其父子起居、飲食、車馬、衣服異常揮霍，尙能儲蓄鉅款。請命將此款提交官立銀行入股。」命左都御史淸銳、戶部尙書鹿傳霖按其事，不得實，式瑆回原衙門行走。

三十一年，充日、俄修訂東三省條約全權大臣。三十二年，遣載振使奉天、吉林按事。改商部爲農工商部，仍以載振爲尙書。三十三年，命奕劻兼管陸軍部事。東三省改設督撫，以直隸候補道段芝貴署黑龍江巡撫。御史趙啓霖奏：「段芝貴善於迎合，上年貝子載振往東三省，道經天津，芝貴以萬二千金鬻歌妓以獻，又以十萬金爲奕劻壽，夤緣得官。」上爲罷芝貴，而命醇親王載灃、大學士孫家鼐按其事，不得實，奪啓霖官。載振復疏辭御前大臣、農工商部尙書，許之。三十四年十一月，命以親王世襲。

宣統三年四月，罷軍機處，授奕劻內閣總理大臣，大學士那桐、徐世昌協理大臣。八月，武昌兵起，初命陸軍部尙書廕昌視師，奕劻請於朝，起袁世凱湖廣總督視師。世凱入京師，代奕劻爲內閣總理大臣，授奕劻弼德院總裁。十二月，詔遜位，奕劻避居天津。後七年薨，謚曰密。

仁宗五子：孝淑睿皇后生宣宗，孝和睿皇后生惇恪親王綿愷、瑞懷親王綿忻，恭順皇貴妃鈕祜祿氏生惠端親王綿愉，和裕皇貴妃劉氏生穆郡王。

穆郡王，未命名，仁宗第一子。二歲，殤。宣宗卽位，追封。

惇恪親王綿愷，仁宗第三子。嘉慶十八年，林清變起，綿愷隨宣宗捕賊蒼震門，得旨褒嘉。二十四年，封惇郡王。宣宗卽位，進親王。子奕纘，封不入八分公。道光三年正月，命綿愷內廷行走。旋以福晉乘轎徑入神武門，坐罷，罰王俸五年。上奉太后幸綿愷第，仍命內廷行走，減罰王俸三年。七年，坐太監張明得私相往來，復匿太監苑長青，降郡王。八年十月，追敍蒼震門捕賊，急難禦侮，復親王，諭加意檢束。十三年五月，綿愷以議皇后喪禮引書「百姓如喪考妣，四海遏密八音」，於義未協，退出內廷，罰王俸十年。十八年五月，民婦穆氏訴其夫穆齊賢爲綿愷所囚，命定郡王載銓按實，復降郡王，罷一切職任。十二月，薨，復親王。上親臨奠，謚曰恪。奕纘前卒，追封貝勒，命賜福晉郡王半俸。

二十六年，以皇五子奕誴爲綿愷後，襲郡王。文宗卽位，命在內廷行走。奕誴屢以失禮獲譴。咸豐五年三月，降貝勒，罷一切職任，上書房讀書。六年正月，復封惇郡王。十月，進親王。穆宗卽位，諭免叩拜稱名。同治三年，江寧克復，封其子載濂不入八分鎭國公，載津賜頭品頂帶。四年六月，授宗令。七年正月，捻匪逼近畿，奕誴陳防守之策。八年十一月，醇郡王奕譞劾王自授宗令，藉整頓之名，啓攬權之漸，詔兩解之。十一年，大婚，賜紫禁城乘四人肩輿，並免進領侍衞內大臣班及帶豹尾槍。載濂進輔國公。十三年十二月，賜親王雙俸。光緒五年六月，普祥峪吉地工竣，復賜食雙俸。十三年，上親政，免帶領引見。十五年正月，薨，上奉太后臨奠，謚曰勤。

子八，有爵者五：載濂、載漪、載瀾、載瀛、載津。載濂，奕誴第一子。初封一等輔國將軍，累進輔國公，襲貝勒，加郡王銜。二十五年，子溥偁，賜頭品頂帶。二十六年，載濂以庇義和拳，奪爵，弟載瀛，襲。載瀛，奕誴第四子。初封二等鎭國將軍，加不入八分輔國公銜，襲貝勒。載漪，奕誴第二子。出爲瑞郡王奕誌後。獲罪，奪爵，歸宗。語在瑞懷親王綿忻傳。載瀾，奕誴第三子。初封三等輔國將軍，再進封不入八分輔國公。以庇義和拳，奪爵，戍新疆。載津，奕誴第五子。封二等鎭國將軍，加不入八分輔國公銜。

瑞懷親王綿忻，仁宗第四子。嘉慶二十四年，封瑞親王。道光三年，命在內廷行走。八年七月，薨，謚曰懷。子奕約甫晬，上命定親王奕紹檢察邸第官吏，內務府大臣敬徵治家政。十月，奕約襲郡王，予半俸。尋更名奕誌。三十年五月，薨，謚曰敏。無子。賜綿忻福晉郡王半俸。咸豐三年，福晉薨，復賜奕誌福晉郡王半俸。

十年，命以惇親王子載漪爲奕誌後，襲貝勒。同治十一年，大婚，命食貝勒全俸。光緒十五年，加郡王銜。十九年九月，授爲御前大臣。二十年，進封端郡王。循故事，宜仍舊號，更曰端者，述旨誤，遂因之。載漪福晉，承恩公桂祥女，太后姪也。二十四年，太后復訓政。二十五年正月，賜載漪子溥儁頭品頂帶。十二月，上承太后命，溥儁入爲穆宗後，號「大阿哥」，命在弘德殿讀書，以承恩公尙書崇綺、大學士徐桐爲之傅。明年元旦，大高殿、奉先殿行禮，以溥儁代。都下流言將下詔禪位，大學士榮祿與慶親王奕劻以各國公使有異同，諫止。

二十六年，義和拳亂起，載漪篤信之，以爲義民，亂遂熾。五月，命充總理各國事務大臣。義和拳擊殺日本使館書記杉山彬，復及德國使臣克林德，圍攻東交民巷使館。八月，諸國聯軍自天津逼京師，上奉太后出狩，載漪及溥儁皆從。次大同，命載漪爲軍機大臣，未逾月罷。命奕劻與大學士李鴻章議和，諸國目載漪爲首禍。十二月，奪爵，戍新疆。二十七年十月，上奉太后還京師。次開封，諭：「載漪縱義和拳，獲罪祖宗，其子溥儁不宜膺儲位，廢『大阿哥』名號。」賜公銜俸，歸宗。

二十八年六月，別以醇賢親王奕譞子鎭國公載洵爲奕誌後，襲貝勒。宣統間，爲海軍部尚書。改海軍部大臣，加郡王銜。

惠端親王綿愉，仁宗第五子。嘉慶二十五年七月，宣宗卽位，封惠郡王，在內廷行走，上書房讀書。故事，親、郡王未及歲，食半俸。道光九年，命食全俸。十九年，進親王。文宗卽位，諭：「惠親王爲朕叔父，內廷召對及宴賚賞賜宜免叩拜，章奏免書名。」咸豐三年，賜御用龍褂。

洪秀全之徒北擾近畿，命爲奉命大將軍，頒銳捷刀，統健銳、火器、前鋒、護軍、巡捕諸營，及察哈爾兵，哲里木、卓索圖、昭烏達東三盟蒙古兵，與科爾沁郡王僧格林沁督辦防剿。僧格林沁出駐涿州，綿愉留京師。九月，會奏頒行銀錢鈔法。時秀全兵至深州，請發哲里木盟馬隊一千及熱河、古北口兵各五百赴涿州助防；復奏請發蒙古兵三千，以德勒克色楞爲將，督兵進擊。

四年正月，命朝會大典外悉免叩拜。尋與恭親王奕訢、定郡王載銓疏請鑄鐵錢爲大錢輔，上令王詳議以行。五年四月，北路肅清，行凱撤禮，上奉命大將軍印。十二月，以鑄鐵錢有效，下宗人府議敍。八年五月，以奏保耆英，罷中正殿、雍和宮諸職任。九年，罷鐵錢局。

十年七月，英、法二國兵至天津，命至通州與僧格林沁辦防，並諭綿愉及怡親王載垣、鄭親王端華、尙書肅順、軍機大臣等籌商交涉。同治二年，穆宗典學，太后以綿愉行輩最尊，品行端正，命在弘德殿專司督責，並令王子奕詳、奕詢伴讀。三年十二月，薨，上親臨奠，賜銀五千治喪，謚曰端。

子六，有爵者三：奕詳、奕詢、奕謨。奕詳，綿愉第五子。初封不入八分輔國公。賜三眼孔雀翎，進鎭國公，襲郡王。穆宗大婚，加親王銜。十三年，命食親王俸。光緖十年十月，太后萬壽，命食親王全俸。十一年六月，授內大臣。十二年正月，薨，謚曰敬。子載潤，襲貝勒。奕詢，綿愉第四子。初封不入八分輔國公，進封鎭國公。卒，無子，以愉恪郡王允禑五世孫載澤爲後，襲輔國公，進鎭國公，加貝子銜。光緖末，授度支部尙書。奕謨，綿愉第六子。初封不入八分鎭國公，再進封貝子，加貝勒銜。卒，以醇賢親王奕譞孫溥佶爲後，襲鎭國公。

宣宗九子：孝全成皇后生文宗，孝靜成皇后生順和郡王奕綱、慧質郡王奕繼、恭忠親王奕訢，莊順皇貴妃生醇賢親王奕譞、鍾端郡王奕詥、孚敬郡王奕譓，和妃納喇氏生隱志郡王奕緯，祥妃鈕祜祿氏生惇勤親王奕誴。奕誴出爲惇恪親王綿愷後。

隱志郡王奕緯，宣宗第一子。嘉慶二十四年，封貝勒。道光十一年四月，薨，以皇子例治喪，進封隱志貝勒。文宗卽位，進郡王。無子，以貝勒綿懿子奕紀爲後，襲貝勒。卒，謚恭勤。子溥倫，襲貝子，進貝勒；溥侗，授一等鎭國將軍。

順和郡王奕綱，宣宗第二子。二歲，殤。文宗卽位，進封謚。

慧質郡王奕繼，宣宗第三子。三歲，殤。文宗卽位，追封謚。

恭忠親王奕訢，宣宗第六子。與文宗同在書房，肄武事，共製槍法二十八勢、刀法十八勢，宣宗賜以名，槍曰「棣華協力」，刀曰「寶鍔宣威」，並以白虹刀賜奕訢。文宗卽位，封爲恭親王。咸豐二年四月，分府，命仍在內廷行走。

三年九月，洪秀全兵逼畿南，以王署領侍衞內大臣辦理巡防，命仍佩白虹刀。十月，命在軍機大臣上行走。四年，迭授都統、右宗正、宗令。五年四月，以畿輔肅淸，予優敍。七月，孝靜成皇后崩，上責王禮儀疏略，罷軍機大臣、宗令、都統，仍在內廷行走，上書房讀書。七年五月，復授都統。九年四月，授內大臣。

十年八月，英吉利、法蘭西兵逼京師，上命怡親王載垣、尙書穆蔭與議和，誘執英使巴夏禮，與戰，師不利。文宗幸熱河，召回載垣、穆蔭，授王欽差便宜行事全權大臣。王出駐長辛店，奏請飭統兵大臣激勵兵心，以維大局。克勤郡王慶惠等奏釋巴夏禮，趣王入城議和。英、法兵焚圓明園。豫親王義道等奏啓城，許英、法兵入。王入城與議和，定約，悉從英、法人所請，奏請降旨宣示，並自請議處。上諭曰：「恭親王辦理撫局，本屬不易。朕深諒苦衷，毋庸議處。」十二月，奏通商善後諸事。初設總理各國事務衙門，命王與大學士桂良、侍郎文祥領其事。王疏請訓練京師旗兵，並以吉林、黑龍江與俄羅斯相隣，邊防空虛，議練兵籌餉。上命都統勝保議練京兵，將軍景淳等議練東三省兵。

十一年七月，文宗崩，王請奔赴，兩太后召見，諭以贊襄政務王大臣載垣、端華、肅順等擅政狀。穆宗侍兩太后奉文宗喪還京師，譴黜載垣等，授議政王，在軍機處行走，命王爵世襲，食親王雙俸，並免召對叩拜、奏事書名。王堅辭世襲，尋命兼宗令、領神機營。

同治元年，上就傅，兩太后命王弘德殿行走，稽察課程。三年，江寧克復。上諭曰：「恭親王自授議政王，於今三載。東南兵事方殷，用人行政，徵兵籌餉，深資贊畫，弼亮忠勤。加封貝勒，以授其子輔國公載澂，並封載濬輔國公、載瀅不入八分輔國公。」四年三月，兩太后諭責王信任親戚，內廷召對，時有不檢，罷議政王及一切職任。尋以惇親王奕誴、醇郡王奕譞及通政使王拯、御史孫翼謀、內閣學士殷兆鏞、左副都御史潘祖蔭、內閣侍讀學士王維珍、給事中廣誠等奏請任用，廣誠語尤切。兩太后命仍在內廷行走，管理總理各國事務衙門。王入謝，痛哭引咎，兩太后復諭：「王親信重臣，相關休戚，期望既厚，責備不得不嚴。仍在軍機大臣上行走。」

七年二月，西捻逼畿輔，命節制各路統兵大臣。授右宗正。十一年九月，穆宗大婚，復命王爵世襲。十二年正月，穆宗親政，十三年七月，上諭責王召對失儀，降郡王，仍在軍機大臣上行走，並奪載澂貝勒。翌日，以兩太后命復親王世襲及載澂爵。十二月，上疾有間，於雙俸外復加賜親王俸。旋復加劇，遂崩。德宗即位，復命免召對叩拜、奏事書名。

光緒元年，署宗令。十年，法蘭西侵越南，王與軍機大臣不欲輕言戰，言路交章論劾。太后諭責王等委靡因循，罷軍機大臣，停雙俸。家居養疾。十二年十月，復雙俸。自是國有慶屢增護衞及甲數，歲時祀事賜神糕，節序輒有賞賚，以爲常。二十年，日本侵朝鮮，兵事急，太后召王入見，復起王管理總理各國事務衙門，並總理海軍，會同辦理軍務，內廷行走；仍諭王疾未愈，免常川入直。尋又命王督辦軍務，節制各路統兵大臣。十一月，授軍機大臣。二十四年，授宗令。王疾作，閏三月增劇，上奉太后三臨視，四月薨，年六十七。上再臨奠，輟朝五日，持服十五日。謚曰忠，配享太廟，並諭：「王忠誠匡弼，悉協機宜，諸臣當以王爲法。」

子四：載澂，貝勒加郡王銜，卒，謚果敏；載瀅，出爲鍾端郡王奕詥後，襲貝勒，坐事奪爵歸宗；載濬，與載瀅同時受封；載潢，封不入八分輔國公。載澂、載濬、載潢皆前王卒。王薨，以載瀅子溥偉爲載澂後，襲恭親王。

醇賢親王奕譞，宣宗第七子。文宗卽位，封爲醇郡王。咸豐九年三月，分府，命仍在內廷行走。穆宗卽位，諭免宴見叩拜、奏事書名。迭授都統、御前大臣、領侍衞內大臣，管神機營。同治三年，加親王銜。四年，兩太后命弘德殿行走，稽察課程。十一年，進封醇親王。十二年，穆宗親政，罷弘德殿行走。

德宗卽位，王奏兩太后，言：「臣侍從大行皇帝十有三年，昊天不弔，龍馭上賓。仰瞻遺容，五內崩裂。忽蒙懿旨下降，擇定嗣皇帝，倉猝昏迷，罔知所措。觸犯舊有肝疾，委頓成廢。惟有哀懇矜全，許乞骸骨，為天地容一虛糜爵位之人，為宣宗成皇帝留一庸鈍無才之子。」兩太后下其奏王大臣集議，以王奏誠懇請罷一切職任，但令照料菩陀峪陵工，從之。命王爵世襲，王疏辭，不許。光緒二年，上在毓慶宮入學，命王照料。五年，賜食親王雙俸。

十年，恭親王奕訢罷軍機大臣，以禮親王世鐸代之，太后命遇有重要事件，與王商辦。時法蘭西侵越南，方定約罷兵，王議建海軍。十一年九月，設海軍衙門，命王總理，節制沿海水師，以慶郡王奕劻、大學士總督李鴻章、都統善慶、侍郎曾紀澤為佐。定議練海軍自北洋始，責鴻章專司其事。十二年三月，賜王與福晉杏黃轎，王疏辭，不許。鴻章經畫海防，於旅順開船塢，築砲臺，為海軍收泊地。北洋有大小戰艦凡五，輔以蚊船、雷艇，復購艦英、德，漸次成軍。五月，太后命王巡閱北洋，善慶從焉，會鴻章自大沽出海至旅順，歷威海、煙臺，集戰艦合操，徧視礮臺、船塢及新設水師學堂，十餘日畢事。王還京，奏奬諸將吏及所聘客將，請太后御書牓懸大沽海神廟。

太后命於明年歸政，王疏言：「皇帝甫逾志學，諸王大臣籲懇訓政，乞體念時艱，俯允所請，俟及二旬，親理庶務。至列聖宮廷規制，遠邁前代。將來大婚後，一切典禮，咸賴訓教。臣愚以爲諸事當先請懿旨，再於皇帝前奏聞，俾皇帝專心大政，承聖母之歡顏，免宮闈之劇務。此則非如臣生深宮者不敢知，亦不敢言也。」太后命毋庸議。十三年正月，上親政。四月，太后諭預備皇帝大婚，當力行節儉，命王稽察。十四年九月，王奏：「太平湖賜第爲皇帝發祥地。世宗以潛邸升爲宮殿，高宗諭子孫有自藩邸紹承大統者，應用其例。」太后從之，別賜第，發帑十萬葺治。十五年正月，大婚禮成，賜金桃皮鞘威服刀，增護衞。葺治邸第未竟，復發帑六萬。並進封諸子：載灃鎭國公，載洵輔國公，載濤賜頭品頂帶、孔雀翎。

二月，河道總督吳大澂密奏，引高宗御批通鑑輯覽，略謂：「宋英宗崇奉濮王，明世宗崇奉興王，其時議者欲改稱伯叔，實人情所不安，當定本生名號，加以徽稱」；且言：「在臣子出爲人後，例得以本身封典貤封本生父母，況貴爲天子，天子所生之父母，必有尊崇之典，請飭廷臣議醇親王稱號禮節。」特旨宣示。上卽位逾年，王密奏：「臣見歷代繼承大統之君，推崇本生父母者，備載史書。其中有適得至當者焉，宋孝宗不改子偁秀王之封是也。有大亂之道焉，宋英宗之濮議、明世宗之議禮是也。張璁、桂萼之儔，無足論矣。忠如韓琦，乃與司馬光議論牴牾，其故何歟？蓋非常之事出，立論者勢必紛沓擾攘，乃心王室，不無其人；而以此爲梯榮之具，迫其主以不得不視爲莊論者，正復不少。皇淸受天之命，列聖相承，十朝一脈，詎穆宗毅皇帝春秋正盛，遽棄臣民。皇太后以宗廟社稷爲重，特命皇帝入承大統，復推恩及臣，以親王世襲罔替。渥叨異數，感懼難名。原不須更生過慮，惟思此時垂簾聽政，簡用賢良，廷議旣屬執中，邪說自必潛匿。倘將來親政後，或有草茅新進，趨六年拜相捷徑，以危言故事聳動宸聰，不幸稍一夷猶，則朝廷滋多事矣。仰懇皇太后將臣此摺，留之宮中。俟皇帝親政，宣示廷臣世賞之由及臣寅畏本意，千秋萬載，勿再更張。如有以治平、嘉靖之說進者，務目之爲奸邪小人，立加屛斥。果蒙慈命嚴切，皇帝敢不欽遵，不但臣名節得以保全，而關乎君子小人消長之機者，實爲至大且要。」太后如王言，留疏宮中。大澂疏入，諭曰：「皇帝入承大統，醇親王奕譞謙卑謹愼，翼翼小心，十餘年來，殫竭心力，恪恭盡職。每優加異數，皆涕泣懇辭，前賜杏黃轎，至今不敢乘坐。其秉心忠赤，嚴畏殊常，非徒深宮知之最深，實天下臣民所共諒。光緖元年正月初八日，王卽有豫杜妄論一奏，請俟親政宣示，俾千秋萬載，勿再更張。自古純臣居心，何以過此？當歸政伊始，吳大澂果有此奏，特明白曉諭，並將王原奏發鈔，俾中外咸知賢王心事，從此可以共白。闞名希寵之徒，更何所容其覬覦乎？」

十六年正月，以上二十萬壽，增護軍十五、藍白甲五十，授載濤二等鎭國將軍。十一月，王疾作，上親詣視疾。丁亥，王薨，年五十一。太后臨奠，上詣邸成服。定稱號曰皇帝本生考，稱本生考，遵高宗御批，仍原封，從王志也。謚曰賢，配享太廟。下廷臣議：上持服期年，縞素、輟朝十一日；初祭、大祭，奉移前一日，親詣行禮，御青長袍褂，摘纓；期年內御便殿，用素服；葬以王，祭以天子，立廟班諱。十八年，葬京師西山妙高峯。宣統皇帝即位，定稱號曰皇帝本生祖考。

子七：德宗，其第二子也；載洸，初封不入八分輔國公，進鎭國公；載灃，襲醇親王，宣統皇帝即位，命爲監國攝政王；載洵，出爲瑞郡王奕誌後；載濤，出爲鍾郡王奕詒後。宣統間，載洵爲海軍部大臣，載濤爲軍諮府大臣，主軍政。三年十月，並罷。十二月，遜位。

鍾端郡王奕詒，宣宗第八子。文宗即位，封爲鍾郡王。穆宗即位，命免宴見叩拜、奏事書名。同治三年，分府，仍在內廷行走。七年十一月，薨，謚曰端。無子，以恭忠親王奕訢子載瀅爲後，襲貝勒。坐事，奪爵，歸宗。又以醇賢親王奕譞子載濤爲後，襲貝勒，加郡王銜。

孚敬郡王奕譓，宣宗第九子。文宗即位，封孚郡王。穆宗即位，命免宴見叩拜、奏事書名。同治三年，分府，仍在內廷行走，命管樂部。十一年，授內大臣，加親王銜。德宗卽位，復命免宴見叩拜、奏事書名。光緒三年二月，薨，謚曰敬。無子，以愉恪郡王允禑四世孫奕棟子載沛爲後，襲貝勒。卒，又以奕瞻子載澍爲後，襲貝勒，坐事奪爵歸宗；又以貝勒載瀛子溥伒爲後，封貝子。

文宗二子：孝欽顯皇后生穆宗，玫貴妃徐佳氏生憫郡王。

憫郡王，生未命名，殤。穆宗卽位，追封。

論曰：莊親王佐太祖建業，將出師，登壠而謀，策定馳而下，黃道周亟稱其驍勇；太祖崩，諸子嗣業，未有成命，禮烈親王擁立太宗，親爲扞禦邊圉，夏允彝以爲行事何減聖賢。蓋雄才讓德，雖在敵國，不能掩也。睿忠親王手定中原，以致於世祖，求之前史，實罕其倫。徒以執政久，威福自專，其害肅武親王，相傳謂因師還賜宴拉殺之，又或謂還至郊外遇伏死，死處卽今葬地。傳聞未敢信，然其慘酷可概見矣。身後蒙謗，僅乃得雪，亦有以取之也。

聖祖遇諸宗人厚，遺詔猶以禮親王、饒餘親王子孫安全，拳拳在念。然當用兵時，諸王貝勒爲帥，小違律必議罰，且不得以功掩。義以行法，仁以睦親，固不相悖也。雍正中，允禩、允禟之獄，世宗後亦悔之。怡賢親王特馴謹，渥加寵榮，示非寡恩。誠以尺布斗粟，相逼笮過甚，恂勤郡王嘗握兵柄，非母弟亦豈得倖生耶？時去開國未遠，以尙武爲家法，其失則獷。

太宗屢諭諸子弟當讀書，慤厚公承其教，彬彬有東丹王之風。高宗諸子多擅文學，尤以成哲親王爲最，詞章書翰，無愧古人。恭忠親王繼以起，綢繆宮府，定亂綏疆，罷不生懟，用不辭勞，有純臣之度焉。醇賢親王尊爲本生親，乾乾翼翼，靡間初終，預絕治平、嘉靖之議，載在方策，彰彰邁前代遠甚。迨時移勢易，天方降割，乃以肺腑之親，寄腹心之重，漠然不知陰雨之已至，一發而不可復收。天歟人歟，亡也忽諸，尤足爲後來之深鑒矣！

清史稿卷二百二十二

列傳九

阿哈出 子釋加奴 猛哥不花 釋加奴子李滿住 李滿住孫完者禿 猛哥不花子撒滿哈失里 猛哥帖木兒 猛哥帖木兒弟凡察 子董山 董山子脫羅 脫羅子脫原保 凡察子不花禿

王杲 王兀堂

阿哈出，遼東邊外女眞頭人。太祖以建州衞起兵。建州設衞，始永樂元年十一月辛丑，初爲指揮使者，阿哈出也，明賜姓名李誠善，所屬授千百戶、鎭撫，賜誥印、冠服、鈔幣有差。三年十月，阿哈出朝於明。六年三月，忽的河、法胡河、卓兒河、海剌河諸女眞頭人哈喇等朝於明，以其地屬建州衞，哈喇等授千百戶。七年七月，阿哈出朝於明。

阿哈出子二：釋加奴、猛哥不花。八年，成祖親征出塞，釋加奴率所屬從戰有功。八月乙卯，以釋加奴爲都指揮僉事，賜姓名李顯忠，所屬眢卜賜姓名張志義，阿剌失賜姓名李從善，可捏賜姓名郭以誠，皆爲正千戶。九年九月，釋加奴舉猛哥不花爲毛憐衞指揮使。初，永樂三年設毛憐衞，以頭人巴兒遜爲指揮使，至是從釋加奴請，以命其弟。十年，釋加奴等歲祲乏食，遼東都指揮巫凱以聞，成祖命發粟賑之。

猛哥帖木兒者，亦女眞頭人，其弟曰凡察，與阿哈出父子並起，明析置建州左衞處之，以爲指揮使。十一年十月，與釋加奴、猛哥不花同朝於明。十四年，釋加奴、猛哥不花朝於明，爲所屬乞官。十五年二月，猛哥不花朝於明。十二月，釋加奴上言：「顏春頭人月兒速哥率其孥來歸，請屬於建州。」釋加奴、猛哥不花、猛哥帖木兒屢爲所屬乞官。十八年閏正月，成祖命無功不得乞官，賜敕戒諭之。十九年十月，猛哥不花朝於明。二十年正月，成祖親征出塞，猛哥不花率子弟及所屬從，賜弓矢、裘、馬。二十二年三月，成祖復親征出塞，猛哥不花使所屬指揮僉事王吉從，成祖嘉賚之。七月，成祖崩。

宣德元年正月，猛哥不花、猛哥帖木兒朝於明。是月壬子，進猛哥帖木兒爲都督僉事。釋加奴已前卒，三月辛丑，以其子李滿住爲都督僉事。九月丁巳，進猛哥不花爲中軍都督同知，仍掌毛憐衞。二年二月，猛哥不花使貢馬，旋卒。四月，命餼其孥。

猛哥不花子二：撒滿哈失里、官保奴。撒滿哈失里蒙其祖阿哈出賜姓爲李氏，四年三月壬子，明以爲都督僉事。五年三月，官保奴朝於明。四月，李滿住上言求市於朝鮮，朝鮮不納，宣宗敕諭聽於遼東境上通市。六年正月，釋加奴妻唐氏朝於明。二月，撒滿哈失里朝於明。七年二月，猛哥帖木兒使其弟凡察朝於明；三月壬戌，明以爲都指揮僉事。

八年二月庚戌，進猛哥帖木兒爲右都督，凡察都指揮使。六月，撒滿哈失里朝於明。是年，七姓野人木答忽等糾阿速江等衞頭人弗答哈等掠建州衞，殺左衞都督猛哥帖木兒及其子阿古，凡察告難於明。會明使都指揮裴俊如斡木河，中途遇寇，凡察以所屬赴援，有功。九年二月癸酉，進凡察都督僉事，掌衞事；敕諭木答忽等還所掠人、馬、貲財，且赦其罪。是月，撒滿哈失里母金阿納失里朝於明。

宣德十年正月，宣宗崩。是月，李滿住、撒滿哈失里上言忽剌溫境內野人那列禿等掠所屬那顏寨，敕諭那列禿等還所掠人、馬、貲財，並以責弗答哈等。四月，撒滿哈失里朝於明。正統元年閏六月，李滿住使其子古納哈等朝於明，還遼東逃人，明英宗嘉其效誠，賜綵緞、冠服；並上章言忽剌溫野人相侵，乞徙居遼陽婆猪江，英宗命遼東總兵官巫凱計議安置，毋弛邊備，毋失夷情。二年正月，凡察使所屬指揮同知李伍哈朝於明，上章言：「居鄰朝鮮，爲所困；欲還建州，又爲所阻：乞朝命。」英宗賜敕撫諭。五月，撒滿哈失里朝於明，自陳願留京師自効。

前，撒滿哈失里已進都督同知，英宗命仍掌毛憐衞事，賜敕遣之。是時，李滿住掌建州衞，凡察掌建州左衞，與撒滿哈失里並奉職貢惟謹；而故建州左衞都督猛哥帖木兒死七姓野人之難，子阿古殉焉，諸子董山、綽顏依凡察以居。是年十一月，以董山爲本衞指揮使。三年正月，凡察朝於明。是月壬子，英宗賜以敕曰：「往者猛哥帖木兒死七姓野人之難，失其印，宣德間，別鑄印畀凡察。董山上言舊印故在，而凡察復請留新印，一衞二印無故事。敕至，爾等協同署事，遣使上舊印。」凡察、董山爭衞印自此始。六月，李滿住使所屬指揮趙歹因哈上章，言：「自徙居婆猪江，屢爲朝鮮侵掠。今復徙居竈突山東南渾河上，爲朝廷守邊圉，罔敢或違。」別疏又言：「毛憐衞印爲指揮阿里所匿，請別鑄印畀撒滿哈失里。」英宗不許，命撒滿哈失里奏事附李滿住以達。

四年四月，李滿住上言：「都督凡察、指揮童倉爲朝鮮所誘，叛去。」童倉卽董山，譯音異也。英宗敕朝鮮國王李祹問狀，祹疏自明非誘。英宗命凡察、童倉卽居鏡城，復敕祹撫諭之。五年四月，英宗以李滿住與福餘衞韃靼相侵盜，敕遼東總兵曹義備邊。九月，朝鮮國王李祹上言凡察、童倉復逃還建州。總兵曹義亦疏陳：「凡察等去鏡城，率叛軍馬哈剌等四十家至蘇子河，乏食。」英宗敕義使編置三土河及婆猪江迤西冬古河兩界間，仍依李滿住以居，發粟賑之；貰逃軍馬哈剌等，命還伍。復諭祹使歸其種人留朝鮮境者。是時，凡察以都督、董山以指揮同領建州左衞，其徙居鏡城復還。六年正月戊午，進董山爲都督僉事。

二月，朝鮮國王李祹上言：「凡察舊居鏡城阿木河，其兄猛哥帖木兒，臣祖授以萬戶，創公廨，與婢僕、衣糧、鞍馬，臣父又授以上將軍。及死七姓野人之難，其子阿古殉焉，屋宇、貲產焚掠殆盡。臣撫恤凡察，如先臣撫恤其兄。近歲徙居東良，後乃潛逃，與李滿住同處。此時臣不及知，安有追殺？或有留者，非懷土不去，則同類開諭而還，非臣阻之也。李滿住昔居婆猪江，在臣國邊境。鹽米醯醬隨其所索，時時給與。後引忽剌溫劫掠臣邊不已。今凡察與同惡，謀與忽剌溫等來侵。請飭凡察等遄返舊居，庶小國邊民獲免寇盜。」英宗敕祹謹爲備。會凡察上言不敢爲非，敕遼東總兵曹義遣使諭之，並廉其情僞。

凡察、董山爭衞印數年而不決。七年二月甲辰，英宗用總兵官曹義議，析置建州右衞，凡察、董山皆進都督同知，董山以舊印掌左衞，凡察以新印掌右衞，敕分領所屬，守法安業，毋事爭鬬。董山、凡察及李滿住各爲所屬乞官，皆許之。自是，歲有干請。久次，乞進秩；物故，乞襲職，以爲常。撒滿哈失里朝於明。三月丁丑，進右都督，別鑄毛憐衞印畀之。五月，英宗以凡察等屢言朝鮮留其部衆，使錦衣衞指揮僉事吳良齎敕往勘。凡察所索童阿哈里等，居朝鮮久，受職事，守丘墓，皆自陳不願還，而以十人還李滿住。八年十月，李滿住使報兀良哈將入寇，英宗命僉都御史王翺勒兵爲備。九年正月，李滿住等上言指揮郎克苦等還自朝鮮，乞賑，英宗命發粟賑之。十二月，董山、凡察朝於明。十年正月，撒滿哈失里朝於明。十一年二月，以董山弟綽顏爲副千戶。十二年正月，進李滿住爲都督同知。六月，以聞瓦剌將寇邊，敕建州三衞李滿住、董山、凡察等使爲備。十三年正月，復敕戒李滿住等毋爲北虜誘。十二月，董山、凡察朝於明。十四年，凡察妻朶兒眞索朝於明，進皇太后塔納珠二顆，賚以紵絲表裏。既而額森入寇，建州三衞亦屢犯邊。景泰中，王翺巡撫遼東，使招諭，復叩關。

天順二年正月，李滿住朝於明。二月，進董山右都督。時董山陰附朝鮮，朝鮮授以中樞密使。巡撫遼東都御史程信詗得其制書以聞，英宗使詰朝鮮及董山，皆慴服，貢馬謝。五年十二月，朝鮮國王李瑈上言：「建州衆夜至義州江，殺並江收禾民，掠男婦、牛馬。」下兵部議，以爲朝鮮嘗誘殺毛憐衞都督郎卜兒哈，致寇乃自取，置勿問。八年春正月，英宗崩。

成化元年正月，董山朝於明，自陳防邊有勞，乞進秩。憲宗不許，賜以綵緞。十月，整飭邊備。左都御史李秉上言：「建州、毛憐、海西諸部落入貢，邊臣驗方物，貂必純黑，馬必肥大，否則拒不納。今諸部落結福餘三衞屢犯邊。貢使至，使者不宜過持擇，召邊釁。」憲宗命從之。二年十一月，秉上言：「毛憐諸衞犯邊，官兵擊破之。」十二月，復入犯，總兵武安侯鄭宏戰敗。三年正月，秉上言：「董山歸所掠邊人，請贖俘。」憲宗敕獎董山，因戒責建州、毛憐諸衞，旋使錦衣衞署都督僉事武忠將命撫諭。是月，海西、建州諸衞復入鴉鶻關，都指揮鄧佐禦諸雙嶺，中伏死，副總兵施英不能救。三月，復入連山關，掠開原、撫順，窺鐵嶺、寧遠、廣寧。及忠至，董山等受撫。四月，偕李古納哈等朝於明，憲宗使集闕下，宣詔赦其罪，董山等頓首聽命。

五月己丑，復以左都御史李秉提督軍務，武靖伯趙輔佩靖虜將軍印，充總兵官，發兵討建州，而董山等留京師，會賜宴，其從者語嫚，奪庖人銅牌，事聞，有詔切責；既而，予馬值、賚綵幣如故事。董山、李古納哈乞蟒衣、玉帶、金頂帽、銀酒器，憲宗命增賜衣、帽，人一具。董山又言指揮可昆等五人有勞，乞賜，憲宗命賜衣，人一襲。董山等辭歸，鴻臚寺通事署丞王忠奏：「董山等罵坐不敬，貪求無厭，揚言歸且復叛，請遣官防送。」憲宗命禮部遣行人護行，復賜敕戒諭。董山等既行，憲宗復用禮部主事高岡議，命趙輔縶董山塞上。輔留董山等廣寧，令遣使戒所屬毋更盜邊。七月庚申，輔召董山等聽宣敕，未畢，董山等爲嫚語，袖出刃刺譯者，吏士格鬭，殺董山等二十六人。憲宗命發兵益秉、輔東征，敕安撫毛憐、海西諸衞，示專討建州。九月，分道出師：左軍渡渾河，越石門，至分水嶺；右軍度鴉鶻關，踰鳳凰城、摩天嶺，至婆猪江；中軍下撫順，經薄刀山，過五嶺，渡蘇子河，至虎城。攻破張打必納、戴咬納、朗家、嘹哈諸寨，四戰皆捷。十月，師還。秉上疏請增兵戍遼陽，於鳳凰山、鴉鶻關、撫順、奉集、通遠諸路度地築城堡，選將吏習邊事者鎭開原，憲宗悉從之。

四年正月，朝鮮國王李瑈上言，遣中樞府知事康純等將兵征建州，渡鴨綠、潑猪二江，破兀彌府諸寨，擒李滿住及其子古納哈等，多所俘馘，使獻俘。

自阿哈出始領建州衞，傳其子釋加奴及孫李滿住。析左衞，猛哥帖木兒領之，死，而弟凡察代，旣復傳其子董山；析右衞，移凡察領之。其入邊爲亂，董山爲之渠。明旣殺董山，朝鮮亦破李滿住，其子古納哈同死，他子都喜亦的哈，後不著。凡察正統後不復見，當已前死。其子不花禿不與董山之亂，獨全。他子阿哈答嘗朝於明，爭賜幣不及例。五年六月，建州左衞都指揮佟那和劄等上章，爲董山子脫羅等、李古納哈子完者禿乞官。兵部請進止，憲宗命授脫羅都指揮同知、完者禿都指揮僉事。自是，凡從董山爲亂者，其子姓降一等，仍襲職。

六年正月，建州三衞頭人沙加保等三百餘人朝於明，憲宗敕示威德，俾復奉朝貢。居數年，太監汪直擅政，欲以邊功自重，巡撫遼東右副都御史陳鉞阿直意，十三年十二月，上章言建州三衞爲邊患，請聲罪致討。十四年六月，命兵部侍郎馬文升及鉞會議招撫，文升上言：「建州左、右二衞掌印都指揮脫羅、卜花禿等一百九十五人，建州衞掌印都指揮完者禿等二十七人，先後應命。」宣敕撫慰，遣還。卜花禿即不花禿，凡察子也，九年十二月、十一年正月，再入朝，至是同受招撫。

尋復命直詣遼東處置邊務，直至邊，鉞復請用兵。十五年十月，命直監督軍務，撫寧侯朱永佩靖虜將印充總兵官，鉞參贊軍務，討建州三衞，並敕朝鮮國王李娎發兵夾擊。十一月，永等分道出撫順關，建州人拒守，縱擊破之，有所俘馘。師還，永等受上賞。十六年六月，建州復寇邊。巡按遼東御史强珍疏論鉞等啓釁冒功，下吏議。汪直憾珍，劾珍欺罔，逮治，謫戍。鉞尋罷去。十八年，直亦得罪，建州三衞奉朝貢如故。

弘治初，脫羅、完者禿皆進都督。孝宗之世，脫羅三朝，完者禿五朝，明賜完者禿大帽、金帶。正德元年，脫羅卒，以其子脫原保襲都督僉事。二年四月，卜花禿卒，賜祭。武宗之世，脫原保三朝。

嘉靖間，建州衞都督方巾，左衞都督章成、古魯哥，右衞都督阿剌哈、眞哥、騰力革輩，見於明實錄，皆不知其世。蓋自李滿住死，復傳其孫完者禿。阿哈出之後，可紀者四世。其別子猛哥不花領毛憐衞，傳子撒滿答失里，後不著。董山死，傳其子脫羅及孫脫原保。猛哥帖木兒之後，可紀者三世。其弟凡察傳子不花禿，後不著。迨嘉靖季年，王杲强，而阿哈出、猛哥帖木兒之族不復見。

王杲，不知其種族。生而黠慧，通番、漢語言文字，尤精日者術。嘉靖間，爲建州右衞都指揮使，屢盜邊。三十六年十月，窺撫順，殺守備彭文洙，遂益恣掠東州、會安、一堵牆諸堡無虛歲。四十一年五月，副總兵黑春帥師深入，王杲誘致春，設伏媳婦山，生得春，磔之，遂犯遼陽，劫孤山，略撫順、湯站，前後殺指揮王國柱、陳其孚、戴冕、王重爵、楊五美，把總溫欒、于欒、王守廉、田耕、劉一鳴等，凡數十輩。當事議絕貢市，發兵剿，尋又請貸，杲不爲悛。隆慶末，建州哈哈納等三十人款塞請降，邊吏納焉。王杲走開原索之，勿予，乃勒千餘騎犯清河。游擊將軍曹簠伏道左，突起，斬五級，王杲遁走。

故事，當開市，守備坐聽事，諸部酋長以次序立堂上，奉土產，乃驗馬；馬卽羸且跛，並予善值，饜其欲乃已。王杲尤桀驁，攫酒飲，至醉，使酒箕踞罵坐。六年，守備賈汝翼初上，爲亢厲，抑諸酋長立階下，諸酋長爭非故事，盡階進一等。汝翼怒，抵几叱之，視戲下箠不下者十餘人，驗馬必肥壯。王杲鞅鞅引去，椎牛約諸部，殺掠塞上。是時，哈達王台方强，諸部奉約束，邊將檄使諭王杲。王杲訟言汝翼摧抑狀，巡撫遼東都御史張學顏以聞，下兵部議，令遼東鎭撫宣諭，示以恩威。於是王台以千騎入建州寨，令王杲歸所掠人馬，盟於撫順關下而罷。學顏復以聞，賚王台銀幣。

萬曆二年七月，建州奈兒禿等四人款塞請降，來力紅追亡至塞上，守備裴承祖勿予，追者縱騎掠行夜者五人以去。承祖檄召來力紅令還所掠，亦勿予。是時王杲方入貢，馬二百四、方物三十馱，休傳舍。承祖度王杲必不能棄輜重而修怨於我，乃率三百騎走來力紅寨，諸部圍之，未敢動。王杲聞耗驚，馳歸，與來力紅入謁承祖，而諸部圍益衆。王杲曰：「將軍幸毋畏。倉卒聞將軍至，皆匍匐願望見。」承祖知其詐，呼左右急兵之，擊殺數十人，諸部皆前鬬，殺傷相當。來力紅執承祖及把總劉承奕、百戶劉仲文，殺之。於是學顏奏絕王杲貢市，邊將復檄王台使捕王杲及來力紅。王台送王杲所掠塞上士卒，及其種人殺漢官者。

王杲以貢市絕，部衆坐困，遂糾土默特、泰寧諸部，圖大舉犯遼、瀋。總兵李成梁屯瀋陽，分部諸將：楊騰駐鄧良屯，王維屏駐馬根單，曹簠馳大衝挑戰。王杲以諸部三千騎入五味子衝，明軍四面起，諸部兵悉走保王杲寨。王杲寨阻險，城堅塹深，謂明軍不能攻。成梁計諸部方聚處，可坐縛。十月，勒諸軍具礮石、火器疾走圍王杲寨，斧其柵數重。王杲拒守，成梁益揮諸將冒矢石陷堅先登。王杲以三百人登臺射明軍，明軍縱火，屋廬、芻茭悉焚，烟蔽天，諸部大潰。明軍縱擊，得一千一百四級。往時剖承祖腹及殺承奕者皆就馘，王杲遁走。明軍車騎六萬，殺掠人畜殆盡。

三年二月，王杲復出，謀集餘衆犯邊，復爲明軍所圍。王杲以蟒褂、紅甲授所親阿哈納，陽爲王杲突圍走，明軍追之。王杲以故得脫，走重古路，將往依泰寧衞速把亥。明軍購王杲急，王杲不敢北走，假道於王台。邊吏檄捕送。七月，王台率子虎兒罕赤縛王杲以獻，檻車致闕下，磔於市。王杲嘗以日者術自推出亡不卽死，竟不驗。妻孥二十七人爲王台所得，其子阿台脫去。阿台妻，淸景祖女孫也。

王台卒，阿台思報怨，因誘葉赫楊吉砮等侵虎兒罕赤。總督吳兌遣守備霍九皐諭阿台，不聽。李成梁率師禦之曹子谷、大梨樹佃，大破之，斬一千五百六十三級。四年春正月，阿台復盜邊，自靜遠堡九臺入，旣又自榆林堡入至渾河，旣又自長勇堡入薄渾河東岸，又糾土蠻謀分掠廣寧、開原、遼河。阿台居古勒寨，其黨毛憐衞頭人阿海居莽子寨，兩寨相與爲犄角。成梁使裨將胡鸞備河東，孫守廉備河西，親帥師自撫順王剛台出塞，攻古勒寨，寨陡峻，三面壁立，壕塹甚設。成梁麾諸軍火攻兩晝夜，射阿台，殪。別將秦得倚已先破莽子寨，殺阿海，斬二千二百二十二級。景祖、顯祖皆及於難。語詳太祖紀。

同時又有王兀堂，亦不知其種族，所居寨距靉陽二百五十里，靉陽故通市。王兀堂初起，奉約束惟謹。萬曆三年，李成梁策徙孤山、險山諸堡，拓境數百里，斷諸部窺塞道。王杲旣擒，張學顏行邊，王兀堂率諸部酋環跪馬前，謂徙堡塞道，不便行獵，請得納質子，通市易鹽、布。學顏以請，神宗許之。開原、撫順、淸河、靉陽、寬奠通布市自此始。

當是時，東方諸部落，自撫順、開原而北屬海西，王台制之；自淸河而南抵鴨綠江屬建州，王兀堂制之：頗守法。已，漸竊掠東州、會安堡。七年七月，開市寬奠，參將徐國輔縱其弟若僕減直强鬻參，毆種人以回易至者幾斃，諸部皆忿，數掠寬奠、永奠、新奠諸堡。他酋佟馬兒等牧松子嶺，闌入林剛谷。巡撫都御史周詠等劾國輔，罷之，諭王兀堂戢諸部。八年三月，王兀堂及他酋趙鎖羅骨等，以六百騎犯靉陽及黃關嶺，指揮王宗義戰死。四月，又以千騎自永奠堡入，成梁帥師擊敗之，斬七百五十級，俘一百六十人。十一月，復自寬奠堡入，副總兵姚大節帥師擊敗之，斬六十七級，俘十一人。王兀堂自是遂不振，不復通於明。

當隆慶之世，下逮萬曆初，建州諸衞以都督奉朝貢者，建州衞則有納答哈、納木章，左衞則有大疼克、八汗馬、哈塔台，右衞則有八當哈、來留住、松塔；而王杲自指揮遷何秩，不可考見，王兀堂幷不著其官，然皆强盛爲大酋。自王杲就擒後五年而王兀堂敗，又後三年而阿台死，太祖兵起。

論曰：建州之爲衞，始自阿哈出。枝幹互生，左右析置，自永樂至嘉靖，一百五十餘年，而阿哈出之世絕。王杲乘之起，父子弄兵十餘年乃滅。其在於淸，猶爽鳩、季萴之於齊，所謂因國是也。或謂猛哥帖木兒名近肇祖諱，子若孫亦相同。然清先代遘亂，幼子范察得脫，數傳至肇祖，始克復仇，而猛哥帖木兒乃被戕於野人，安所謂復仇？若以范察當凡察，凡察又猛哥帖木兒親弟也，不得爲數傳之祖。清自述其宗系，而明乃得之於簡書。春秋之義，名從主人，非得當時紀載如元秘史者，固未可以臆斷也。隆慶、萬曆間，建州諸部長未有名近興祖諱者。太祖兵起，明人所論述但及景、顯二祖，亦未有謂爲董山裔者。信以傳信，疑以傳疑，今取太祖未起兵前建州三衞事可考見者著於篇，以阿哈出、王杲爲之綱，而其子弟及同時並起者附焉。

清史稿卷二百二十三

列傳十

萬 子扈爾干 孟格布祿 扈爾干子岱善 孟格布祿子吳爾古代

楊吉砮 兄清佳砮 楊吉砮子納林布祿 金台石 清佳砮子布寨 布寨子布揚古

布占泰 拜音達里

萬，哈達部長也。萬自稱汗，故謂之萬汗。明譯爲王台，「台」「萬」音近。明於東邊酋長稱汗者，皆譯爲「王」某，若以王爲姓，萬亦其例也。哈達爲扈倫四部之一，明通稱海西。哈達貢於明，入廣順關，地近南，故謂之南關。

萬姓納喇氏，其始祖納齊卜祿。納齊卜祿生尙延多爾和齊，尙延多爾和齊生嘉瑪喀碩珠古，嘉瑪喀碩珠古生綏屯，綏屯生都勒喜。都勒喜子二：克什納、古對朱顏。古對朱顏之後別爲烏喇部。克什納，嘉靖初掌塔山左衞，於諸部中最强，修貢謹，又捕叛者猛克有勞，明授左都督，賜金頂大帽；既，爲族人巴代達爾漢所殺。克什納子二：長徹徹穆，次旺濟外蘭。克什納死時，徹徹穆子萬奔席北部境綏哈城，而旺濟外蘭奔哈達，遂爲其部長。明以其偵寇功，授都督僉事。葉赫部長褚孔格數爲亂，旺濟外蘭執而僇之，奪其貢敕七百道，及所部十三寨。後其部衆叛，旺濟外蘭爲所殺。其子博爾坤舍進殺父仇，迎從兄萬於綏哈城，還長其部。萬能用其衆，略隣部，遠交而近攻，勢益盛，遂以哈達爲國，稱汗。興祖諸子環居赫圖阿喇，號「寧古塔貝勒」，與董鄂部搆釁。興祖第三子索長阿爲其子吳泰娶萬女，蓋嘗乞兵於萬以禦董鄂部。

萬居靜安堡外，室廬、耕植與他部落異，事明謹。是時王杲領建州，與韃靼東西遙應，窺遼塞，萬支拄其間不令合。明使繼其大父克什納爲都督。王杲盜邊，開原兵備副使王之弼檄萬，令王杲還所掠。萬入建州寨，要王杲盟於撫順關下，復通市如故。土默特徙帳遼東，萬入貢，多奪其馬。已而，土默特弟韋徵與萬爲婚，其從子小黃台吉擁五萬騎，介葉赫復請婚於萬，萬懼而許之。小黃台吉以馬牛羊、甲冑、貂豹之裘遺萬，築壇刑白馬爲盟，約毋犯塞。居無何，小黃台吉要萬犯塞，萬不可，乃罷，時爲萬曆元年。明年，王杲亂，遼東巡撫張學顏檄萬捕王杲。萬令海西、建州諸酋款塞，乞先開市，游擊丁倣語之曰：「必得王杲而後市可圖也。」萬復率建州衞都督大疼克等叩關，督撫以聞，許開市，遂縛獻王杲所掠遼軍八十四人，及種人兀黑，以兀黑嘗殺漢官也。又明年，捕得王杲，檻致京師。明進萬右柱國、龍虎將軍，官二子都督僉事，賜黃金二十兩、大紅師子紵衣一襲。

是時萬所領地，東則輝發、烏喇，南則建州，北則葉赫，延袤千里，保塞甚盛。萬暴而黷貨，以事赴訴，視賂有無為曲直。部下皆效之，使於諸部，驕恣無所忌，求賄鷹、犬、雞、豚惟所欲。使還，意為毀譽，萬輒信之。以是諸部皆貳。而葉赫部長淸佳砮、楊吉砮兄弟，以父褚孔格見僇，心怨萬。萬納其女弟溫姐，又以女妻楊吉砮，卵翼之。萬老而衰，楊吉砮復婚於哈屯恍惚太，勢漸張。萬子扈爾干尤暴，所部或去從楊吉砮。楊吉砮搆烏喇與扈爾干為仇，遂收故所部諸寨為旺濟外蘭所侵者，取其八寨，惟把太等五寨尚屬萬。自是輝發、烏喇諸部皆不受約束，萬地日蹙，憂憤不自憀。萬曆十年七月，萬卒。葉赫聞萬死，使求故貢敕，扈爾干曰：「我父以汝兄弟故，卒用憂憤死，今尙問敕書乎？」勿與，告哀於明。明以萬忠，賜祭，予綵幣、四表裏。

萬有子五：扈爾干為長；仲、叔皆前死；季孟格布祿，溫姐子也；又有康古魯，為萬外婦子。萬卒，康古魯與扈爾干爭父業。扈爾干怒曰：「汝，我父外婦子也，寧得爭父業乎？不避我，我且殺汝！」康古魯因亡抵淸佳砮，淸佳砮妻以女。是時太祖初起兵。八月，扈爾干以兵從兆佳城長李岱劫太祖所屬瑚濟寨，太祖部將安費揚古、巴遜以十二人追擊，殺哈達兵四十人，還所掠。扈爾干旋卒。孟格布祿年十九，襲父職龍虎將軍、左都督，衆未附。康古魯聞扈爾干死，遂還，烝溫姐。

扈爾干有子曰岱善，與康古魯、孟格布祿析萬遺業爲三。康古魯報扈爾干之怨，釋憾於其子；孟格布祿亦以母溫姐故，助康古魯，共攻岱善；而淸佳砮、楊吉砮兄弟謀攻萬子孫報仇，十一年七月，挾煖兔、恍惚太等萬騎來攻。明總督侍郎周詠念岱善弱，孟格布祿少，請加敕部諸酋，神宗許之。十二月，楊吉砮等復挾蒙古科爾沁貝勒瓮阿岱等萬騎來攻，孟格布祿及岱善以二千騎迎戰而敗。自是兵屢至，恣焚掠不已。十二年，明總兵李成梁誘殺淸佳砮、楊吉砮兄弟，所部讋服，誓受孟格布祿約束。

葉赫難始紓，而內訌復急。淸佳砮子布寨、楊吉砮子納林布祿乘隙圖報怨。十五年四月，納林布祿以恍惚太萬騎攻把泰寨，明兵來援，圍解；乃陰結其姑溫姐，嗾孟格布祿佐康古魯圖岱善。先是扈爾干許以女歸太祖，十六年，岱善親送以往，太祖爲設宴成禮。是年納林布祿復以恍惚太五千騎圍岱善。孟格布祿將其孥從納林布祿往葉赫，居十八里寨，於是圖岱善益急，而康古魯誘岱善所部叛岱善，略其貲畜，納林布祿並掠岱善妻哈爾屯以去。明邊吏議絕孟格布祿市，以所部及土田、牲畜盡歸於岱善。孟格布祿不聽，復與布寨、納林布祿、康古魯入開原，溫姐偕。開原兵備副使王緘令裨將襲其營，執溫姐、康古魯以歸。巡撫顧養謙諭孟格布祿：「和岱善，還所掠，否則斷若母頭矣！」王繊以爲戮溫姐則孟格布祿益攜，不如釋之，而囚康古魯，待朝命。溫姐既得脫，遁還。孟格布祿自葉赫攻岱善，自焚其所居，劫溫姐去。王繊坐是奪職。

十六年二月，河西大饑，岱善乞糴於明，明予粟百斛。李成梁出師討布寨、孟格布祿，圍其城，布寨、孟格布祿請降，成梁振旅還。開原兵備副使成遜議釋康古魯，和諸部；總督侍郎顧養謙亦謂：「岱善弱而多疑，即殲諸酋立之，不能有其衆。不如釋康古魯，使和岱善，則萬子孫皆全。岱善內倚中國，外結建州，陰折北關謀，實制東陲勝策也。」夏四月，遂釋康古魯而諭之曰：「中國立岱善，以萬故；囚汝，以助北關侵岱善也。汝亦萬子，不忍殺。今釋汝，和諸酋，修父業。岱善安危，汝則任之。」康古魯聽命，因令岱善以叔父事康古魯，以祖母事溫姐，刑牲盟；且進布寨、納林布祿使者誡諭之，爲均兩部，敕孟格布祿出岱善妻子五人，及所部種人三百二十三、婦稚五百四十三、馬牛羊數百，歸岱善。康古魯偕溫姐歸故寨，居月餘，康古魯病且死，語溫姐及孟格布祿，戒部曲毋盜邊負明恩。康古魯死，孟格布祿謀盡室徙依葉赫，度溫姐不從，微告布寨、納林布祿以兵至。孟格布祿縱火燔其居，趣溫姐行，溫姐不可，强扶持上馬，鬱鬱不自得，七月亦死。

布寨、納林布祿誘孟格布祿圖岱善如故。成遜令諸酋面相要釋憾，並入貢，而太祖日强盛，布寨、納林布祿與有隙。二十一年夏六月，糾孟格布祿及烏喇、輝發四部合兵攻太祖，略戶布察寨。太祖率兵追之，設伏於中途，引兵略哈達富兒家齊寨。哈達兵至，太祖欲引敵至設伏所，揮衆使退，以單騎殿。孟格布祿以三騎自後相迫，一騎出於前，太祖引弓射前騎，前騎在右，回身自馬項上發矢，矢著於馬腹，遂逸去。三騎驟至，太祖馬驚幾墜，右足絓於鞍，復乘，遂射孟格布祿馬踣地，其從者秦穆布祿授以己馬，挾以馳。太祖率所部兵騎者三、步者二十，逐而擊之，斬十二人，獲甲六、馬十八，以還。九月，復從布寨、納林布祿以九部之兵三萬人攻太祖，戰於黑濟格城下，九部之兵熸，布寨殲焉。

二十五年，葉赫諸部請成於太祖，盟定輒背之。二十六年，孟格布祿所居城北溪流血。二十七年秋，納林布祿攻孟格布祿，孟格布祿不能支，以其三子質於太祖，乞師。太祖使費英東、噶蓋以兵二千戍哈達。納林布祿恐，乃搆明開原譯者爲書，誘孟格布祿使貳於明，將襲擊費英東等。費英東等詗得之，以告太祖。九月丁未朔，太祖帥師攻哈達。貝勒舒爾哈齊請爲前鋒，薄孟格布祿所居城。兵出，舒爾哈齊使告太祖曰：「彼城兵出矣！」太祖曰：「豈爲此城無兵而來耶？」躬督兵進。舒爾哈齊兵塞道，太祖軍循城行，城上發矢多傷者，遂攻城，癸丑，克之。揚古利生得孟格布祿，太祖命勿殺，召入謁，賜以所御貂帽、豹裘，置帳中。旣，孟格布祿與噶蓋謀爲亂，事洩，乃殺之。

二十九年春正月，太祖以女妻孟格布祿子吳爾古代，明使來讓，太祖遣吳爾古代還所部。納林布祿歸所掠敕六十道，請於明，補雙貢如故事。已而，納林布祿復糾蒙古掠哈達。哈達饑，乞糴於明，明不與，至鬻妻子、奴僕以食。太祖周恤之，遂以吳爾古代歸。哈達亡。

楊吉砮，葉赫部長，孝慈高皇后父也。其先出自蒙古，姓土默特氏，滅納喇部據其地，遂以地爲姓；後遷葉赫河岸，因號葉赫。其貢於明，取道鎭北關，地近北，故明謂之北關。始祖星根達爾漢生席爾克明噶圖，席爾克明噶圖生齊爾噶尼。正德初，齊爾噶尼數盜邊，斬開原市。八年，其子褚孔格糾他酋加哈復爲亂，旋就撫，授達喜木魯衞都督僉事。褚孔格阻兵數反覆，爲哈達部長旺濟外蘭所殺，明賜敕書及所屬諸寨，皆爲所奪。

褚孔格子太杵。太杵子二：長，清佳砮；次卽楊吉砮。能撫諸部，依險築二城，相距可數里，清佳砮居西城，楊吉砮居東城，皆稱貝勒。明人以譯音，謂之「二奴」。是時哈達萬汗方强，楊吉砮弟兄事萬謹，萬納其女弟溫姐，藉勢寖驕，數糾建州王杲侵明邊。明討王杲，而清佳砮、楊吉砮不與，葢萬實庇之，既又以女妻楊吉砮。然楊吉砮兄弟日夜思復先世褚孔格之仇，怨萬。會萬老，勢衰，楊吉砮復婚於哈屯恍惚太，以隙復故地季勒諸寨。萬子扈爾干所屬白虎赤等先後叛歸楊吉砮，楊吉砮勢日盛，萬遂以憂憤死。死而諸子內爭，其庶孽康古魯亡抵清佳砮，清佳砮妻以女，益間萬子孫使自相圖。

既而太祖兵起，嘗如葉赫，楊吉砮顧知爲非常人，謂太祖曰：「我有幼女，俟其長，當使事君。」太祖曰：「君欲結姻盟，盍以年已長者妻我？」楊吉砮對曰：「我雖有長女，恐未爲嘉偶。幼女端重，始足爲君配耳。」太祖遂納聘焉。

萬曆十一年，楊吉砮弟兄率白虎赤，益以煖兔、恍惚太所部萬騎，襲敗孟格布祿，斬三百級，掠甲冑一百五十；益借猛骨太、那木塞兵，焚躪孟格布祿所部室廬、田稼殆盡。明分巡副使任天祚使齎布帛及鐵釜，犒楊吉砮兄弟，諭罷兵。楊吉砮兄弟言：「必得敕書盡轄孟格布祿等然後已。」既，復焚孟格布祿及其仲兄所分莊各十，岱善莊一，脅所屬百餘人去。既，又以恍惚太二千騎馳廣順關，攻下沙大亮寨，俘三百人，挾兵邀貢敕。

十二年，巡撫李松與總兵李成梁謀誅楊吉砮兄弟，哈達亦以請。明制，凡諸部互市，築牆規市場，謂之「市圈」。成梁使召楊吉砮弟兄，當賜敕賞賚，乃伏兵中固城，距開原可四十里，待其至。已而楊吉砮弟兄挾恍惚太二千騎擐甲叩鎭北關，守備霍九皋遣使讓之曰：「若來就撫，甲騎數千何爲者？」楊吉砮兄弟乃請以三百騎入圈。李松令參將宿振武、李寧等夾城四隅爲伏，戒軍中曰：「虜入圈，聽撫則張幟，按甲毋動；不則鳴礮，皆鼓行而前，急擊之勿失。」松與任天祚坐南樓，使九皋諭楊吉砮兄弟。楊吉砮兄弟則益兵，以精騎三千屯鎭北闕，而以三百騎入圈。楊吉砮兄弟請敕書部勒孟格布祿等，九梟譙讓之，漸急，楊吉砮兄弟瞋目，語不馴，李松奮髯抵几叱之。九梟麾楊吉砮等下馬，楊吉砮目從者白虎赤，白虎赤拔刀擊九梟，微中右臂。九梟還擊楊吉砮從者一騎踣，餘騎羣噪擊明兵。軍中礮如雷，伏盡起，遂殺清佳砮、楊吉砮、白虎赤、淸佳砮子兀孫孛羅、楊吉砮子哈兒哈麻，及諸從者，斬三百十有一級。勒兵馳出闕，成梁先自中固城至，圍擊葉赫軍，斬千五百二十一級，奪馬千七百有三，遂深入楊吉砮弟兄所居寨。師合圍，且日，諸酋出寨門蒲伏，請受孟格布祿約束，刑白馬攢刀爲誓，成梁引師還。自是葉赫不敢出兵窺塞擾哈達爲亂。明總督張佳胤等以陣斬「二奴」聞，成梁、松、天祚、九梟、振武、寧予廕進秩有差。

居數年，清佳砮子布寨、楊吉砮子納林布祿繼爲貝勒，收餘燼，謀傾哈達報世讐，挾以兒鄧數侵掠，闌入威遠堡。納林布祿尤狂悖，要貢敕如其諸父，頻歲糾恍惚太攻岱善不已；且因其姑溫姐煽孟格布祿、康古魯圖岱善，俾哈達內訌。會明助岱善，襲執康古魯。

十六年二月，巡撫顧養謙決策討布寨、納林布祿。成梁帥師至海州，雪初消，人馬行淖中，馬足膠不可拔。成梁計擊虜利月明，軍抵開原已下弦，不如三月往，遂壁海州，養謙壁遼陽。是歲，河西大饑，斗米錢三千，菽二千，發海州、遼陽穀贍軍。月將晦，成梁自海州乘傳出，三月十有三日，至開原。令岱善軍以白布綴肩際爲幟，雞鳴，發威遠堡，行三十里，至葉赫屬酋落羅寨。成梁使召落羅，落羅駭兵至，迎謁，命以一幟樹寨門，材官十人守之，戒諸軍毋犯；挾落羅及其從者三騎俱，又行三十里，至葉赫城下。布寨棄西城，奔納林布祿，併兵以拒，其衆與明軍夾道馳，明軍不敢先發。一酋麾其騎突明軍，殺三人，成梁乃縱兵擊之。游擊將軍吳希漢先驅，流矢集於面，創甚，弟希周奮起，斬虜騎射希漢者，亦被創。明軍如牆進，葉赫兵退入城守。城以石爲郭，郭內外重疊障，以巨桁爲柵。城中有山，鑿山周遭爲坂，絕峻，爲羅城其上，外以石，內以木，又二重，中構八角樓，置妻孥、財貨。明師攻二日，破郭外柵二重。城上木石雜下，先登者輒死，城堅不可拔。成梁乃斂兵，發巨礮擊城，城壞，穿樓斷桁，葉赫兵死者無算，殲其酋把當亥，斬級五百五十四，城中皆號泣。明軍車載雲梯至，直立，齊其內城，將置巨礮其上。二酋始大懼，出城乞降，請與南關分敕入貢。成梁令毋攻，燔雲梯，戒諸軍毋發其窖粟，遂引師還。四月朔，釋康古魯遺還，因進葉赫使者諭曰：「往若効順，朝廷賞不薄。江上遠夷以貂皮、人參至，必藉若以通。若布帛、米鹽、農器仰給於我，耕稼圍獵，坐收木枲、松實、山澤之利，爲惠大矣。今貢事絕，江上夷道梗，皆怨若。我第傳檄諸部，斬二酋頭來，俾爲長，可無煩兵誅也。今貸若，若何以報？」遂與哈達均敕。永樂初，賜海西諸部敕，自都督至百戶，凡九百九十九道。至是，畀哈達、葉赫分領之，以哈達効順，使贏其一。

秋九月，納林布祿送其女弟歸太祖，太祖率諸貝勒迎之，大宴成禮，是爲孝慈高皇后。

十九年，納林布祿令宜爾當、阿擺斯漢使於太祖，且曰：「扈倫諸部與滿洲語言相通，宜合五爲一。今屬地爾多我寡，額爾敏、扎庫木二地，盍以一與我！」太祖曰：「我爲滿洲，爾爲扈倫，各有分地。我毋爾取，爾毋我爭。地非牛馬比，豈可分遺？爾等皆知政，不能諫爾主，奈何强顏來相瀆耶！」遣其使還。旣而納林布祿又令尼喀里、圖爾德偕哈達、輝發二部使者復至，太祖與之宴。圖爾德起而請曰：「我主有傳語，恐爲貝勒怒。」太祖問：「爾主何語？我不爾責。」圖爾德曰：「我主言曩欲分爾地，爾靳不與。儻兩國舉兵相攻，我能入爾境，爾安能蹈我地乎？」太祖大怒，引佩刀斷案曰：「爾葉赫諸舅，盍嘗躬在行間，馬首相交，裂甲毀冑，堪一劇戰耶？哈達惟內訌，故爾等得乘隙掩襲，何視我若彼易與也！吾視蹈爾地，如入無人境，晝卽不來，夜亦可往，爾其若我何！」因詆布寨、納林布祿父見殺於明，至不得收其骨，奈何出大言，以其語爲書，遣巴克什阿林察報之。布寨要至其寨，不令見納林布祿，遣還。

未幾，長白山所屬朱舍里、訥殷二路引葉赫兵劫太祖所屬東界洞寨。二十一年夏六月，扈倫四部合兵攻太祖，布寨、納林布祿爲戎首，劫戶布察寨。太祖以師禦之，遂侵哈達。秋九月，復益以蒙古科爾沁、席北、卦爾察三部，朱舍里、訥殷二路，攻太祖，謂之「九姓之師」。太祖將出師，祀於堂子，祝曰：「我初與葉赫無釁，葉赫橫來相攻，糾集諸部，爲暴於無辜，天其鑒之！」又祝曰：「願敵盡垂首，我軍奮揚，人不遺鞭，馬無顛躓，惟天其助我！」是時，葉赫兵萬人，哈達、烏喇、輝發三部合兵萬人，蒙古科爾沁三貝勒及席北、卦爾察三部又萬人，凡三萬人。太祖兵少，衆皆懼，太祖戒勉之。朝發虎闌哈達，夕宿扎喀城。葉赫兵方攻黑濟格城，未下。且日，太祖師至，面城而陣，使額亦都以百人先。葉赫兵罷攻城來戰，太祖軍迎擊，斬九級，葉赫兵小郤。布寨、金台石及蒙古科爾沁三貝勒復併力合攻，金台石者，納林布祿弟也。布寨將突陣，馬觸木，踣，太祖部卒吳談趨而前，伏其身刺殺之。葉赫兵見布寨死，皆痛哭，陣遂亂。九姓之師以此敗。布寨死，子布揚古嗣爲貝勒。

二十五年春正月，扈倫諸部同遣使行成於太祖曰：「吾等兵敗名辱，繼自今願締舊好，申之以婚媾。」布揚古請以女弟歸太祖，金台石請以女妻太祖次子台吉代善，上許之，具禮以聘。宰牛馬告天，設卮酒、塊土及肉、血、骨各一器，四國使者誓曰：「既盟之後，苟棄婚媾，背盟約，如此土，如此骨，如此血，永墜厥命！若始終不渝，飲此酒，食此肉，福祿永昌。」太祖誓曰：「彼等踐盟則已，有或渝者，待三年不悛，吾乃討之。」布揚古女弟，高皇后姪也，是時年十四。未幾，太祖遣將穆哈連侵蒙古，獲馬四十。納林布祿邀奪其馬，執穆哈連歸於蒙古。烏喇貝勒布占泰亦背盟結納林布祿。二十七年，太祖克哈達。以明有責言，使哈達故貝勒孟格布祿子吳爾古代還所部。二十九年，納林布祿以兵侵之，太祖遂以吳爾古代歸。三十一年秋九月，高皇后疾篤，思見母，太祖使迎焉。納林布祿不許，令其僕南太來視疾，太祖數之曰：「汝葉赫諸舅無故掠我戶布察寨，又合九姓之師而來攻我，旣乃自服其辜，歃血誓天爲盟誓，而又背之，許我國之女皆嫁蒙古。今我國妃病篤，欲與母訣，而又不許，是終絕我也！」旣而，高皇后崩。三十二年春正月，太祖帥師攻葉赫，克二城，曰張，曰阿氣蘭；取七寨，俘二千餘人而還。

三十五年，納林布祿聞輝發貝勒拜音達里使貳於太祖，太祖以是取輝發，納林布祿不能救；而布揚古女弟受太祖聘，十六年不遣，年三十，烏喇貝勒布占泰將强委禽焉。四十年，太祖討布占泰。四十一年，師再舉，遂克烏喇，布占泰亡奔葉赫。布揚古欲遂以女弟嫁之，布占泰遜謝不敢娶，爲別婚。是時納林布祿已死，其弟金台石嗣爲貝勒，與布揚古分居東、西城如故。秋九月，太祖使告葉赫執布占泰以獻，使三往，不聽。太祖謀伐之，先期遣第七子巴布泰率所屬阿都、干骨里等三十餘人質於明。至廣寧，謁巡撫都御史張濤，請敕葉赫遣布占泰，濤以聞，神宗下部議，以爲質子眞僞莫可辨，拒勿納。太祖乃以四萬人會蒙古喀爾喀貝勒介賽伐葉赫。會有逋卒洩師期，葉赫收張、吉當阿二路民堡。太祖圍兀蘇城，城長山談、扈石木降，太祖飲以金巵，賜冠服；遂略張、吉當阿、呀哈、黑兒蘇、何敦、克布齊賚、俄吉岱七城，下十九寨，盡焚其廬舍儲峙，以兀蘇城降民三百戶還。

葉赫愬於明，以兵援，遇介賽，戰勝，遂遣使讓太祖，令游擊馬時柟、周大岐率兵千，挾火器，戍葉赫。太祖至撫順，投書游擊李永芳，申言：「侵葉赫，以葉赫背盟，女已字，悔不遣；又匿布占泰；故與明無怨，何遽欲相侵？」遂引師還。

金台石有女，育於其兄納林布祿，嫁介賽。金台石既爲貝勒，殺納林布祿妻，介賽假辭爲外姑復仇，覬得布揚古女弟以解。布揚古女弟誓死不願行。介賽治兵攻葉赫。既而喀爾喀貝勒巴哈達爾漢爲其子莽古爾代請婚，布揚古將許之。明邊吏諭布揚古，姑留此女，毋使太祖及介賽望絕，冀相覊縻；而以兵分屯開原、撫順及鎭北堡爲犄角，衞葉赫。四十三年夏五月，布揚古遂以其女弟許莽古爾代，秋七月婚焉。太祖聞，諸貝勒皆怒，請討葉赫，不許。請侵明，又不許，且曰：「此女生不祥，哈達、輝發、烏喇三部以此女搆怨，相繼覆亡。今明助葉赫，不與我而與蒙古，殆天欲亡葉赫，以激其怒也。我知此女流禍將盡，死不遠矣。」布揚古女弟嫁莽古爾代未一年而死，死時年蓋三十四，明所謂「北關老女」者也。是歲爲太祖天命元年。

太祖旣稱帝建國，始用兵於明。三年，取撫順、清河。明經略侍郎楊鎬使諭葉赫發兵撓太祖。秋九月，金台石子德爾格勒侵太祖，克一寨，俘四百七人，斬八十四級。明賜以白金二千兩、綵緞表裏二十。四年春正月，太祖謀報之，使大貝勒代善以兵五千戍札喀關阻明師，而躬督兵伐葉赫。辛卯，入其境，經克亦特城、粘罕寨，至葉赫城東十里，克大小屯寨二十餘。葉赫乞援於明，明開原總兵馬林以師至，合城兵而出，見太祖兵盛，不敢擊。太祖亦引還。二月，楊鎬大舉伐太祖，使都司竇永澄徵兵於葉赫，葉赫以二千人應。至三岔北，明師覆，永澄死之。太祖謀使所屬詐降於金台石，金台石不應。六月，太祖攻開原，葉赫復以二千人援，至則開原已下。秋八月，經略侍郎熊廷弼初視事，葉赫使期復開原，廷弼厚賚之。

太祖甚葉赫，八月，大舉伐之。己巳，師出，聲言向瀋陽，以綴明師。壬申，至葉赫城下，太祖攻金台石東城，而命諸貝勒馳向西城取布揚古。布揚古與其弟布爾杭古以城兵出西郭，陟岡，鳴角而噪，望太祖軍盛，斂兵入。諸貝勒遂督軍合圍。太祖圍東城，入其郛，布攻具，呼金台石降，不聽，曰：「吾非明兵比，等丈夫也，肯束手降乎？寧戰而死耳。」太祖麾兵攻城，兩軍矢交發，太祖軍擁楯陟山麓，將穴城，城上下木石，擲火器。太祖軍冒進，穴城，城圮，師入，城兵迎戰，敗潰，皆散走。太祖使執幟約軍士毋妄殺，執黃蓋，令降者免死，城民皆請降。金台石以其孥登臺，太祖軍就圍之，命之下。金台石求見四貝勒盟而後下，四貝勒爲太宗，高皇后所出，金台石甥也。四貝勒方攻西城，太祖召之至，使見金台石。金台石曰：「我未嘗見我甥，眞僞烏能辨？」費英東、達爾哈在側，曰：「汝視常人中有奇偉如四貝勒者乎？且曩與汝通好時，嘗以媼往乳汝子德爾格勒，盍使媼辨之！」金台石曰：「何用媼爲也！觀汝輩辭色，特誘我下殺我耳。我石城鐵門旣爲汝破，縱再戰，安能勝？特我祖父世分土於斯，我生於斯，長於斯，則死於斯可已。」四貝勒勸之力，金台石使阿爾塔石先見太祖，太祖復令諭降。金台石又求見其子德爾格勒，德爾格勒至，金台石終不下。四貝勒將縛德爾格勒，德爾格勒曰：「我年三十六，乃今日死耶！殺可也，何縛焉？」四貝勒以德爾格勒見太祖，太祖撤所食食之，命四貝勒與共食。且曰：「爾兄也，善遇之！」金台石妻將其幼子下，金台石引弓，其從者復甲。太祖軍進毀臺，金台石縱火，屋宇皆燼。太祖諸將謂金台石且死，軍退。火燼，金台石潛下，爲太祖軍所獲，縊殺之。

諸貝勒圍西城，布揚古聞東城破，與布爾杭古使請降，並請盟無死。大貝勒曰：「汝輩畏死，盍以汝母先，汝母我外姑也，我寧能殺之？」布揚古母至軍，大貝勒以刀劃酒，誓，飲其半，使送布揚古、布爾杭古飲其半，乃降。大貝勒以布揚古見太祖，布揚古行復勒馬，大貝勒挽其轡，命毋沮。見太祖，布揚古以一膝跪，不拜而起。太祖取金卮授之，布揚古復以一膝跪，酒不竟飲，不拜而起。太祖命大貝勒引去，以其懟也，卽夕亦縊殺之。貸布爾杭古。攻殺明游擊馬時楠戍兵，殲焉。楊鎬聞警，使總兵李如楨自撫順出，張疑兵爲葉赫聲援，得十餘級而退。

神宗命給事中姚宗文行邊，求葉赫子孫，德爾格勒有女子子二，嫁蒙古，各賜白金二千。明臣請爲金台石、布揚古立廟，又以哈達餘裔王世忠爲金台石妻姪，授游擊，將以風諸部，然葉赫遂亡。

太祖以德爾格勒歸，旗制定，隸滿洲正黃旗，授三等副將。太宗天聰三年，改三等梅勒章京，卒，八年，子南楮嗣。十年，察哈爾林丹汗殂，所部內亂，太宗遣貝勒多爾袞帥師略地。林丹汗福金號蘇泰太后，南楮女兄也，因使南楮諭降。南楮至其帳，呼其人出，語之曰：「爾福金蘇泰太后之弟南楮至矣！」其人入告，蘇泰太后大驚，使故葉赫部來媵者視之，信。蘇泰太后號而出，與南楮相抱持，遂使其子額哲出降。南楮旋以罪奪爵，復以南楮弟索爾和嗣。乾隆初，改二等男。

布爾杭古分隸正紅旗，亦授三等副將。再傳，坐事，奪世職。

布占泰，烏喇部長，太祖婿也。烏喇亦扈倫四部之一，與哈達同祖納齊卜祿。納齊卜祿五傳至克什納、古對朱顏兄弟。克什納之後爲哈達部。古對朱顏生太蘭，太蘭生布顏。布顏收附近諸部，築城洪尼，濱烏喇河，因號烏喇，爲貝勒。

布顏子二：布干、博克多。布顏死，布干嗣爲部長。布干子二：滿泰、布占泰。布干死，滿泰嗣爲部長。萬曆二十一年夏六月，葉赫糾扈倫諸部侵太祖，滿泰以所部從。秋九月，葉赫再糾扈倫諸部，及蒙古科爾沁所部，及滿洲長白山所屬，大舉分道侵太祖。滿泰使布占泰以所部從，與哈達貝勒孟格布祿、輝發貝勒拜音達里合軍萬人。戰敗，葉赫貝勒布寨死於陣，科爾沁貝勒明安單騎走。戰之明日，卒有得布占泰者，縛以見太祖，曰：「我獲俘，將殺之。俘大呼勿殺，願自贖。因縛以來見。」跽太祖前，太祖問誰何，對曰：「烏喇貝勒滿泰弟布占泰也，生死惟貝勒命。」叩首不已。太祖曰：「汝輩合九部兵爲暴於無辜，天實厭之。昨陣斬布寨，彼時獲汝，汝死決矣！今見汝，何忍殺？語有之曰：『生人勝殺人，與人勝取人。』」遂解其縛，與以猞猁猻裘，撫育之。

居三年，二十四年秋七月，遣還所部，使圖爾坤黃占、博爾焜蜚揚占護行。未至，滿泰及其子淫於所部，皆見殺。布占泰至，滿泰有叔興尼牙，將殺而奪其地，二使者嚴護之，興尼牙謀不行，乃出奔葉赫，卒定布占泰而還。冬十二月，布占泰以女弟妻貝勒舒爾哈齊。二十五年春正月，與葉赫諸部同遣使請盟，盟甫罷，布占泰旋執太祖所屬瓦爾喀部安褚拉庫、內河二路頭人爲衆所推者羅屯、噶石屯、汪吉努三人送葉赫，使招所部貳於太祖；又以滿泰妻都都祜所寶銅錘畀納林布祿。二十六年春正月，太祖命台吉褚英等伐安褚拉庫路。

冬十二月，布占泰來謁，以三百人俱，太祖以舒爾哈齊女妻之，賜甲胄五十，敕書十道，禮而遣之。二十九年冬十一月乙未朔，布占泰以其兄滿泰女歸太祖。布占泰初聘布寨女，既又聘明安女，以鎧胄、貂、猞猁猻裘、金銀、駝馬爲聘，明安受之而不予女。三十一年春正月，布占泰使告太祖曰：「我昔被擒，待以不死，俾我主烏喇，又妻我以公主，恩我甚深。我孤恩，嘗聘葉赫、蒙古女，未敢以告。今蒙古受聘而復悔，我甚恥之！乞再降以女，當歲歲從兩公主來朝。」太祖允其請，又以舒爾哈齊女妻焉。

三十五年春正月，東海瓦爾喀部蜚悠城長策穆特黑謁太祖，自陳屬烏喇，爲布占泰所虐，乞移家來附。太祖命貝勒舒爾哈齊、褚英、代善率諸將費英東、扈爾漢、揚古利等以兵三千至蜚悠城，收環城屯寨五百戶，分兵三百授扈爾漢、揚古利護之先行。布占泰使其叔博克多將萬人要諸途。日暮，扈爾漢依山結寨以相持。翌日，烏喇兵來攻，揚古利率兵擊敗之，烏喇兵引退，渡河陟山爲固。褚英、代善等率後軍至，緣山奮擊，烏喇兵大敗，代善陣斬博克多。是日晝晦，雪，甚寒，烏喇兵死者甚衆，俘其將常住、胡里布等，斬三千級，獲馬五千、甲三千以還。

三十六年春正月，太祖復命褚英及台吉阿敏將五千人伐烏喇，克宜罕阿麟城，斬千人，獲甲三百，俘其餘衆。布占泰糾蒙古科爾沁貝勒瓮阿代，合軍屯所居城外二十里，畏褚英等軍强，不敢進，引還。秋九月，遣使復請修好，太祖使報問。布占泰執納林布祿所部種人五十輩，畀太祖使者盡殺之。又遣使來請曰：「我數背盟，獲罪於君父，若更以女子子妻我，撫我如子，我永賴以生矣。」太祖復允其請，又以女子子妻之。

四十年，布占泰復背盟，秋九月，侵太祖所屬虎爾哈路，復欲娶太祖所聘葉赫貝勒布寨女，又以鳴鏑射所娶太祖女。太祖聞之怒，癸丑，親率兵伐之。庚申，兵臨烏喇河，布占泰以所部迎戰，夾河見太祖軍甲冑甚具，士馬盛强，烏喇兵人人惴恐，不敢渡。太祖循河行，下河濱屬城五，又取金州城，遂駐軍焉。冬十二月辛酉朔，太祖以太牢告天祭纛，靑白氣見東方，指烏喇城北。太祖屯其地三日，盡焚其儲峙。布占泰晝引兵出城，暮入城休。太祖率兵毁所下六城，廬舍、糗糧皆燼，移軍駐伏爾哈河渡口。布占泰使使者三輩以舟出見太祖，布占泰率其弟喀爾喀瑪及所部拉布泰等繼以舟出，踞舟中而言曰：「烏喇國卽父國也，幸毋盡焚我廬舍、糗糧。」叩首請甚哀。太祖立馬河中，數其罪。布占泰對曰：「此特讒者離間，使我父子不睦。我今在舟中，若果有此，惟天惟河神其共鑒之！」拉布泰自旁儳曰：「貝勒旣以此怒，曷不以使者來詰？」太祖責之曰：「我部下豈少汝輩人耶？事實矣，又何詰？河冰無時，我兵來亦無時。汝口雖利，能齒我刃乎？」布占泰大懼，止拉布泰毋言。喀爾喀瑪爲乞宥，太祖乃命質其子及所部大酋子，遂還營。五日引還，度烏喇河濱邑厫虎山巔，以木爲城，留千人戍焉。

十二月，有白氣起烏喇，經太祖所居南屬虎攔哈達山。布占泰旋復背盟，幽太祖及舒爾哈齊女，將以其女薩哈廉子綽啓鼐及所部大酋子十七人質於葉赫，娶太祖所聘貝勒布寨女。四十一年春正月，太祖聞，復率兵伐之。布占泰期以是月丙子送其子出質，而太祖軍以乙亥至，攻下孫扎泰及郭多、俄謨三城。丙子，布占泰以兵三萬越伏爾哈城而軍，太祖猶欲諭之降。諸貝勒代善、阿敏，諸將費英東、何和里、扈爾漢、額亦都、安費揚古皆請戰，曰：「我利速戰，但慮彼不出耳。今旣出，平原廣野，可一鼓擒也！舍此不戰，厲兵秣馬，何爲乎來？且使布占泰娶葉赫女，辱莫甚焉！雖後討之，何益？」太祖曰：「我荷天寵，自少在兵間，遇勁敵，無不單騎突陣者！今日何難率汝輩身先搏戰。但慮諸貝勒、諸將或一二夷傷，我所深惜，故欲出萬全，非有所懼也。今汝輩志一，卽可決戰。」因命被甲，諸貝勒、諸將則大歡，一軍盡甲，令曰：「勝卽奪門，毋使復入！」乃率兵進。布占泰自伏爾哈城率兵還，令其軍皆步爲陣，兩軍距百步。太祖軍亦皆舍馬步戰，矢交如雨，呼聲震天。太祖躬入陣，諸貝勒、諸將從之縱擊，烏喇兵大敗，死者十六七。師入，太祖坐西門樓，命樹幟。布占泰餘兵不滿百，還至城下，見幟則大奔。遇代善，布占泰兵皆潰，僅以身免，奔葉赫。太祖使請於葉赫，葉赫不聽。後七年，太祖克葉赫，布占泰蓋已前死。

拜音達里，輝發部長也。輝發亦扈倫四部之一，其先姓益克得里氏，居黑龍江岸。尼馬察部有昂古里星古力者，自黑龍江載木主遷於渣魯，居焉。時扈倫部噶揚噶、圖墨土二人居張城，二人者姓納喇氏，昂古里星古力因附其族，宰七牛祭天，改姓納喇，是爲輝發始祖。

昂古里星古力子二：留臣、備臣。備臣子二：納領噶、耐寬。納領噶生拉哈都督，拉哈都督生噶哈禪都督，噶哈禪都督生齊訥根達爾漢，齊訥根達爾漢生王機褚。王機褚收鄰近諸部，度輝發河濱扈爾奇山，築城以居，因號輝發。城負險堅峻，蒙古察哈爾部扎薩克圖土門汗嘗自將攻之，不能克。王機褚死時，其長子前死，孫拜音達里，殺其叔七人，自立爲貝勒。

萬曆二十一年夏六月，葉赫糾哈達、烏喇諸部侵太祖，拜音達里以所部從。秋九月，復舉兵，拜音達里與哈達貝勒孟格布祿、烏喇貝勒布占泰合兵萬人，兵敗，還。二十三年夏六月，太祖攻輝發，取所屬多璧城，輝發將克充格、蘇猛格二人戍，殲焉。二十五年春正月，與葉赫諸部同遣使行成於太祖。居數年，拜音達里之族有叛附葉赫者，部衆有攜心。拜音達里懼，以所屬七人之子質於太祖，太祖發兵千人助之鎮撫。葉赫貝勒納林布祿使告拜音達里曰：「爾以質子歸我，亦歸爾叛族。」拜音達里信之，乃曰：「吾其中立於滿洲、葉赫二國之間乎！」遂取質子還，以其子質於納林布祿。納林布祿殊無意歸叛族，拜音達里以告太祖，且曰：「吾前者爲納林布祿所誑，怙舊恩，敢請婚。」太祖許之。既而拜音達里背約不娶，太祖使詰之曰：「汝昔助葉赫，再舉兵侵我。我旣宥爾罪，復許爾婚。今背約不娶，何也？」拜音達里詭對曰：「吾子質葉赫，須其歸，娶爾女，與爾合謀。」因築城三重自固。及其子自葉赫歸，太祖復遣使問，拜音達里倚城堅，度兵卽至，足以守，遂負盟。三十五年秋九月丙申，長星出東方指輝發，八夕乃滅。乙亥，太祖率師討之。甲辰，合圍，遂克之，殺拜音達里及其子，安集其民，帥師還。輝發亡。

論曰：扈倫四部，哈達最强，葉赫稍後起，與相埒，烏喇、輝發差弱。其通於明，皆以所領衞，令於所部則曰「國」。太祖漸强盛，四部合攻之，兵敗縱散，以次覆滅。太祖與四部皆有連，奪其地，殲其酋，顯庸其族裔。疆埸之事不以婚媾逭，有時乃藉口以啓戎，自古則然，不足異也。

清史稿卷二百二十四

列傳十一

張煌言 張名振 王翊等 鄭成功 子錦 錦子克塽

李定國

張煌言，字玄箸，浙江鄞縣人。明崇禎十五年舉人。時以兵事急，令兼試射，煌言三發皆中。慷慨好論兵事。順治二年，師定江寧，煌言與里人錢肅樂、沈宸荃、馮元颺等合謀奉魯王以海。煌言迎於天台，授行人。至紹興，稱「監國」，授翰林院修撰。入典制誥，出領軍旅。三年，師潰。歸與父母妻子決，從王次石浦，與黃斌卿軍相犄角，加右僉都御史。

魯王諸將，張名振最强。四年，江南提督吳勝兆請降，煌言勸名振援勝兆，遂監其軍以行。至崇明，颶作，舟覆，煌言被執。七日，有導之出者，走間道復還入海。經黃巖，追者圍而射之，以數騎突出，自是益習騎射。集義旅屯上虞、平岡。諸山寨多出劫掠，獨煌言與王翊履畝勸輸，戢所部毋擾民。六年，覲王於健跳。七年，名振奉王居舟山，召煌言入衞。乃以平岡兵授劉翼明、陳天樞，率親軍赴之，加兵部侍郎。八年，聞父訃，浙江提督田雄書招降，卻之。師攻滃洲，名振奉王侵吳淞，冀相牽制。俄，師破舟山，乃奉王入金門，依鄭成功。成功用唐王隆武號，事魯王但月上豚、米，修寓公之敬。煌言嘗謂成功曰：「招討始終爲唐，眞純臣也！」成功亦曰：「侍郎始終爲魯，與吾豈異趨哉？」故與成功所事不同，而其交能固，王亦賴以安居。九年，監名振軍，經舟山至崇明，進次金山。十年，復至崇明，師與戰，敗績。十一年，又自吳淞入江，逼鎭江，登金山，望祭明太祖陵。烽火達江寧，俄，退次崇明。再入江，略瓜洲、儀眞，薄燕子磯，尋還屯臨門，皆與名振俱。十二年，成功遣其將陳六御與名振取舟山，台州守將馬信約降，煌言以沙船五百迎之。名振中毒卒，遺言以所部屬煌言。

十三年，師再破舟山，煌言移軍秦川，王去「監國」號，通表桂王。十四年，桂王使至，授煌言兵部侍郎、翰林院學士。兩江總督郎廷佐書招煌言，煌言以書報，略曰：「來書揣摩利鈍，指畫興衰，庸夫聽之，或爲變色，貞士則不然。所爭者天經地義，所圖者國恤家仇，所期待者豪傑事功。聖賢學問，故每氈雪自甘，膽薪深厲，而卒以成事。僕於將略原非所長，祇以讀書知大義。左袒一呼，甲盾山立，濟則賴君靈，不濟則全臣節。憑陵風濤，縱橫鋒鏑，今踰一紀矣，豈復以浮詞曲說動其心哉？來書溫愼，故報數行。若斬使焚書，適足見吾意之不廣，亦所不爲也。」

十五年，與成功會師將入江，次羊山，遇颶，引還。十六年，成功復大舉，煌言與俱，次崇明。煌言曰：「崇明，江、海門戶。宜先定營於此，庶進退有所據。」成功不從。師防江，金、焦兩山間橫鐵索，隔江置大炮，煌言以十七舟翦江而渡。成功破瓜洲，欲取鎭江，慮江寧援至，煌言曰：「舟師先擣觀音門，南京自不暇出援。」成功以屬煌言，煌言所將人不及萬，舟不滿百，即率以西。降儀眞，進次六合，聞成功拔鎭江，煌言致書，言當先撫定夾江郡縣，以陸師趨南京，成功復不從。煌言進薄觀音門，遣別將以輕舟數十直上攻蕪湖，分兵掠江浦。成功水師至，會蕪湖已降，趣煌言往撫，部勒諸軍，分道略地，移檄諸郡縣。於是太平、寧國、池州、徽州、廣德及諸屬縣皆請降，得府四、州三、縣二十四。煌言所過，秋毫無犯，經郡縣，入謁孔子廟，坐明倫堂，進長吏，考察黜陟，略如巡按行部故事，遠近響應。

方如徽州受降，聞成功敗，還蕪湖收兵，冀聯合瓜洲、鎭江軍爲守計，既，聞成功並棄瓜洲、鎭江入海，煌言兵遂潰。兩江總督郎廷佐發舟師斷煌言東下道，書招煌言。煌言拒不應，率餘兵道繁昌，謀入鄱陽湖。次銅陵，師自湖廣至，煌言與戰而敗，撫殘兵僅數百，退次無爲，焚舟登陸。自銅城道霍山、英山，度東溪嶺，追騎至，從者盡散。煌言突圍出，變服夜行，至高滸埠，有父老識之，匿於家數日，導使出間道，渡江走建德、祁門亂山間，痁作，力疾行，至休寧，得舟下嚴州。復山行，經東陽、義烏至天台達海，收集舊部，成功分兵益之，屯長亭鄉，築塘捍潮，闢田以贍軍。使桂王告敗，桂王敕慰問，加兵部尚書。十七年，移軍臨門。十八年，廷議徙海上居民絕接濟，煌言無所得餉，開屯南田自給。

成功攻臺灣，煌言移書阻之，不聽。師下雲南，取桂王。煌言遣其客羅綸入臺灣，趣成功出兵，成功以臺灣方定，不能行；遣使入鄖陽山中，說十三家兵，使之擾湖廣，以緩雲南之師。十三家者，郝永忠、劉體純輩，故李自成部將，竄據茅麓山，衰疲不敢出。康熙元年，煌言復移軍沙堤。成功自攻江寧敗還，取臺灣謀建國。魯王在金門，禮數日薄，煌言歲時供億，又慮成功疑，十年不敢入謁。及聞桂王敗亡，上啓魯王，將奉以號召。俄成功卒，煌言還軍臨門，又有議奉魯王監國者，煌言使勸錦，以李亞子錦囊三矢相勗。

浙江總督趙廷臣復招煌言，煌言書謝之。煌言孤軍勢日促，或議入鷄籠島，煌言不可。二年，魯王殂，煌言慟曰：「孤臣栖栖海上，與部曲相依不去者，以吾主尙存也。今更何望？」三年，遂散遣其軍，居懸澳。懸澳在海中，荒瘠無人烟，南汊港通舟，北倚山，人不能上，煌言結茅而處，從者綸及部曲數人，一侍者、一舟子而已。廷臣與提督張杰謀致煌言，得煌言故部曲，使爲僧普陀，伺煌言，知蹤跡，夜半，引兵攀嶺入，執煌言及綸，與部曲葉金、王發，侍者湯冠玉。煌言至杭州，廷臣賓禮之。九月乙未，死於弼教坊，舉目望吳山，歎曰：「好山色！」賦絕命詞，坐而受刃，綸等並死。煌言妻董、子萬祺先被執，羈管杭州，先煌言死。

綸字子木，丹徒諸生。方成功敗還，綸入謁，勸以迴帆復取南都，成功不能用，乃從煌言。又有山陰葉振名，字介韜，嘗謁煌言論兵事，煌言薦授翰林院修撰、兵科給事中。既，復上策，欲擒斬成功，奪其兵，圖興復。煌言死，登越王嶺遙祭，爲文六千五百餘言。與綸稱「張司馬二客」。

乾隆四十一年，高宗命錄勝朝殉節諸臣，得專謚者二十六；通謚忠烈百十三，煌言與焉；忠節百八；烈愍五百七十六；節愍八百四十三。祀忠義祠：職官四百九十五，士民千七百二十八。諸與煌言並起者，錢肅樂、沈宸荃、馮元颺，明史並有傳。

張名振，字侯服，應天江寧人。崇禎末，爲石浦游擊。魯王次長垣，率舟師赴之，封定西侯。以所部屯舟山，移南田，迎王居健跳所，與阮進、王朝先共擊黃斌卿。斌卿，莆田人，崇禎末爲舟山參將，唐王時封伯。名振奉魯王如舟山，不納。既，以王命進侯。斌卿法嚴急，配民爲兵，籍大戶田爲官田，先後戕荆本澈、賀君堯。王次健跳，令進告糴，又不應。至是，名振破舟山，沈斌卿於海，迎王居焉。使日本乞師，不應。成功襲破鄭彩，名振因擊彩殺熊汝霖、鄭遵謙罪，擊破其餘兵。俄，又襲殺朝先。師攻舟山，名振與煌言奉王南依成功。成功居王金門，名振屯嵩頭。成功初見名振不爲禮，名振袒背示之，涅「赤心報國」四字，深入膚，乃與二萬人，共謀復南京，攻崇明，破鎭江，題詩金山而還。復與成功偕出，師次羊山，颶作，舟多損，惟名振部獨完。再攻崇明，復入鎭江，觀兵儀眞，傻吳淞，戰屢勝。順治十二年十二月，卒於軍。或云成功酖之。

王翊，字完勛，浙江餘姚人。順治四年，起兵下管，奉魯王破上虞。是時蕭山、會稽、台州、奉化民兵並起結山寨，無所得餉，則不免剽掠。翊與煌言皆履畝科稅贍兵。陳天樞者，會稽山寨將也，薦劉翼明佐翊，武勇善戰。東徇奉化，師與遇，引卻。魯王授翊官，累進至兵部尚書。復陷新昌，越餘姚，拔滸山。固山額眞金礪、浙江提督田雄合兵攻大嵐山。八年七月，翊走還山，團練執以獻，死定海。天樞與翼明攻陷新昌，視火藥驟焚，急投水，月餘死。翼明善大刀，治兵戒毋犯民，翊敗，死於家。

肅樂、宸荃諡忠節，翊諡烈愍，斌卿諡節愍。名振不與，而其弟名揚死舟山，諡烈愍。

鄭成功，初名森，字大木，福建南安人。父芝龍，明季入海，從顏思齊爲盜，思齊死，代領其衆。崇禎初，因巡撫熊文燦請降，授游擊將軍。以捕海盜劉香、李魁奇，攻紅毛功，累擢總兵。

芝龍有弟三：芝虎、鴻逵、芝豹。芝虎與劉香搏戰死。鴻逵初以武舉從軍，用芝龍功，授錦衣衞掌印千戶。崇禎十四年，成武進士。明制，勳衞舉甲科進三秩，授都指揮使。累遷亦至總兵。福王立南京，皆封伯，命鴻逵守瓜洲。順治二年，師下江南，鴻逵兵敗，奉唐王聿鍵入福建，與芝龍共擁立之，皆進侯，封芝豹伯。未幾，又進芝龍平國公、鴻逵定國公。

芝龍嘗娶日本婦，是生森，入南安學爲諸生。芝龍引謁唐王，唐王寵異之，賜姓朱，爲更名。尋封忠孝伯。唐王倚芝龍兄弟擁重兵。芝龍族人彩亦封伯，築壇拜彩、鴻逵爲將，分道出師，遷延不卽行。招撫大學士洪承疇與芝龍同縣，通書問，敍鄉里，芝龍挾二心。三年，貝勒博洛師自浙江下福建，芝龍撤仙霞關守兵不爲備，唐王坐是敗。博洛師次泉州，書招芝龍，芝龍率所部降，成功諫不聽。芝龍欲以成功見博洛，鴻逵陰縱之入海。四年，博洛師還，以芝龍歸京師，隸漢軍正黃旗，授三等精奇尼哈番。

成功謀舉兵，兵寡，如南澳募兵，得數千人。會將吏盟，仍用唐王隆武號，自稱「招討大將軍」。以洪政、陳輝、楊才、張正、余寬、郭新分將所部兵，移軍鼓浪嶼。成功年少，有文武略，拔出諸父兄中，近遠皆屬目，而彩奉魯王以海自中左所改次長垣，進建國公，屯廈門。

彩弟聯，魯王封爲侯，據浯嶼，相與爲犄角。成功與彩合兵攻海澄，師赴援，洪政戰死。成功又與鴻逵合兵圍泉州，師赴援，圍解。鴻逵入揭陽，成功頒明年隆武四年大統曆。五年，成功陷同安，進犯泉州。總督陳錦師至，克同安，成功引兵退。六年，成功遣其將施琅等陷漳浦，下雲霄鎭，進次詔安。明桂王稱帝，號肇慶，至是已三年。成功遣所署光祿卿陳士京朝桂王，始改用永曆號，桂王使封成功延平公。魯王次舟山，彩與魯王貳，殺魯王大學士熊汝霖及其將鄭遵謙。七年，成功攻潮州，總兵王邦俊禦戰，成功敗走。攻碣石寨，不克，施琅出降。成功襲廈門，擊殺聯，奪其軍，彩出駐沙埕。魯王將張名振討殺汝霖、遵謙罪，擊彩，彩引餘兵走南海，居數年，成功招之還，居廈門。卒。

八年，桂王詔成功援廣州，引師南次平海，使其族叔芝莞守廈門。福建巡撫張學聖遣泉州總兵馬得功乘虛入焉，盡攫其家貲以去。成功還，斬芝莞，引兵入漳州。提督楊名高赴援，戰於小盈嶺，名高敗績，進陷漳浦。總督陳錦克舟山，名振進奉魯王南奔，成功使迎居金門。九年，陷海澄，錦赴援，戰於江東橋，錦敗績。左次泉州，成功復取詔安、南靖、平和，遂圍漳州。錦師次鳳凰山，爲其奴所殺，以其首奔成功。漳州圍八閱月，固山額眞金礪等自浙江來援，與名高兵合，自長泰間道至漳州，擊破成功。成功入海澄城守，金礪等師薄城，成功將王秀奇、郝文興督兵力禦，不能克。

上命芝龍書諭成功及鴻逵降，許赦罪授官，成功陽諾，詔金礪等率師還浙江。十年，封芝龍同安侯，而使齎敕封成功海澄公，鴻逵奉化伯，授芝豹左都督。芝龍慮成功不受命，別爲書使鴻逵諭意，使至，成功不受命，爲書報芝龍。芝豹奉其母詣京師。成功復出掠福建興化諸屬縣。十一年，上再遣使諭成功，授靖海將軍，命率所部分屯漳、潮、惠、泉四府。

成功初無意受撫，乃改中左所爲思明州，設六官理事，分所部爲七十二鎮；遙奉桂王，承制封拜，月上魯王豚、米，並厚廩瀘、溪、寧、靖諸王，禮待諸遺臣王忠孝、沈佺期、郭貞一、盧若騰、華若薦、徐孚遠等，置儲賢館以養士。名振進率所部攻崇明，謀深入，成功嫉之，以方有和議，召使還。名振俄遇毒死。成功託科餉，四出劫掠，蔓及上游。福建巡撫佟國器疏聞，上密敕爲備。李定國攻廣東急，使成功趣會師。成功遣其將林察、周瑞率師赴之，遷延不卽進。定國敗走，成功又攻漳州，千總劉國軒以城獻，再進，復陷同安。其將甘輝陷仙游，穴城入，殺掠殆盡。至是和議絕。

上命鄭親王世子濟度爲定遠大將軍，率師討成功。十二年，左都御史龔鼎孳請誅芝龍，國器亦發芝龍與成功私書，乃奪芝龍爵，下獄。成功遣其將洪旭、陳六御攻陷舟山，進取溫、台，聞濟度師且至，隳安平鎮及漳州、惠安、南安、同安諸城，撤兵聚思明。濟度次泉州，檄招降，不納；易爲書，成功依違答之。上又令芝龍自獄中以書招成功，謂不降且族誅，成功終不應。十三年，濟度以水師攻廈門，成功遣其將林順、陳澤拒戰，颶起，師引還。

成功以軍儲置海澄，使王秀奇與黃梧、蘇明同守。梧先與明兄茂攻揭陽未克，成功殺茂，並責梧。梧、明並怨成功，俟秀奇出，以海澄降濟度。詔封梧海澄公，駐漳州，盡發鄭氏墓，斬成功所置官。大將軍伊爾德克舟山，擊殺六御。成功攻陷閩安城牛心塔，使陳斌戍焉。十四年，鴻逵卒。師克閩安，斌降而殺之。成功陷台州。

十五年，謀大舉深入，與其將甘輝、余新等率水師號十萬，陷樂清，遂破溫州，張煌言來會。將入江，次羊山，遇颶，舟敗，退泊舟山。桂王使進封爲王，成功辭，仍稱招討大將軍。十六年五月，成功率輝、新等整軍復出，次崇明，煌言來會，取瓜洲，攻鎭江，使煌言前驅，泝江上。提督管效忠師赴援，戰未合，成功將周全斌以所部陷陣，大雨，騎陷淖，成功兵徒跣擊刺，往來剽疾，效忠師敗績。成功入鎭江，將以違令斬全斌，繼而釋之，使守焉；進攻江寧，煌言次蕪湖，廬、鳳、寧、徽、池、太諸府縣多與通款，騰書成功，謂宜收旁郡縣，以陸師急攻南京。成功狃屢勝，方謁明太祖陵，會將吏置酒，輝諫不聽。崇明總兵梁化鳳赴援，江寧總管喀喀木等合滿、漢兵出戰，襲破新軍，諸軍皆奔潰，遂大敗，生得輝殺之。成功收餘衆猶數萬，棄瓜洲、鎭江，出海，欲取崇明。江蘇巡撫蔣國柱遣兵赴援，化鳳亦還師禦之，成功戰復敗，引還。煌言自間道走免。

上遣將軍達素、閩浙總督李率泰分兵出漳州、同安，規取廈門。成功使陳鵬守高崎，族兄泰出浯嶼，而與周全斌、陳輝、黃庭次海門。師自漳州薄海門戰，成功將周瑞、陳堯策死之，迫取輝舟，輝焚舟。戰方急，風起，成功督巨艦衝入，泰亦自浯嶼引舟合擊，師大敗，有滿洲兵二百降，夜沈之海。師自同安嚮高崎，鵬約降。其部將陳蟒奮戰，師以鵬已降，不備，亦敗，成功收鵬殺之，引還。十七年，命靖南王耿繼茂移鎮福建，又以羅託爲安南將軍，討成功。十八年，用黃梧議，徙濱海居民入內地，增兵守邊。

成功自江南敗還，知進取不易；桂王入緬甸，聲援絕，勢日蹙，乃規取臺灣。臺灣，福建海中島，荷蘭紅毛人居之。芝龍與顏思齊爲盜時，嘗屯於此。荷蘭築城二：曰赤嵌、曰王城，其海口曰鹿耳門。荷蘭人恃鹿耳門水淺不可渡，不爲備。成功師至，水驟長丈餘，舟大小銜尾徑進，紅毛人棄赤嵌走保王城。成功使謂之曰：「土地我故有，當還我；珍寶恣爾載歸。」圍七閱月，紅毛存者僅百數十，城下，皆遣歸國。成功乃號臺灣爲東都，示將迎桂王狩焉。以陳永華爲謀主，制法律，定職官，興學校。臺灣周千里，土地饒沃，招漳、泉、惠、潮四府民，闢草萊，興屯聚，令諸將移家實之。水土惡，皆憚行，又以令嚴不敢請，銅山守將郭義、蔡祿入漳州降。是歲，聖祖卽位，戮芝龍及諸子世恩、世蔭、世默。

成功既得臺灣，其將陳豹駐南澳，而令子錦居守思明。康熙元年，成功聽周全斌讒，遣擊豹，豹舉軍入廣州降。惡錦與乳媼通，生子，遣泰就殺錦及其母董。會有訛言成功將盡殺諸將留廈門者，值全斌自南澳還，執而囚之，擁錦，用芝龍初封，稱平國公，舉兵拒命。成功方病，聞之，狂怒嚙指，五月朔，尙據胡牀受諸將謁，數日遽卒，年三十九。

成功子十，錦其長也，一名經。成功既卒，臺灣諸將奉其幼弟世襲爲招討大將軍，使於錦告喪。錦出全斌使爲將，以永華爲咨議，馮錫範爲侍衞，引兵至臺灣。諸將有欲拒錦立世襲者，全斌力戰破之，錦乃入，嗣爲延平王。世襲走泉州降。二年，錦還思明。泰嘗與臺灣諸將通書，錦得之，遂殺泰。泰弟鳴駿、賡，子纘緒亦走泉州降。詔封鳴駿遵義侯、纘緒慕恩伯，世襲、賡皆授左都督。諸將蔡鳴雷、陳輝、楊富、何義先後舉軍降。錦漸弱。

耿繼茂、李率泰大發兵規取金、廈，出同安；馬得功將降卒，並徵紅毛兵，出泉州；黃梧、施琅出海澄。錦令全斌當得功，遇於金門外烏沙，得功舟三百，紅毛夾板船十四，全斌以二十舟入陣衝擊，紅毛礮皆不中，諸舟披靡，得功戰死；而同安、海澄二道兵大勝，直破廈門。琅復進克金門、浯嶼，錦退保銅山。三年，錦將杜輝以南澳降。銅山糧垂盡，全斌亦出降，封承恩伯。錦與其將黃廷堅守。繼茂等復以水師出八尺門，廷與諸將翁求多等以三萬人降，遂拔銅山，焚之，得仗艦無算。錦與永華及洪旭引餘衆，載其孥盡入臺灣。改東都爲東寧國，置天興、萬年二州，仍以永華綜國政。

詔授施琅靖海將軍，周全斌、楊富爲副，督水師攻臺灣，阻颶，不得進。四年，廷議罷兵。李率泰請遣知府慕天顏諭降，假卿銜，賫敕往。錦請稱臣入貢如朝鮮，上未之許。六年，徵琅入京師。撤降兵分屯諸省，嚴戍守界，不復以臺灣爲意。錦兵亦不出。相安者數年，濱海居民漸復業。

十二年，耿精忠將以福建叛應吳三桂，使約錦爲援。十三年，精忠遂反，錦仍稱永曆年號。以永華輔長子克𡒉居守，與諸將馮錫範等督諸軍渡海而西，入思明，取同安。錦以族人省英知思明，省英，芝莞子也。集舟航，整部伍，方引軍復出，而精忠與爭泉州。泉州兵內亂，精忠所遣守將潰圍走，迎錦師入，復攻下漳州。精忠遣兵圍潮州，潮州總兵劉進忠降於錦，錦遣其將趙得勝入潮州，擊破精忠兵。

錦更定軍制，以錫範及參軍陳繩武贊畫諸政，諸將劉國軒、薛進思、何祐、許輝、施福、艾禎祥分領各軍。省英爲宣慰使，督各郡錢糧，令人月輸銀五分，曰「毛丁」；船計丈尺輸稅，曰「樑頭」。鹽司分莞鹽場，鹽石值二錢，徵餉四錢；餉司科雜稅給軍。復開互市，英圭黎、暹羅、安南諸國市舶並至，思明井里烟火幾如承平時。

十四年，精忠使賀年，錦亦報禮，自是復相結。永春民呂花，保所居村曰「馬跳」，不應徵索，使進忠圍之，三月不下，誘花降而殺之。續順公沈瑞屯饒平，進忠攻之，何祐擊破援兵，遂執瑞及其孥歸於臺灣。海澄公黃梧卒，子芳度保漳州。錦自海澄移軍萬松關，祐亦自潮州攻平和，降守將賴陞。芳度孤守漳州，圍合，總兵吳淑以城降，芳度死之，其孥皆殉。

十五年，康親王傑書下福建，精忠降，克泉州，國軒復圍之，兩月不下。李光地迎師自間道赴援，總兵林賢、黃鎬、林子威以舟師會，國軒退次長泰，隳同安，稍進屯漳州溪西。師進擊國軒，國軒敗，棄長泰走。錦將許輝以二萬人攻福州，壁烏龍江。康親王遣副都統喇哈達等渡江奮擊，破其壘，逐北四十里。興、泉、汀、漳諸郡盡復，惟海澄未下。十六年，師克海澄，錦復破之，遂圍泉州。錦下教敍國軒、淑、祐等功。副都統穆赫林等克泰寧、建寧、寧化、長汀、清流、歸化、連城、上杭、武平、永定，凡十縣。喇哈達等解泉州圍，錦撤兵還思明。十七年，康親王遣知府張仲舉招錦，不納。

國軒自長泰退據三汊河、玉洲、水頭、鎮門諸寨，屢遣兵攻石瑪、江東橋。錦又遣其將林耀、林英犯泉州，提督段應舉擊破之，獲耀。吳淑又自石瑪登陸，海澄公黃芳世、都統孟安擊破之，沈其舟。上令復徙濱海民如順治十八年例，遷界守邊。穆赫林、黃芳世會師灣腰樹，攻國軒，師敗績。國軒陷平和、漳平，遂復破海澄，段應舉、穆赫林及總兵黃藍死之。

藍，梧族，芳度所遣詣京師奏事者也。國軒進圍泉州。詔趣諸軍合擊，將軍喇哈達、賴塔，總督姚啓聖，巡撫吳興祚，提督楊捷，分道並進，賢、鎬、子威以舟師會，克平和、漳平、惠安，復解泉州圍。啓聖與賴塔等逐國軒至長泰，及於蜈蚣山，大破之，斬四千餘級，進克同安，斬錦將林欽。賴塔又破錦兵萬松關，啓聖、捷及副都統吉勒塔布等，與國軒戰於江東橋、於潮溝，國軒屢敗。副都統瑚圖又擊吳淑於石街，盡焚其舟。錦斂兵退保思明。

詔厚集舟師，規取金、廈。十九年，興祚出同安，與啓聖、捷會師，自陸路嚮廈門。提督萬正色以水師攻海壇，分兵爲六隊前進，自統巨艦繼；又以輕舟繞出左右，發炮毀錦師船十六，兵三千餘入水死，錦將朱天貴引退。正色督兵追擊，斬錦將吳內、林勳。湄洲、南日、平海、崇武諸澳皆下。天貴出降。副都統沃申擊破錦將林英、張志，水陸並進，趨玉洲，國軒走還思明。錦將蘇堪以海澄降。啓聖分遣總兵趙得壽、黃大來從賴塔擊破陳洲、馬洲、灣腰山、觀音山、黃旗諸寨。興祚復與喇哈達等逐錦兵至潯尾，遂克厦門、金門，錦還臺灣。二十年，錦卒。

子克壍，自錦出師時爲居守，永華請於錦，號「監國」。年未冠，明察能治事，顧乳媼子錫範等意不屬，先搆罷永華兵，永華鬱鬱死；及錦卒，遂共縊殺克壍，奉錦次子克塽嗣爲延平王。

克塽幼弱，事皆決於錫範。行人傅爲霖謀合諸將從中起，事泄，錫範執而殺之，並及續順公沈瑞。詔用施琅爲水師提督，與啓聖規取臺灣。二十二年，國軒投書啓聖，復請稱臣入貢視琉球。上趣琅進兵。時國軒以二萬人守澎湖。六月，琅師乘南風發銅山，入八罩嶼，攻澎湖，擊沈錦師船二百，斬將吏三百七十有奇、兵萬餘。國軒以小舟自吼門走臺灣。七月，克塽使請降，琅疏聞。上降敕宣撫，克塽上降表，琅遣侍衞吳啓爵持榜入臺灣諭軍民薙髮。八月，琅督兵至鹿耳門，水淺不得入，泊十有二日，潮驟長高丈餘，羣舟平入。臺灣人咸驚，謂無異成功初至時也。克塽及國軒、錫範率諸將吏出降，詣京師，上授克塽公爵，隸漢軍正紅旗，國軒、錫範皆伯爵。諸明宗人依鄭氏者，寧靖王術桂自殺，魯王子及他宗室皆徙河南。上以國軒爲天津總兵，召對慰勉。眷屬至，賜第京師。克塽請爲成功子聰、錦子克舉等敍官，上特許之。光緒初，德宗允船政大臣沈葆楨疏請，爲成功立祠臺灣。

李定國，字鴻遠，陝西延安人。初從張獻忠爲亂，與孫可望、劉文秀、艾能奇並爲獻忠養子。獻忠入四川，遣諸將分道屠殺，定國爲撫南將軍。順治三年，肅親王豪格率師入四川，獻忠死西充。可望與定國等及白文選、馮雙禮率殘衆自重慶而南，四年，破遵義，入貴州。可望令定國襲破臨安，屠其城，盡下迤東諸郡縣，定國等皆自號爲王。居年餘，可望用任僎議，自號爲國主。

時能奇已前卒，定國、文秀故儕輩，不相下，而定國尤崛强。六年春，可望密與文秀謀，藉演武聲定國罪，縛而杖之百。已，復相抱哭，令取沙定洲自贖。定國憾可望，念兄事久，未可遽發難，乃率所部攻定洲，定洲降，械以歸，剝皮死。定國兵漸强。可望知不可制，乃通使桂王，思得封爵，彈壓諸將。桂王封可望公，尋進爲王。定國與文秀亦自侯進公。八年，可望遣使迎桂王。九年，劫遷安隆所。會定南王孔有德師出河池向貴州，可望令定國與馮雙禮將八萬人自黎平出靖州，別遣馬進忠自鎭遠出沅州，兩軍會武岡，圖桂林。文秀亦出兵規取成都。可望言於桂王，進定國西寧王、文秀南康王。

定國自靖州進陷沅州，再進，陷寶慶，遂破武岡，與雙禮兵合。有德引師還桂林。定國使張勝、郭有銘爲前鋒，趨嚴關，而令雙禮與高文貴、靳統武繼其後。有德遣兵逆戰驛湖，敗績，陷全州。定國與王之邦、劉之講、吳子聖、廖魚、卜寧率所部自西延大埠疾馳嚮桂林，勝、有銘已破嚴關。有德率師出戰，定國軍中象陣略退，斬馭象者以徇，所部戰甚力，驅象突陣，有德敗績，退保桂林。定國晝夜環攻，城陷，有德自殺。定國分兵徇廣西諸郡縣，梧州、柳州皆下，又遣白文選攻陷辰州。大將軍敬謹親王尼堪率師南征，次湘潭。馬進忠引退，師從之，次衡州。定國赴援，兩軍同時至，戰衡州城下，定國敗走。敬謹親王自率精騎追之，遇伏，沒於陣。定國收兵屯武岡。

定國轉戰廣西、湖廣，下數十城，兵屢勝，可望益嫉之，次沅州，召定國計事，將以衡州敗爲定國罪而殺之。定國察其意，辭不赴。十年，率進忠等犯永州。大將軍、貝勒屯齊率師自衡州赴之，未至，定國度龍虎關復入廣西，次柳州。可望會雙禮追定國，自靖州進次寶慶。貝勒屯齊遣兵自永州要擊，可望敗走，還貴陽。定國自柳州道懷集，攻肇慶。師自廣州赴援，戰四會河口，定國兵敗，移軍破長樂，行略高、雷、廉三府，悉屬於定國。

桂王在安隆，馬吉翔爲政，遙奉可望指。可望謀自帝甚急，王懼，與大學士吳貞毓謀，密遣林青陽敕定國統兵入衞，定國感泣，議奉迎，青陽密使報王。王復遣周官鑄「屛翰親臣」金印賜之，定國拜受命。十一年，事爲吉翔聞，啓可望，可望怒，遣其將鄭國按治，殺貞毓、青陽及諸與謀者凡十八人，獨官走免。定國發兵陷高明，進圍新城。平南王尚可喜、靖南王耿繼茂赴援，次三水，將軍珠瑪喇以師會，戰於珊洲，定國兵敗，退保新會。師進擊之，定國敗走。十二年，師進次興業，再進次橫州江上。定國戰屢敗，乃道賓州走南寧。可喜等撫定高、雷、廉三府及廣西橫州。十三年，師進攻南寧，定國戰復敗，將道安隆入雲南。可望詗知之，遣白文選移桂王貴陽。文選心不直可望，因密告王曰：「姑遲行，候西府。」西府謂定國也。定國至，文選與共奉王自安南衞入雲南。文秀自四川還軍，可望令與諸將王尙禮、王自奇守雲南，亦不直可望，遂與沐天波迓王入居可望廨，進定國晉王，並封文秀、文選皆王，尙禮等公。令文選還貴陽喩意，可望奪文選兵，置之軍中。定國令靳統武收吉翔，將殺之，吉翔哀統武爲言於定國，召入謁，叩頭，諂定國，定國薦於王，使入閣，復用事。

十四年，可望舉兵反攻定國，起文選爲將，留雙禮守貴陽。定國與文秀率師禦之，遇於三岔河。兩軍夾河而陣，文選棄其軍奔定國，可望遣張勝、馬寶自尋甸間道襲雲南，而自將當定國，戰方合，其將馬維興先奔，兵盡潰，可望走還貴陽。定國遣文秀追可望，引軍還雲南，遇勝於渾水塘，獲而殺之，寶降定國。可望至貴陽，雙禮言追兵且至，可望乃詣經略洪承疇降。雙禮盡取其子女玉帛，從文秀歸雲南，桂王進雙禮王、維興等公。

十五年，大將軍羅託自湖南，吳三桂自四川，將軍卓布泰自廣西，三道入貴州。文秀病卒。定國使劉正國、楊武守三坡、紅關諸隘，禦三桂，馬進忠守貴州。會王自奇、關有才貳於定國，據永昌舉兵，定國自將擊之。羅託師自鎭遠入，定國不及援，卓布泰亦盡下南丹、那地、獨山諸州，兩軍會貴陽，進忠遁去。三桂師後入，至三坡，正國拒戰，大敗，自水西奔還雲南。師次開州，武迎戰倒流水，亦敗，遂取遵義。王拜定國招討大元帥，賜黃鉞，謀禦敵。三桂亦入貴陽，大將軍信郡王多尼至軍，會師平越，戒期入雲南。定國與雙禮扼鷄公背，圖復貴州，文選守七星關。三桂師自遵義趨天生橋，出水西，克烏撒，文選棄關走霑益。卓布泰兵次盤江，自下流宵濟，遂入安隆，定國將吳子聖拒戰，敗走。定國以全軍據雙河口，卓布泰師進破象陣，迭戰羅炎、涼水井，定國兵潰，妻子俱散失，諸將竄走不相顧。定國收兵還雲南，奉桂王走永昌。

十六年春，師自普安入雲南會城。定國使靳統武護桂王走騰越，文選自霑益追及定國，定國使斷後，屯玉龍關。師從之，文選戰而敗，自右甸走木邦，師遂克永昌，渡潞江，陟磨盤山。定國使其將竇民望、高文貴、王璽爲三伏以待。師半度，以礮發其伏，伏起力戰，自卯至午短兵接，死者如堵牆。民望彈穿脅，猶持刀潰圍出，乃死。璽亦死於陣。定國坐山巔督戰，飛礮墮其前，土坌起撲面，遂奔，退走騰越。未至，馬吉翔以桂王走南甸。統武還從定國，雙禮渡金沙江走建昌，其部將執以出降。

桂王入緬甸，定國次孟艮，如木邦，從文選謀，分屯邊境。文選將入衞王，與定國意異。定國乃移駐猛緬，收殘部，勢稍振。未幾，復移駐孟連。賀九儀招文秀將張國用、趙得勝歸定國。孟艮酋懼定國兼幷，攻定國，定國擊破之，遂據其地。號召諸土司起兵，元江土司那嵩應定國，三桂討焉，嵩自焚死。三桂使招九儀，定國執而殺之。國用、得勝皆鞅鞅不爲用，定國坐是終不競。十七年，文選自木邦攻阿瓦，求出桂王，不克，引兵會定國孟艮。十八年，合兵復攻阿瓦，定國上三十餘疏迎桂王，爲吉翔所阻，不得達。文選使密啓王，得報書。與緬人戰，定國軍稍却，文選引兵橫擊之，緬人大敗，退城守，然終不肯出桂王。復議以舟師攻之，造船，爲緬人所焚，乃移兵次洞鄔，國用、得勝挾文選北走，定國還孟艮。文選至耿馬，遇定國將吳三省，方得定國妻子，將歸諸定國，乃合軍駐錫箔，憑江爲險。三桂與將軍愛星阿會木邦，倍道深入，文選降。師薄阿瓦，緬人執王歸於我師。定國自景線走猛臘，遣將入車里、暹羅諸國乞師，皆不應；伺邊上求王消息。康熙元年，聞王凶問，號慟祈死。六月壬子，其生日也，病作，誡其子及靳統武曰：「任死荒徼，毋降！」乙丑，定國卒。統武尋亦卒。嗣興乃與文秀子震率所部出降。

論曰：當鼎革之際，勝國遺臣舉兵圖興復，時勢旣去，不可爲而爲，蓋鮮有濟者。徒以忠義鬱結，深入於人心，陵谷可得更，精誠不可得沫。煌言勢窮兵散，終不肯爲逭死之計。成功大舉不克，退求自保，存先代正朔。定國以降將受命敗軍後，崎嶇險阻，百折而不撓，比之擴廓帖木兒、陳友定輩，何多讓焉。卽用明史例，次於開國羣雄之列。旣表先代遺忠，並以見其倔强山海間，遠至三十餘年，近亦十餘年。開創艱難，卒能定於一，非偶然也。